일본어 달인이 되는 한자

황인영

한국외국어대학교 일본어학과와 동대학 교육대학원을 마치고 삼성인력개발원과 LG인화원에서 국제화교육담당부장을 지냈다.
일본문화연구소 소장으로 일본어와 일본의 역사 · 문화 · 상관습 등을 연구했고 천안외국어대학과 한양여대에서 강의했다.
저서로는 《일본사 여행》 《일본 쪼개보기》 《현장일본어회화 입문편》 《일본어를 지배하는 핵심어휘와 예문》 등이 있다.

일본어 달인이 되는 한자 완전 개정판

지은이 황인영
초판 1쇄 인쇄 2024년 7월 5일
초판 1쇄 발행 2024년 7월 15일

발행인 박효상 　 **편집장** 김현 　 **기획 · 편집** 장경희, 이한경 　 **디자인** 임정현
마케팅 이태호, 이전희 　 **관리** 김태옥

편집 진행 김진아

종이 월드페이퍼 　 **인쇄 · 제본** 예림인쇄 · 바인딩

출판등록 제10-1835호 　 **발행처** 사람in
주소 04034 서울시 마포구 양화로 11길 14-10 (서교동) 3F
전화 02) 338-3555(代) 　 **팩스** 02) 338-3545 　 **E-mail** saramin@netsgo.com
Website www.saramin.com

책값은 뒤표지에 있습니다.
파본은 바꾸어 드립니다.

ⓒ 황인영 2024

ISBN 979-11-7101-090-5 13730

우아한 지적만보, 기민한 실사구시 **사람in**

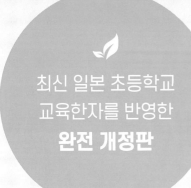

최신 일본 초등학교
교육한자를 반영한
완전 개정판

일본어 달인이 되는 한자

황인영 지음

사람in

일본 한자를 모르고는 절대로 일본어의 달인이 될 수 없다. 왜냐하면 일본어 구성 요소 중에서 47%가 한자어로 되어 있기 때문이다. 아무리 말을 잘한다고 해도 한자를 읽지 못하면 문맹자나 다름없을 뿐만 아니라 수준 높은 일본어를 구사할 수도 없다. 이를테면 어린이가 모국어를 유창하게 말할지언정 신문을 읽지 못하는 것과 마찬가지다.

중국 · 대만 · 일본 · 한반도 · 동남아 등 한자 문화권의 인구는 15억 명에 달한다. 한자는 표의문자라서 뜻이 명확해, 한자를 익혀 두면 필담으로 기본적인 의사소통도 가능하다. 심지어 일본인 중에는 신문을 볼 때 한자만 골라서 읽는 사람도 많다. 한자만 대충 훑어봐도 그 뜻을 파악할 수 있다는 이야기다.

이렇게 중요한 한자이지만 자신과 부모님 이름, 주소, 학교명, 학과명을 한자로 써 보라고 했을 때 자신 있게 틀리지 않고 쓰는 사람은 많지 않다.

교육부는 2000년 12월 30일, 한문 교육용 기초 한자로 1800자(중학교용과 고등학교용 각각 900자)를 발표했다. 1972년에 제정된 1800자를 언어 환경의 변화에 맞춰 28년 만에 새로 조정한 것이다. 사실 이 1800자만 확실하게 해 두면 일본어 학습에 크게 도움이 된다. 왜냐하면 우리나라 기초한자 1800자와 일본의 상용한자는 90% 이상 겹치기 때문이다.

그런데 여기서 또 한 가지 문제가 생긴다. 90% 이상이 겹치기는 하지만, 한국의 한자와 일본의 한자는 엄연히 부분적으로 다른 점이 적지 않다. 즉, 마구 섞어 쓸 수 없는데, 같다고 착각해서 무분별하게 혼용해 쓰는 사람들이 많다. 이것은 일본어 속에 한국어를 쓰는 것이고, 제대로 학습이 안 되었다는 반증이기도 하다. 진정한 의미의 일본어 전문가가 되려면 양국 한자의 차이를 비교하면서 정확히 쓸 수 있도록 실력을 갖추어야 한다.

이 책은 진정한 실력자로 거듭나기 위해 독자들이 꼭 알아야 할 일본어 한자의 모든 것을 실었다.

  어휘는 그 나라의 문화를 배경으로 생성된다. 예시 단어를 통해 일본의 문화를 이해할 수 있도록 설명과 사진 자료를 많이 넣었으니 재미있게 학습하고, 아무쪼록 이 책을 통해 한자 문맹자에서 벗어나 일본 한자의 달인이 되길 바란다.

  끝으로 이 책을 집필하는 데 필요한 자료와 도움 말씀을 베풀어 주신 도야마 아키오(遠山明夫), 야스이 다쓰야(安井達也) 두 분 선생님께 깊이 감사드리는 바이다.

저자 황인영

*
  《일본어 달인이 되는 한자》는 《일본어 한자의 달인이 되는 법》의 '완전개정판'으로 2010년 11월 일본 문부과학성이 발표한 '신 상용한자 지정안'을 반영하여, 기존의 상용한자 1945자 가운데 5자를 삭제하고 196자를 새롭게 추가했다. 따라서 일본어 상용한자 2136자(일본 초등학생을 위한 교육한자 1026자와 교육한자를 제외한 상용한자 1110자)에 별도로 허용된 표외자 53자를 포함, 총 2189자의 일본 한자를 수록하고 있다.

이 책의 구성

이 책은 2010년 11월 일본 문부과학성이 발표한 '신 상용한자' 지정안을 반영하여 새롭게 추가 구성한 최신개정판으로, 초급부터 고급까지 일본어 학습에 필요한 모든 한자를 완벽하게 정리한 일본어 한자 학습서입니다. 2010년에 지정한 1006개의 초등학교 교육한자가 2020년 4월에 1026개로 증가되어, 이에 맞춰 재구성하였습니다. 전체 구성은 일본 초등학생을 위한 '교육한자'(1026자)와 '주요 상용한자'(908자), '추가 상용한자'(185자), '잘 사용되지 않는 상용한자'(17자), 별도로 허용된 '표외자'(53자)로 이루어져 있습니다.(총 2189자)

교육한자 (1026자)

일본 초등학교의 한자 교육을 위해 제정된 「小学校学習指導要領」에 의거하여 1026자의 교육한자를 1학년부터 6학년까지 학년별로 배열했습니다. 각 학년별 한자 배치는 어휘 구성이 되는 것부터 나열하고, 낱자는 뒷부분에 배치했습니다. N1~N5까지 JLPT 급수를 표기하여 시험에 대비할 수 있도록 하였습니다.

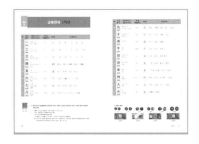

주요 상용한자 (908자)

일본어 상용한자 중에서 교육한자 1026자를 제외하고, 주요 상용한자 908자를 정리하였습니다. N1~N5까지 JLPT 급수를 표기하여 시험에 대비할 수 있도록 하였습니다.

추가 상용한자 (185자)

2010년 11월 일본 문부과학성이 발표한 '신 상용한자' 지정안에 따라 새롭게 추가된 196자 중에서 2020년 교육한자로 편입된 한자를 제외한 185자를 정리하였습니다.

잘 사용되지 않는 상용한자 (17자)

일본어 상용한자에는 포함되어 있지만, 잘 사용되지 않아서 대부분 がな로
대체해서 쓰는 상용한자 17자를 따로 정리했습니다.

표외자 (53자)

일본어 상용한자에는 포함되어 있지 않지만, 일상생활에서
널리 쓰이고 각종 시험에도 자주 출제되는 한자 53자를 정리하였습니다.

부록

비슷해서 혼동하기 쉬운 일본 한자

생김새가 비슷하여 혼동하기 쉬운 일본 한자를 '일본 한자음과 한국 한자음, 예시 단어의 비교'를
통해 이해하기 쉽도록 정리했습니다.

우리나라의 교육용 기초 한자

2000년 12월 교육부에서 공표한 우리나라의 중·고등학교 한문 교육용 기초 한자 1800자를 가나다
순으로 정리했습니다. 일본의 상용한자(및 표외자)와 겹치는 한자, 겹치지 않는 한자가 따로 표시되어
있습니다.

주요단어 해석

본문에 수록된 주요단어들의 해석
을 번호순으로 정리했습니다.

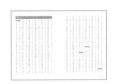

찾아보기

본문에 수록된 일본 한자를 가나다
순(한국어 음)으로 정리했습니다.

본문 구성

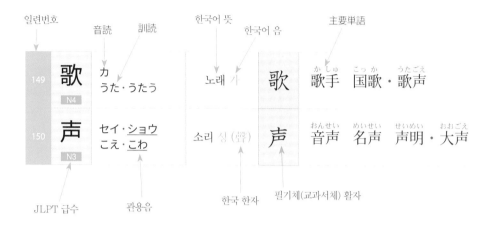

일련번호 / 音読 / 訓読 / 한국어 뜻 / 한국어 음 / 主要単語

149 歌 N4 カ うた·うたう 노래 가 歌 歌手 国歌·歌声

150 声 N3 セイ·ショウ こえ·こわ 소리 성 (聲) 声 音声 名声 声明·大声

JLPT 급수 / 관용음 / 한국 한자 / 필기체(교과서체) 활자

(동) 동의어 (반) 반의어 (참) 참고 (관) 관련어 (속) 속담·격언
* 관용음 : 본래의 음이 아니라 일반적으로 쓰이는 한자의 자음(字音)으로 일본어에는 관용음이 많다.
** JLPT 급수 : '교육한자'와 '주요 상용한자'에는 JLPT 급수별로 [N1]~[N5]를 표기하였고, 급수에 해당되지 않는 한자는 [-]로
    표기하였다. 한자별 JLPT 급수는 일본에서 제시한 기준을 근거로 표기하였다.

본문의 한자(漢字)는 '고딕체'와 '필기체(교과서체)'의 두 가지 서체로 표기되어 있습니다. 일본
한자는 고딕체와 필기체의 모양에 차이가 있는데, 최근에는 신문이나 잡지를 비롯한 일반
출판물에서 고딕체가 많이 쓰이는 추세입니다. 하지만 일본의 문부성에서는 필기체를 '교과서
체'라고 하여 학교 교육의 표준 글자체로서 한자 교육을 하고 있습니다. 교과서체는 다른 말로
붓으로 쓰는 글자 모양이라는 뜻에서 '모필체'라고도 합니다.

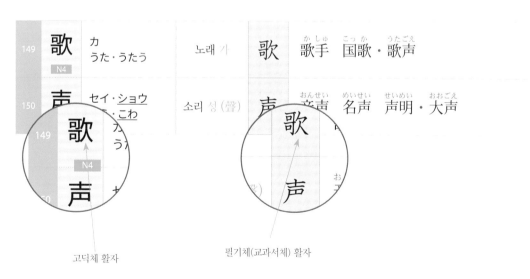

고딕체 활자 / 필기체(교과서체) 활자

또한 한국 한자와 일본 한자가 다른 경우에만 한국 한자를 제시했습니다. 따라서 한국 한자 표기가 없는 것은 한·일 양국의 한자가 같다는 것을 의미합니다.

한국 한자와 일본 한자가 같음

한국 한자와 일본 한자가 다름
(한국 한자는 괄호 안에 따로 표기)

일본어 발음 표기의 경우 음독(音読)은 가타카나(カタカナ)로, 훈독(訓読)은 히라가나(ひらがな)로 구분하여 표기했습니다. 밑줄 친 관용음은 옛날에 잘못 읽은 발음이 습관적으로 정착된 예외적인 발음입니다. 주요단어(主要単語)는 중요도나 빈도수가 높은 순서로 배열되어 있습니다.
「国家·歌声」처럼 「·」이 있는 부분은 「·」를 경계로 「カ·うた」와 같이 음독(音読)으로 읽는 단어와 훈독(訓読)으로 읽는 단어를 구분하는 표시입니다.

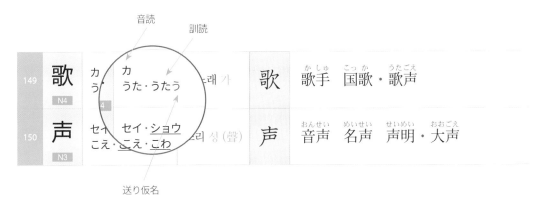

音読

訓読

送り仮名

마지막으로 送り仮名*는 「うたう」처럼 한자로 쓰는 부분은 진하게, かな로 된 활용어미 부분은 흐리게 표기했습니다.

* 「送り仮名」란 「漢字」와 「かな」를 섞어서 쓸 때, 어형(語形)을 분명하게 하기 위해서 한자 뒤에 붙이는 「かな」를 말한다.

학습 요령

❶

번호	日本 漢字	音読 (カタカナ) 訓読 (ひらがな)	뜻 음 (韓國漢字)	교과서체
119 N5	読	ドク・トク・トウ よむ	읽을 독 (讀)	読

일본 한자와 한국 한자의 차이를 확인합니다.

❷

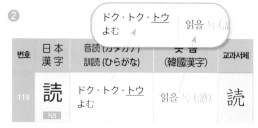

번호	日本 漢字	音読 (カタカナ) 訓読 (ひらがな)	뜻 음 (韓國漢字)	교과서체
119 N5	読	ドク・トク・トウ よむ	읽을 독 (讀)	読

먼저 한자의 한국어 뜻을 이해하고, 일본 한자의 음독
(音読)과 훈독(訓読)을 익힙니다.

❸

読	ドク・トク・トウ よむ

제시한 교과서체의 서체를 기준으로 필순에 따라
깨끗하고 정확하게 쓰는 연습을 합니다. 한자 노트를
구입해서 연습하는 것도 효과적인 방법입니다.

❹

번호	日本 漢字	音読 (カタカナ) 訓読 (ひらがな)	뜻 음 (韓國漢字)	교과서체
119 N5	読	ドク・トク・トウ よむ	읽을 독 (讀)	読

발음은 음독(音読)을 중심으로 익히는 것이 좋습니
다. 원래 한자는 음독(音読) 중심이며, 읽는 방법
이 다양한 훈독(訓読)에 신경을 쓰다 보면 진도가 나
가지 않기 때문입니다.

❺

번호	日本 漢字	音読 (カタカナ) 訓読 (ひらがな)	뜻 음 (韓國漢字)	교과서체
119 N5	読	ドク・トク・トウ よむ	읽을 독 (讀)	読

한국 한자와 일본 한자가 다르고, 일본 한자에서도
고딕체와 필기체의 모양이 조금 다릅니다. 각각의
차이점을 비교 확인하며 공부하되 쓰기 연습은
본문에서 제시한 필기체(교과서체)를 기준으로 하는
것이 좋습니다.

❻

한자를 익힌 후에는 QR코드를 찍어 한자의 음독과
훈독, 주요단어를 원어민 선생님의 발음을 들으며
확인합니다.

학습 목표

이 책에서 제시하는 '일본어 한자 학습의 단계적 목표'는 다음과 같습니다. 또한 '교육한자'(10 26자)와 '교육한자를 제외한 상용한자'(1110자)를 한눈에 볼 수 있는 일람표를 별도로 게재했으니 참고하기 바랍니다. 이 책에는 총 2189자의 한자가 수록되어 있으나, 최소한 교육한자 1026자 까지는 완벽하게 쓰고 읽을 수 있도록 학습할 것을 권장합니다. 교육한자는 일상생활에서 사용 빈도가 가장 높은 기본 한자이기 때문입니다.

일본어 한자 학습의 단계적 목표

구분	학습 내용			합계		
1단계	교육한자	1학년	80자	1026자	상용한자 2136자	총 2189자
		2학년	160자			
		3학년	200자			
		4학년	202자			
		5학년	193자			
		6학년	191자			
2단계	교육한자를 제외한 상용한자	주요 상용한자	908자	1110자		
		추가 상용한자	185자			
		잘 사용되지 않는 상용한자	17자			
3단계	표외자			53자		

일본 초등학교 교육한자 (1026자)

일본 초등학교의 교육한자는 원래 1006자였으나, 2020년 20개가 증가되어 현재는 1026개로 되어 있습니다(일반 국민을 위한 한자 사용의 기준으로는 교육한자를 포함한 상용한자 2136자가 지정되어 있습니다). 우리나라의 중·고등학교 한문교육용 기초한자로 제정된 1800자에 대해서는 뒤쪽 부록에 제시되어 있으니 비교해 보기 바랍니다.

1학년 (80자)	一 二 三 四 五 六 七 八 九 十 百 千 日 月 年 円 人 火 水 木 金 土 休 左 右 山 川 雨 糸 立 力 天 気 森 林 青 田 村 町 赤 子 空 白 音 竹 出 入 上 下 中 耳 目 口 足 大 小 男 女 文 字 学 校 花 見 本 名 王 手 早 草 車 犬 先 生 玉 石 貝 正 夕 虫
2학년 (160자)	東 西 南 北 春 夏 秋 冬 父 母 兄 弟 姉 妹 何 国 家 会 社 売 買 店 長 遠 近 公 園 朝 昼 夜 新 聞 親 友 引 用 門 戸 読 書 言 語 時 間 曜 直 通 電 話 外 科 計 算 組 合 強 弱 太 細 形 毎 週 帰 京 少 食 思 考 歌 声 絵 画 午 前 後 回 答 知 行 風 体 丸 顔 色 紙 雪 雲 黒 黄 晴 市 内 地 図 万 歩 交 番 来 場 多 才 汽 船 工 作 教 室 茶 道 米 麦 牛 肉 馬 鳥 鳴 止 走 古 今 方 角 台 頭 高 原 弓 矢 星 光 岩 谷 魚 池 元 首 心 理 点 線 半 数 自 活 楽 切 刀 同 寺 当 分 広 野 海 里 明 記 羽 毛
3학년 (200자)	病 院 医 者 薬 局 全 身 流 血 死 去 起 宿 悲 運 祭 礼 丁 重 受 取 委 員 助 役 階 級 族 研 究 仕 事 農 業 商 品 真 実 反 対 問 題 勉 世 界 列 島 短 波 暗 号 消 息 安 住 次 第 章 登 板 投 球 練 習 勝 負 遊 泳 進 路 相 談 指 調 整 予 想 期 待 決 定 感 動 都 度 深 緑 葉 詩 集 意 味 代 筆 悪 漢 飲 酒 追 放 美 化 持 温 和 寒 暑 急 速 転 落 打 開 荷 物 配 送 係 両 面 表 皮 所 有 洋 服 様 式 発 育 幸 福 羊 平 等 使 命 注 油 乗 客 終 着 駅 鉄 橋 央 横 箱 根 旅 館 部 屋 君 主 神 宮 湖 岸 湯 港 向 曲 銀 苦 軽 県 区 州 庫 具 皿 歯 鼻 写 守 申 他 柱 帳 笛 童 昔 倍 豆 畑 庭 植 氷 坂 秒 始 返 由 陽 拾 炭 昭

4학년 (202자)	各 種 法 案 協 議 訓 令 選 挙 差 別 特 例 府 戦 争 軍 隊 兵 卒 井 末 焼 失 包 帯 積 極 功 官 民 老 臣 茨 岡 博 沖 愛 好 説 賀 冷 笑 以 印 刷 機 械 建 材 衣 類 労 働 給 料 伝 票 潟 念 願 健 康 栄 養 熱 量 岐 熊 残 飯 無 害 塩 完 治 希 望 静 群 香 佐 観 察 初 産 兆 候 児 試 験 結 果 達 成 欠 席 必 然 参 照 約 束 課 祝 辞 副 阪 典 崎 周 埼 季 節 位 置 競 輪 芸 便 利 未 満 不 良 最 低 付 加 街 灯 底 辺 郡 標 的 改 札 連 続 漁 夫 信 徒 要 求 芽 菜 松 孫 梅 滋 億 貨 鹿 飛 旗 倉 器 城 泣 清 徳 敗 氏 司 浴 覚 管 関 栃 共 鏡 径 固 奈 昨 散 借 順 省 唱 縄 折 浅 側 単 巣 仲 媛 富 努 変 牧 勇 陸 録 景 英 阜 梨
5학년 (193자)	経 営 貿 易 損 益 評 価 増 減 比 率 総 額 囲 防 衛 政 紀 混 迷 武 術 制 圧 解 禁 情 報 勢 資 格 検 査 製 造 過 程 提 示 永 久 喜 職 属 講 義 往 復 快 適 応 接 謝 救 型 状 絶 賛 句 財 団 規 則 責 任 税 務 弁 護 証 航 保 険 留 基 幹 構 築 仮 設 準 備 際 限 採 鉱 豊 告 貧 現 在 逆 境 条 件 旧 態 犯 罪 常 識 判 断 独 可 能 個 性 編 修 再 版 余 興 許 容 演 技 枝 複 雑 殺 像 質 素 綿 布 統 領 寄 舎 厚 士 潔 液 酸 飼 耕 肥 史 桜 河 確 均 慣 眼 居 移 輸 支 志 師 授 刊 述 序 招 象 精 織 績 賞 測 似 妻 婦 故 祖 銅 仏 墓 破 非 暴 夢 貯 略 貸 張 効 因 導 災 燃 停 堂 得 毒 費 粉 脈 歴
6학년 (191자)	皇 后 降 臨 聖 域 胃 腸 忠 誠 諸 将 源 泉 沿 革 陛 宇 宙 存 亡 異 郷 討 論 忘 我 若 干 誤 訳 姿 尊 敬 至 純 宗 派 操 縦 善 処 困 難 秘 策 批 俳 優 盛 装 展 覧 翌 晩 閉 幕 乱 射 寸 劇 映 脳 裏 肺 臓 呼 吸 背 骨 腹 筋 収 縮 否 認 痛 厳 密 探 訪 警 棒 私 宅 値 段 貴 誌 奮 激 賃 砂 糖 紅 潮 遺 郵 延 誕 灰 拡 閣 座 割 補 創 株 看 簡 危 揮 拝 疑 供 胸 勤 系 穴 権 憲 律 庁 署 仁 孝 鋼 刻 穀 済 裁 巻 冊 著 恩 券 承 舌 銭 退 詞 机 視 磁 針 捨 尺 樹 就 衆 従 熟 除 傷 障 敵 蒸 垂 推 専 宣 染 洗 奏 層 窓 暖 頂 己 担 届 班 党 納 蔵 枚 並 片 暮 宝 盟 模 幼 乳 卵 欲 絹 蚕 朗 俵 預

교육한자를 제외한 상용한자 (1110자)

주요 상용한자 (908자)

주요 상용한자 (908자)

亜 哀 握 扱 依 威 為 尉 偉 違 維 慰 緯 壱 逸 芋 姻 陰 隠 韻 詠 鋭
疫 悦 越 謁 閲 炎 宴 援 煙 猿 鉛 縁 汚 凹 餓 欧 押 奥 穏 乙 卸 塊
架 華 渦 嫁 概 該 陥 頑 喫 詰 企 忌 奇 勘 堪 軒 薫 刑 圏 碁 悔 轄
劾 涯 慨 概 該 陥 含 吉 挟 狭 掘 兼 互 硬 唆 斜 煮 旨 充 徐 掲 緩
汗 缶 肝 冠 含 頑 喫 詰 企 忌 奇 勘 堪 軒 薫 剣 娯 綱 宰 刺 渓 欺
環 艦 鑑 菊 況 峡 隅 屈 兼 互 硬 詐 暫 煮 遮 充 徐 詳 伸 衰 顕 凶
擬 犠 況 遇 撃 誇 控 墾 詰 企 忌 奇 勘 堪 軒 薫 剣 娯 綱 宰 幻 吟
享 遇 撃 誇 控 墾 桟 芝 酬 庶 焦 触 嘱 吹 請 繕 霜 沢 畜 珍 玄 恵
偶 鯨 雇 貢 魂 擦 漆 愁 遵 晶 飾 尋 誓 漸 燥 択 稚 沈 滴 塔 弦 謙

亜 疫 架 劾 汗 環 擬 享 偶 鯨 雇 貢 魂 擦 漆 愁 遵 晶 飾 尋 誓 漸 燥 択 稚 沈 滴 塔 尼 舶 蛮 頻 紛 奉 帽 魅 唯 羅 寮 露

14

추가 상용한자 (185자)	挨 曖 闇 畏 萎 椅 彙 淫 咽 鬱 宛 艶 怨 旺 臆 俺 苛 鍋 瓦 牙 楷 諧 潰 崖 蓋 骸 鶴 顎 葛 串 韓 玩 龜 毀 幾 伎 臼 嗅 裾 脇 頰 巾 僅 錦 駒 惧 窟 頃 詣 憬 稽 隙 桁 拳 鍵 舷 虎 股 錮 乞 勾 尻 虹 梗 喉 傲 痕 沙 挫 采 柵 刹 拶 斬 柿 恣 摯 叱 嫉 膝 腫 呪 袖 羞 蹴 憧 拭 芯 腎 餌 須 誰 淒 醒 脊 戚 腺 詮 煎 羨 箋 膳 狙 遡 爪 曾 爽 瘦 踪 捉 塞 遜 汰 唾 堆 戴 旦 綻 緻 酎 箸 貼 嘲 捗 枕 椎 諦 溺 填 妬 賭 藤 瞳 頓 丼 貪 那 謎 匂 捻 罵 唄 剝 氾 汎 斑 眉 肘 訃 釜 餅 蔽 璧 蔑 哺 蜂 貌 睦 勃 昧 弥 蜜 冥 麺 冶 喩 湧 妖 瘍 沃 拉 辣 嵐 藍 璃 慄 侶 瞭 瑠 鎌 呂 賂 弄 籠 麓
잘 사용되지 않는 상용한자 (17자)	翁 虞 嚇 且 侯 爵 薪 帥 畝 但 朕 奴 婆 隷 繭 璽 厘

표외자 (53자)

垢 或 炒 噓 嬉 噂 於 霞 嘩 靾 噛 喧 梢 此 匙 繡 醬 咳 噌 其 剃 揃 只 叩 忽 溜 蛋 馳 蝶 呟 壷 吊 賑 眺 濡 覗 這 箸 髭 紐 吠 惚 殆 蒔 撒 稀 勿 尤 賞 茹 蘇 碗 撫

일본어 한자의 개요

1. 일본의 한자

1) 한자의 수
현재 일본의 권위 있는 사전「大漢和辞典/大修館」에는 약 5만 자가 수록되어 있습니다.

2) 사용 범위
일본의 대표적인 신문 아사히(朝日), 마이니치(毎日), 요미우리(読売)에 실려 있는 한자 100만 자를 대상으로 샘플 조사한 결과 총 3213자의 한자가 사용되고 있었는데, 그중 1500자가 전체 사용되는 한자의 98.4% 범위 안에 있었습니다.

3) 전후(1945년) 내각의 한자 정책 변화

이름, 연도	내용
당용한자(當用漢字), 1946년	1850자 및 신자체(新字体)를 내각고시, 〈現代かなづかい〉
상용한자(常用漢字), 1981년	1945자, 〈現代仮名遣い〉(1986년)
인명용 한자 지정, 1990년	284자, 允佑弘圭敦寅浩亨馨旭也郁淳 등
초등학교 학년별 교육한자	1026자, 1학년(80자) 2학년(160자) 3학년(200자) 4학년(202자) 5학년(193자) 6학년(191자)

2. 한자의 전래

- 백제의 왕인(王仁) 박사 : 5세기경 천자문(千字文)을 논어(論語)와 함께 일본에 전해 주었습니다.
- 중국 대륙 : 7세기부터 사신(使臣)과 유학승(留学僧)을 파견했는데, 특히 승려들을 통해 본격적으로 한자가 도입되었습니다.

한자가 처음 일본에 전래될 당시 글자와 더불어 현지의 발음도 일본에 들어왔습니다. 이 과정에서 같은 한자지만 시대적·지역적으로 발음이 다른 중국어 원음이 그대로 일본에 정착되었고, 그 결과 같은 한자의 음독을 여러 가지로 발음하게 되었습니다. 역사적으로는 오음(呉音)이 일본에 먼저 들어와 정착하고, 그 후에 한음(漢音)이 들어와 서로 다른 두 가지의 발음이 그대로 공존하게 되었습니다.

중국에서 일본에 한자를 도입한 경로

구분	도입시기	지역
오음(吳音)	7세기 초 나라(奈良)시대 초기	양자강 남쪽, 하류의 오(吳) 지방
한음(漢音)	7세기 후반~8세기 나라(奈良) 시대~헤이안(平安) 시대 초기	양자강 북쪽의 낙양(洛陽), 장안(長安) ─ 지금의 서안(西安)을 중심으로 한 중국의 서북지방

오음(吳音) · 한음(漢音) · 당송음(唐宋音)의 사례

구분	오음(吳音)		한음(漢音)		당송음(唐宋音)
行	ぎょう	行事、~行目	こう	行動、銀行	별로 많지 않으며, 불교 용어 · 기물 · 음식물 이름 등에 남아 있다. 행등(行灯 : あんどん) 이불(布団 : ふとん) 의자(椅子 : いす) 제등(提灯 : ちょうちん) 화상(和尚 : おしょう)
大	だい	大学、大地	たい	大陸、大使	
女	にょ(う)	女房、善男善女	じょ	男女、女子	
人	にん	人気、人形	じん	人物、日本人	
下	げ	下宿、下車	か	下院、下半身	
名	みょう	名字、大名	めい	名門、姓名	

한자에서 모양을 본 뜬 히라가나(平仮名)와 가타카나(片仮名)

히라가나 (平仮名)	安	以	宇	衣	於	加	幾	久	計	己	左	之	寸	世	曾	太	知	川	天	止
	あ	い	う	え	お	か	き	く	け	こ	さ	し	す	せ	そ	た	ち	つ	て	と
가타카나 (片仮名)	阿	伊	宇	江	於	加	幾	久	介	己	散	氏	須	世	曾	多	千	川	天	止
	ア	イ	ウ	エ	オ	カ	キ	ク	ケ	コ	サ	シ	ス	セ	ソ	タ	チ	ツ	テ	ト

和製漢字

일본에서 만들어 쓰는 한자, 즉 중국이나 한국에서는 사용되지 않는 한자를 말하며 옛날에는 많이 유통되었으나 오늘날에는 아래의 한자가 주로 쓰입니다. 다른 용어로는 國字라고도 합니다.

예 畑 働く 込む 峠 枠 匁 丼 匂い 辻 凪 榊 畠 躾 栃

3. 일본어의 성분

```
          ┌─ 단일성분 ─┬─ 고유성분 ─────────────────── ① 고유일본어(和語)
          │            │           ┌─ 중국어성분(中国語成分) ─── ② 한어(漢語)
          │            └─ 외래성분 ─┤
          │                        └─ 비중국어성분(非中国語成分) ─ ③ 외래어(外来語)
          └─ 복합성분 ────────────────────────────── ④ 혼종어(混種語)
```

혼종어(混種語)의 예

어휘	뜻	결합 양상
豚カツ	돈가스	豚 + Cutlet
ジャガいも	감자	Jakarta + 芋
生ビール	생맥주	生 + Beer
アラビア数字	아라비아숫자	Arabia + 数字
プロ野球	프로야구	Pro + 野球
老人ホーム	양로원	老人 + Home

일본어를 구성하는 어종별 분포

어종	단어 수	비율(%)	비고
① 고유일본어(和語)	11,184	36.7	1. 혼종어는 ①②③의 세 가지 중에서 2종 이상의 결합에 의한 복합어를 말합니다.
② 한어(漢語)	14,407	47.5	
③ 외래어(外来語)	2,964	39.8	2. 최근 국제화로 신제품의 이름 등 외래어의 비율이 늘어나는 추세입니다.
④ 혼종어(混種語)	1,862	36.0	
계	30,331	100.0	

일본국립국어연구소「현대잡지 90종의 用語用字」에서

4. 일본어 한자 간소화 정책

1) 신자체(新字体) 제정

1949년 당용한자(当用漢字) 제정 시에 그때까지 오자(誤字)·속자(俗字)로 취급한 필사체 또는 약자체를 정자체(正字体)로 정하여 문자생활의 편리성을 도모했습니다.

구자체(旧字体)와 신자체(新字体)의 비교

구자	신자	구자	신자	구자	신자	구자	신자	구자	신자	구자	신자
與	与	臺	台	當	当	醫	医	爲	為	黑	黒
萬	万	號	号	盡	尽	餘	余	縣	県	巢	巣
內	内	豫	予	貳	弐	體	体	變	変	肅	粛
圓	円	辯	弁	來	来	麥	麦	點	点	齒	歯
缺	欠	兩	両	壽	寿	參	参	歸	帰	榮	栄
雙	双	會	会	聲	声	竝	並	禮	礼	鹽	塩
寫	写	爭	争	賣	売	單	単	黨	党	嚴	厳
國	国	鬭	闘	學	学	區	区	將	将	價	価
邊	辺	實	実	數	数	辭	辞	關	関	劃	画

2) 상용한자 이외의 한자 처리

공용문서·신문·잡지에서는 상용한자 내에서 수용하기 위해 상용한자가 아닌 한자는「熾烈 → し烈 / 牽制 → けん制 / 処方箋 → 処方せん」처럼 부분적으로「かな」로 표기하거나,「反駁」^{はんばく}「嫉妬」^{しっと}「挫折」^{ざせつ} 등과 같이 따로 음을 표기합니다.

3) 어려운 한자는 '뜻이 비슷하고 발음이 같은' 쉬운 한자로 대체

복잡해서 쓰기 어렵고 까다로운 한자는 상용한자 중에서 뜻과 발음이 같거나 비슷한 글자로 바꿔 언어생활의 편리성을 도모하고 있는데, 예를 들면 다음과 같습니다.

한국어	일본어		한국어	일본어		한국어	일본어		한국어	일본어	
	원래	대체		원래	대체		원래	대체		원래	대체
첨단	尖端	先端	편집	編輯	編集	포기	抛棄	放棄	지혜	智慧	知恵
연합	聯合	連合	수집	蒐集	收集	위자료	慰藉料	慰謝料	양해	諒解	了解
추첨	抽籤	抽選	추궁	追窮	追及	차량	車輛	車両	예지	叡智	英知
칭찬	稱讚	賞賛	홍보	弘報	広報	은퇴	隱退	引退	퇴폐	頹廢	退廢
여론	與論	世論	종합	綜合	総合	대두	擡頭	台頭	의상	衣裳	衣装

※ 방점(·)은 바뀐 한자를 표시한 것이며,「綜→總」으로 오히려 복잡하게 된 것은 상용한자 범위 내에서 대체했기 때문이다.

한자문화권 국가의 한자 사용 차이

일본은 앞에서 기술한 바와 같이 한자 사용의 기준을 정하고 있는데, 같은 한자문화권에 속한 한국 · 중국 · 대만에서는 각각 다음과 같이 국가별로 차이가 있습니다.

① 한국 : 공공문서 · 신문 · 잡지 등 일반 출판물에서 공식적으로는 원래의 한자를 쓰지만, 실제로 필기할 때는 약자를 혼용하고 있다.
② 중국 : 간체자(間体字)라 하여 일본 한자보다도 더욱 간소화하여 사용하고 있다.
③ 대만 : 정체자(正体字) 또는 번체자(繁体字)로 원래의 복잡한 한자를 쓰고 있다.

---

4) 다양한 일본어 한자 발음

일본어에는 음으로 읽는 음독(音読)과 뜻으로 읽는 훈독(訓読)이 있습니다. 그것도 한 가지로만 읽는 것이 아니라 각각 여러 가지가 있다. 上 · 下 · 明 · 生 등의 경우에는 10가지 이상으로 읽히고 있는데, 그중에서 가장 다양한 발음으로 읽히는 「生」의 경우(13가지)를 살펴보면 다음과 같습니다.

	구분		사례
生 (날 생)	음독(音読)	① セイ	生活(생활)　発生(발생)　先生(선생님)
		② ショウ	生滅(생멸)　一生(일생)
		③ ジョウ	誕生日(생일)
	훈독(訓読)	① いきる	生きる(살다/생활하다)　長生き(장수)
		② いかす	生かす(살리다)
		③ いける	生ける(살리다)　生け捕(생포)　生け花(생화)
		④ うまれる	生まれる(태어나다)　生まれ(태어남/출생지)
		⑤ うむ	生む(낳다)
		⑥ おう	生い立ち(성장/생장)　生い茂る(우거지다)
		⑦ はえる	生える(나다/돋다)　芽生える(싹트다)
		⑧ はやす	生やす(수염 등을 기르다)
		⑨ き	生絲(생사)　生地(원단/감)　生一本(외골수)
		⑩ なま	生水(생수)　生中継(생중계)　生ビール(생맥주)

※ 한국어에도 두 가지로 읽는 경우가 있지만 아래와 같이 극히 예외적이다.
　敗北 : 패배, (×)패북　　遊說 : 유세, (×)유설　　金氏 : 김씨, (×)금씨

참고문헌

1. 漢和辞典[第4版]　　　三省堂(長沢規矩也) 1999年
2. 日本語能力試験出題基準　凡人社(国際交流基金) 1995年
3. 日本語教育事典　　大修館書店(日本語教育学会編) 1982年
4. THE COMPLETE GUIDE TO EVERYDAY KANJI
　　(Yaeko S. Habein & Gerald B. Mathias) 講談社 1994年 〈常用漢字完全ガイド〉
5. 漢字ドリル辞典(1~6年)　学習研究社(富綱文夫) 1999年
6. 漢字の本(1~6年)　　(株)ポプラ社(石井勲) 1996年
7. 小学生の漢字(1~6年)　旺文社(編集部) 1998年
8. 漢字書き方字典　　学習研究社(編集部) 1998年

차례

교육한자

1026자

일본 초등학교의 한자교육을 위해 제정된 「小学校学習指導要領」에 의거하여
1026자의 교육한자를 1학년부터 6학년까지 학년별로 배열했다.

1학년 (80자)

2학년 (160자)

3학년 (200자)

4학년 (202자)

5학년 (193자)

6학년 (191자)

교육한자 1학년

번호	日本漢字	音読 (カタカナ) 訓読 (ひらがな)	뜻 음 (韓國漢字)	교과서체	主要単語
001	一 N5	イチ・イツ ひと・ひとつ	한 일	一	いちにち 一日　いちねん 一年・ひと 一つ　ひとり 一人・ついたち 一日
002	二 N5	ニ ふた・ふたつ	두 이	二	に がつ 二月・ふた 二つ　ふたり 二人・ふつか 二日・はつか 二十日
003	三 N5	サン み・みつ・みっつ	석 삼	三	さんがつ 三月　さんびゃく 三百　さんにん 三人・みっ 三つ　みっ か 三日
004	四 N5	シ よ・よつ・よっつ よん	넉 사	四	し がつ 四月・よ にん 四人　よ じ 四時・よっか 四日・よん こ 四個
005	五 N5	ゴ いつ・いつつ	다섯 오	五	ご にん 五人　ご がつ 五月・いつか 五日　いつ 五つ
006	六 N5	ロク む・むつ・むっつ むい	여섯 육	六	ろくがつ 六月・ろっこ 六個・むっ 六つ・むいか 六日
007	七 N5	シチ なな・ななつ なの	일곱 칠	七	しちにん 七人　しちがつ 七月・なの か 七日・なな 七つ
008	八 N5	ハチ や・やつ・やっつ よう	여덟 팔	八	はちがつ 八月・やっ 八つ・ようか 八日・や お や 八百屋

MP3 001

001~018

※ 숫자 읽기는 일상생활에서 빈번하게 쓰이는 어휘이니 입에서 바로바로 나올 수 있도록 평소에 연습해 두어야 한다.

004　四時 : 「よじ」로 발음하는 것에 주의할 것！ よんじ (×)

007　七日 : 「なのか」는 「なぬか」라고도 한다.

012　千代 : 천년, 오랜 세월의 상징적 표현
　　　 ㈜千里(せんり)の道(みち)も一歩(いっぽ)から！ 천리 길도 한 걸음부터！

015　年 : 자주 쓰는 중요한 한자인데도 틀리게 쓰는 사람이 많다.「牛」처럼 가운데의 세로획을 맨위의 가로획 밖으로 삐치게 쓰지 않도록 주의하기 바란다.「年・牛・午」

番号	日本漢字	音読 (カタカナ) 訓読 (ひらがな)	뜻 음 (韓國漢字)	교과서체	主要単語
009	九 N5	キュウ・ク ここの・ここのつ	아홉 구	九	きゅうひゃく 九百・ くじ 九時 くがつ 九月・ ここの 九つ ここのか 九日
010	十 N5	ジュウ・ジッ とお・と	열 십	十	じゅうにん 十人 じゅうがつ 十月・ じゅうじ 十時・ とおか 十日
011	百 N5	ヒャク	일백 백	百	ひゃくにん 百人 ひゃくねん 百年 ひゃっこ 百個
012	千 N5	セン ち	일천 천	千	せんえん 千円 せんにん 千人・ ちよ 千代
013	日 N5	ニチ・ジツ ひ・か	날 일	日	にっちゅう 日中・ ほんじつ 本日・ せいねんがっぴ 生年月日
014	月 N5	ガツ・ゲツ つき	달 월	月	いちがつ 一月 しょうがつ 正月・ せんげつ 先月・ つきひ 月日
015	年 N5	ネン とし	해 년	年	にせんねん 二千年 ねんまつ 年末・ としうえ 年上 ことし 今年
016	円 N5	エン まるい	둥글 원 (圓)	円	ひゃくえん 百円 せんえん 千円 ごせんえん 五千円 いちまんえん 一万円
017	人 N5	ジン・ニン ひと	사람 인	人	じんせい 人生・ にんき 人気・ ひとびと 人々 ひとめ 人目
018	火 N5	カ ひ・<u>ほ</u>	불 화	火	かようび 火曜日・ はなび 花火

※ 일본의 화폐

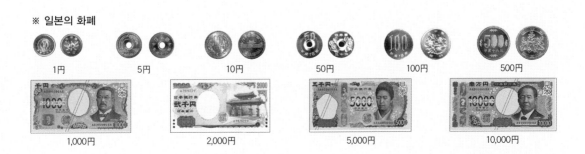

| 1円 | 5円 | 10円 | 50円 | 100円 | 500円 |

| 1,000円 | 2,000円 | 5,000円 | 10,000円 |

번호	日本漢字	音読 (カタカナ) 訓読 (ひらがな)	뜻 음 (韓國漢字)	교과서체	主要単語
019	水 N5	スイ みず	물 수	水	水曜日 水車・生水
020	木 N5	モク・ボク き・こ	나무 목	木	木曜日 木材・土木・植木
021	金 N5	キン・コン かね・かな	쇠 금	金	金曜日 入金・お金
022	土 N5	ド・ト つち	흙 토	土	土曜日 国土・土地・土色
023	休 N5	キュウ やすむ・やすまる やすめる	쉴 휴	休	休日 休学・一休み
024	左 N5	サ ひだり	왼쪽 좌	左	左右・左手
025	右 N5	ウ・ユウ みぎ	오른쪽 우	右	右中間・右手
026	山 N5	サン やま	뫼 산	山	火山 山水・山々 一山
027	川 N5	セン かわ	내 천	川	山川・天の川
028	雨 N5	ウ あめ・あま	비 우	雨	雨天 雨中・大雨・小雨

MP3 002

019~037

023 일본의 휴일
- 元日(がんじつ) : 설날 1월 1일
- 成人(せいじん)の日(ひ) : 성인의 날 1월 둘째주 월요일
- 建国記念(けんこくきねん)の日(ひ) : 건국기념일 2월 11일
- 春分(しゅんぶん) : 춘분 3월 21일경
- 昭和(しょうわ)の日(ひ) : 쇼와의 날 4월 29일
- 憲法記念日(けんぽうきねんび) : 헌법기념일 5월 3일
- みどりの日(ひ) : 녹색의 날 5월 4일

번호	日本漢字	音読(カタカナ) 訓読(ひらがな)	뜻 음 (韓國漢字)	교과서체	主要単語
029	糸 N3	シ いと	실 사 (絲)	糸	製糸(せいし)・生糸(きいと) 糸口(いとぐち)
030	立 N5	リツ・リュウ たつ・たてる	설 립	立	中立(ちゅうりつ)・立場(たちば) 立入(たちい)り
031	力 N5	リョク・リキ ちから	힘 력	力	学力(がくりょく) 水力(すいりょく) 火力(かりょく)・力学(りきがく)
032	天 N5	テン あめ・あま	하늘 천	天	天気(てんき) 天才(てんさい) 天国(てんごく)・天下(あまくだ)り
033	気 N5	キ・ケ	기운 기 (氣)	気	元気(げんき) 本気(ほんき)・人気(ひとけ)
034	森 N4	シン もり	나무빽빽할 삼	森	森林(しんりん)・森(もり)
035	林 N4	リン はやし	수풀 림	林	山林(さんりん) 林立(りんりつ)・松林(まつばやし)
036	青 N4	セイ・ショウ あお・あおい	푸를 청 (靑)	青	青天(せいてん) 青年(せいねん)・青空(あおぞら)・真(ま)っ青(さお)
037	田 N4	デン た	밭 전	田	水田(すいでん)・青田(あおた)

- 子供(こども)の日(ひ) : 어린이날 5월 5일
- 敬老(けいろう)の日(ひ) : 경로의 날 9월 셋째주 월요일
- 体育(たいいく)の日(ひ) : 체육의 날 10월 둘째주 월요일
- 勤労感謝(きんろうかんしゃ)の日(ひ) : 근로감사의 날 11월
- 海(うみ)の日(ひ) : 바다의 날 7월 셋째주 월요일
- 秋分(しゅうぶん) : 추분 9월 20일경
- 文化(ぶんか)の日(ひ) : 문화의 날 11월 3일
- 天皇誕生日(てんのうたんじょうび) : 천황 탄생일 12월 23일

030 立入り : '서서 들어간다'는 뜻이 아니라 '출입(出入)'이라는 뜻으로, 예컨대 잔디밭에 「立入(たちい)り禁止(きんし)」라는 팻말이 있으면 '잔디밭 출입금지'라는 뜻이다.

번호	日本漢字	音読 (カタカナ) 訓読 (ひらがな)	뜻 음 (韓國漢字)	교과서체	主要単語
038	村 N4	ソン むら	마을 촌	村	村長 山村・村人
039	町 N4	チョウ まち	밭두둑 정	町	町村 町会・本町
040	赤 N4	セキ・シャク あか・あかい あからむ あからめる	붉을 적	赤	赤十字・赤字 赤子
041	子 N5	シ・ス こ	아들 자	子	男子 女子・様子・年子
042	空 N5	クウ そら・から・あく あける	하늘 공 빌 공	空	空気 空中 空白・空色・空オケ
043	白 N5	ハク・ビャク しら・しろ しろい	흰 백	白	白人・白身 白石
044	音 N4	オン・イン おと・ね	소리 음	音	音声・母音・足音・本音
045	竹 N3	チク たけ	대 죽	竹	竹馬の友・竹の子・竹刀
046	出 N5	シュツ・スイ でる・だす	날 출	出	出国 外出 出入・出口 出会い
047	入 N5	ニュウ いる・いれる はいる	들 입	入	入国 入学 入力・出入り

MP3 003

038~056

039 町 : 지방행정 단위로 우리나라의 동(洞), 읍(邑)에 해당한다. ㉞市町村(しちょうそん)

040 赤子 : 비슷한 한자 「赤字(あかじ) 적자」와 혼동하지 않도록 할 것!

042 空オケ : 일본인이 만들어 낸 「KARAOKE(カラオケ)」라는 어휘는 지금은 국제어로 자리잡았다. 이말은 「空(から)+orchestra」를 합성한 뜻이며, 줄여서 「から+オケ」라는 신조어를 유행시켰다. 말하자면 '빈(空) 오케스트라'라는 뜻이다.

번호	日本 漢字	音読 (カタカナ) 訓読 (ひらがな)	뜻 음 (韓國漢字)	교과서체	主要単語
048	上 N5	ジョウ・<u>ショウ</u> うえ・<u>うわ</u>・かみ あげる・あがる のぼる・のぼせる のぼす	위 상	上	上下　上手　地上・上着・上座 <small>じょうげ　じょうず　ちじょう　うわぎ　かみざ</small>
049	下 N5	カ・ゲ した・しも・もと さげる・さがる くだす・くだる くださる・おろす おりる	아래 하	下	地下　天下・下車・年下・下座 <small>ちか　てんか　げしゃ　としした　しもざ</small> 下半期・足下・値下げ・下手 <small>しもはんき　あしもと　ねさ　へた</small>
050	中 N5	チュウ なか	가운데 중	中	中心　文中・一年中・夜中 <small>ちゅうしん　ぶんちゅう　いちねんじゅう　よなか</small>
051	耳 N5	ジ みみ	귀 이	耳	耳目・初耳 <small>じもく　はつみみ</small>
052	目 N5	モク・<u>ボク</u> め・<u>ま</u>	눈 목	目	名目・面目・目上　一目 <small>めいもく　めんぼく　めうえ　ひとめ</small>
053	口 N5	コウ・ク くち	입 구	口	人口・口調・一口 <small>じんこう　くちょう　ひとくち</small>
054	足 N5	ソク あし・たりる たる・たす	발 족	足	土足　遠足　一足・手足　一足 <small>どそく　えんそく　いっそく　てあし　ひとあし</small>
055	大 N5	ダイ・タイ おおきい・おお おおいに	큰 대	大	大学　大王・大会・大口 <small>だいがく　だいおう　たいかい　おおくち</small>
056	小 N5	ショウ ちいさい・こ お	작을 소	小	小学生　大小・小山　小鳥 <small>しょうがくせい　だいしょう　こやま　ことり</small>

048　上手 : 같은 한자인데도 발음이 다르고 뜻도 다른 경우가 있다.
　　　　① じょうず : 능숙함, 잘함 ☞ 이 뜻으로 가장 많이 쓰인다.
　　　　② うわて : 위, (재능 기예 장기・바둑 등의) 고수, 고자세
　　　　③ かみて : 상좌, 윗자리
　　　　④ お + じょうず : 입에 발린 말, 아첨하는 말 ☞ お上手라고 쓴다.

052　目上 : 우리나라에서는 손(手)을 기준으로 위・아래를 구분하는데, 일본어에서는 눈(目)을 기준으로 윗사람・아랫사람을
　　　　구분한다.　[반] 目下(めした)

번호	日本 漢字	音読 (カタカナ) 訓読 (ひらがな)	뜻 음 (韓國漢字)	교과서체	主要単語
057	男 N5	ダン・ナン おとこ	사내 남	男	男性（だんせい）　男子（だんし）・長男（ちょうなん）・大男（おおおとこ）
058	女 N5	ジョ・ニョ・ニョウ おんな・め	계집 녀	女	男女（だんじょ）　女子（じょし）・女房（にょうぼう）・女心（おんなごころ）・乙女（おとめ）
059	文 N4	ブン・モン ふみ	글월 문	文	文化（ぶんか）　文学（ぶんがく）・一文（いちもん）・恋文（こいぶみ）
060	字 N4	ジ あざ	글자 자	字	漢字（かんじ）　文字（もんじ）（文字（もじ））　千字文（せんじもん）
061	学 N5	ガク まなぶ	배울 학 (學)	学	学生（がくせい）　大学（だいがく）　入学（にゅうがく）　文学（ぶんがく）
062	校 N5	コウ	학교 교 (校)	校	学校（がっこう）　入校（にゅうこう）　校内（こうない）　下校（げこう）
063	花 N4	カ はな	꽃 화	花	百花（ひゃっか）・花見（はなみ）　生け花（いけばな）
064	見 N5	ケン みる・みえる みせる	볼 견	見	一見（いっけん）　見学（けんがく）・見本（みほん）　月見（つきみ）　見出し（みだし）
065	本 N5	ホン もと	근본 본	本	本心（ほんしん）　日本（にほん）　一本（いっぽん）　日本一（にほんいち）
066	名 N5	メイ・ミョウ な	이름 명	名	名前（なまえ）・学校名（がっこうめい）　三名（さんめい）・本名（ほんみょう）　名字（みょうじ）

MP3 004

057~080

065　日本：「にほん」과「にっぽん」으로 두 가지 발음을 구분이 없이 같이 쓰고 있는데, 우익적인 입장에 있는
　　　사람들은 예외 없이「にっぽん」으로 발음하는 특징이 있다.
　　　日本一：'일본 최고, 일본 내 1인자'라는 뜻으로, 예로부터 일본에서는 어느 분야든 전문 분야의 1인자를
　　　우대해 주는 풍토가 있기 때문에 일본인들은「日本一」를 목표로 열심히 일한다.

068　大手：「手」는 사람의 신체 중에서 눈과 함께 가장 쓰임새가 많은 부분이다. 그래서 관련된 숙어도 많으니
　　　특별히 유의하기 바란다.「大手（おおて）」라는 단어는 사회적인 용어로 많이 쓰이는데 '대규모 또는
　　　대형'이라는 뜻으로, 예를 들면「大手 3社」라는 말은 그 업계에서 가장 규모가 큰 3대 회사를
　　　말한다. 즉, 영어식으로 표현하면 'BIG 3'를 뜻한다.

번호	日本漢字	音読 (カタカナ) 訓読 (ひらがな)	뜻 음 (韓國漢字)	교과서체	主要単語
067	王 N3	オウ	임금 왕	王	<ruby>王<rt>おう</rt></ruby><ruby>国<rt>こく</rt></ruby> <ruby>王<rt>おう</rt></ruby><ruby>子<rt>じ</rt></ruby> <ruby>王<rt>おう</rt></ruby><ruby>手<rt>て</rt></ruby>
068	手 N5	シュ て・<u>た</u>	손 수	手	<ruby>入<rt>にゅう</rt></ruby><ruby>手<rt>しゅ</rt></ruby>・<ruby>手<rt>て</rt></ruby><ruby>足<rt>あし</rt></ruby> <ruby>人<rt>ひと</rt></ruby><ruby>手<rt>で</rt></ruby> <ruby>大<rt>おお</rt></ruby><ruby>手<rt>て</rt></ruby>
069	早 N4	ソウ・<u>サッ</u> はやい・はやまる はやめる	일찍 조	早	<ruby>早<rt>そう</rt></ruby><ruby>朝<rt>ちょう</rt></ruby>・<ruby>早<rt>さっ</rt></ruby><ruby>速<rt>そく</rt></ruby>・<ruby>早<rt>はや</rt></ruby><ruby>口<rt>くち</rt></ruby>
070	草 N3	ソウ くさ	풀 초	草	<ruby>草<rt>そう</rt></ruby><ruby>原<rt>げん</rt></ruby> <ruby>草<rt>そう</rt></ruby><ruby>木<rt>もく</rt></ruby>・<ruby>道<rt>みち</rt></ruby><ruby>草<rt>くさ</rt></ruby>
071	車 N5	シャ くるま	수레 차 (거)	車	<ruby>車<rt>しゃ</rt></ruby><ruby>道<rt>どう</rt></ruby> <ruby>車<rt>しゃ</rt></ruby><ruby>内<rt>ない</rt></ruby>・<ruby>車<rt>くるま</rt></ruby>いす
072	犬 N4	ケン いぬ	개 견	犬	<ruby>愛<rt>あい</rt></ruby><ruby>犬<rt>けん</rt></ruby> <ruby>野<rt>や</rt></ruby><ruby>犬<rt>けん</rt></ruby>
073	先 N5	セン さき	먼저 선	先	<ruby>先<rt>せん</rt></ruby><ruby>生<rt>せい</rt></ruby> <ruby>先<rt>せん</rt></ruby><ruby>日<rt>じつ</rt></ruby>・<ruby>外<rt>がい</rt></ruby><ruby>出<rt>しゅつ</rt></ruby><ruby>先<rt>さき</rt></ruby> <ruby>手<rt>て</rt></ruby><ruby>先<rt>さき</rt></ruby>
074	生 N5	セイ・ショウ いきる・いかす いける・うまれる うむ・おう はえる・はやす き・なま	날 생	生	<ruby>生<rt>せい</rt></ruby><ruby>年<rt>ねん</rt></ruby>・<ruby>一<rt>いっ</rt></ruby><ruby>生<rt>しょう</rt></ruby>・<ruby>生<rt>なま</rt></ruby>ビール・<ruby>生<rt>い</rt></ruby>け<ruby>花<rt>ばな</rt></ruby>・ <ruby>生<rt>き</rt></ruby><ruby>地<rt>じ</rt></ruby>・<ruby>生<rt>お</rt></ruby>い<ruby>立<rt>た</rt></ruby>ち・<ruby>芽<rt>め</rt></ruby><ruby>生<rt>ば</rt></ruby>え

073　○○先：「外出先(がいしゅつさき)、連絡先(れんらくさき)、宛先(あてさき)、輸出先(ゆしゅつさき)、取引先(とりひきさき)」 등의 접미사는 한국어의 '~처(處)'에 해당한다.

先生 : 일본어에서는 「先生」라는 말 자체에 이미 경어의 뜻이 포함되어 있기 때문에, 先生様(せんせいさん 또는 せんせいさま)라고 하지 않는다. 그리고 아무한테나 「先生」의 호칭을 붙이지 않는다. 우리나라에서는 교사가 아니더라도 상대방을 대우하는 뜻으로 서로 '박 선생' '이 선생'이라는 호칭을 붙이고, 존칭으로 '先生任'이라는 '님(任)'을 붙이지만, 일본에서는 직업적인 교사나 학식이 높은 사람에게만 「先生」이라는 호칭을 쓴다.

번호	日本漢字	音読 (カタカナ) 訓読 (ひらがな)	뜻 음 (韓國漢字)	교과서체	主要単語
075	玉 N3	ギョク たま	구슬 옥	玉	<ruby>玉<rt>ぎょく</rt></ruby><ruby>石<rt>せき</rt></ruby>・お<ruby>年玉<rt>としだま</rt></ruby> <ruby>目玉<rt>めだま</rt></ruby>
076	石 N3	セキ・シャク・コク いし	돌 석	石	<ruby>金石<rt>きんせき</rt></ruby>・<ruby>磁石<rt>じしゃく</rt></ruby>・<ruby>小石<rt>こいし</rt></ruby>
077	貝 N3	かい	조개 패	貝	<ruby>貝<rt>かい</rt></ruby>
078	正 N4	ショウ・セイ ただしい ただす・まさ	바를 정	正	お<ruby>正月<rt>しょうがつ</rt></ruby> <ruby>正面<rt>しょうめん</rt></ruby>・<ruby>正当<rt>せいとう</rt></ruby>
079	夕 N4	セキ ゆう	저녁 석	夕	<ruby>一朝一夕<rt>いっちょういっせき</rt></ruby>・<ruby>夕方<rt>ゆうがた</rt></ruby> <ruby>夕立<rt>ゆうだち</rt></ruby>
080	虫 N3	チュウ むし	벌레 충 (蟲)	虫	<ruby>害虫<rt>がいちゅう</rt></ruby>・<ruby>水虫<rt>みずむし</rt></ruby> <ruby>虫<rt>むし</rt></ruby>メガネ

♣ 일본에서 가장 흔한 성(姓)은 佐藤・鈴木・高橋 … 의 순서

일본어로는 성(姓)을 「みょうじ(名字/苗字)」라고 하는데, 한국보다도 성씨의 숫자가 훨씬 많고 다양하다. 우리나라의 성씨가 275성(본관은 3,349개)인데 비해 일본은 무려 27만 가지나 된다. 그중에서 가장 많은 성은 「さとう(佐藤)」로 전국에 약 193만 명, 2위는 「すずき(鈴木)」로 약 187만 명, 3위는 「たかはし(高橋)」로 약 140만 명으로 이들 「3姓」을 합하면 약 521만 명이나 되어 北海道 전체의 인구인 약 525만 명과 맞먹는다고 한다. 빅 3씨를 비롯하여 많이 분포되어 있는 10위까지의 순위는 왼쪽 표와 같다. 그 밖에 20위까지는 「加藤(かとう)・山田(やまだ)・吉田(よしだ)・佐々木(ささき)・井上(いのうえ)・木村(きむら)・清水(しみず)・松本(まつもと)・林(はやし)・山口(やまぐち)」의 순서라고 한다.

그런데 일본에서는 사람을 부를 때 우리나라처럼 성과 이름을 전부 붙여 '홍길동'이라는 식으로 부르지 않고 그냥 성에다 '○씨'라는 뜻의 일본어인 「○さん」을 붙여 「原田さん」이라고만 부르는 것이 일반적이다.

순위	성(姓)
1	さとう(佐藤)
2	すずき(鈴木)
3	たかはし(高橋)
4	たなか(田中)
5	わたなべ(渡邊)
6	いとう(伊藤)
7	なかむら(中村)
8	こばやし(小林)
9	やまもと(山本)
10	さいとう(齊藤)

075 **目玉商品**(めだましょうひん) : 백화점 등에서 '기획상품・간판상품・인기상품' 등으로 다양하게 쓰인다.

076 ㈜**石**(いし)**の上**(うえ)**にも三年**(さんねん) : 한 우물을 파야 결과가 나오듯이 어떤 일이든 오랫동안 참고 견뎌야 성공할 수 있다.

077 **貝** : 조개, 상고시대에는 조개가 화폐였기 때문에 貝자가 들어간 한자는 돈, 재물과 관련이 있다.
☞ 「貝(조개 패)」와 「見(볼 견)」은 글자 모양이 아주 비슷해서 혼동하고 잘못 쓰는 경우가 많다. 「貝」의 경우는 「目」의 밑 부분을 「八」와 같이 쓰고, 「見」의 경우에는 「目」의 밑부분을 「儿」처럼 써야 한다. 「貝」자가 단독으로 쓰이는 경우는 드물지만 「財購贈販貯貨貸質」 등 주요 한자의 변으로 널리 쓰이고, 「見」자도 자주 쓰이는 한자이니 구분해서 정확히 쓰도록 주의하기 바란다. (貝 → 八 / 見 → 儿)

075 目玉商品

번호	日本 漢字	音読 (カタカナ) 訓読 (ひらがな)	뜻 음 (韓國漢字)	교과서체	主要単語
081	東 N5	トウ ひがし	동녘 동	東	とうざい 東西　とうきょう 東京　かんとう 関東・東の国　ひがしがわ 東側
082	西 N5	セイ・サイ にし	서녘 서	西	せいよう 西洋　なんせい 南西　ほくせい 北西　かんさい 関西・西日
083	南 N5	ナン・ナ みなみ	남녘 남	南	なんぼく 南北　なんごく 南国　せいなん 西南　とうなん 東南・南アメリカ
084	北 N5	ホク きた	북녘 북 질 배	北	ほっぽう 北方　ほくじょう 北上　ほくとう 北東　ほっかいどう 北海道・北風
085	春 N4	シュン はる	봄 춘	春	せいしゅん 青春　りっしゅん 立春　しゅんぶん 春分・春風　はるさき 春先
086	夏 N4	カ・ゲ なつ	여름 하	夏	かき 夏期・夏至・夏休み
087	秋 N4	シュウ あき	가을 추	秋	しゅうぶん 秋分　りっしゅう 立秋・秋雨　あきぞら 秋空
088	冬 N4	トウ ふゆ	겨울 동	冬	しゅんかしゅうとう 春夏秋冬　りっとう 立冬・真冬　ふゆやす 冬休み
089	父 N5	フ ちち	아비 부 (父)	父	ふぼ 父母・父親・叔父・お父さん
090	母 N5	ボ はは	어미 모	母	ぼこく 母国　ぼこう 母校・母親・伯母・お母さん

MP3 **005**

081~090

번호	日本漢字	音読 (カタカナ) 訓読 (ひらがな)	뜻 음 (韓國漢字)	교과서체	主要単語
091	兄 N4	ケイ・キョウ あに	맏 형	兄	父兄・三兄弟・お兄さん
092	弟 N4	テイ・ダイ・デ おとうと	아우 제	弟	子弟・兄弟・弟子
093	姉 N4	シ あね	누이 자	姉	姉妹・お姉さん
094	妹 N4	マイ いもうと	아래누이 매	妹	三人姉妹・妹思い
095	何 N5	カ なに・<u>なん</u>	어찌 하	何	幾何・何とぞ・何時　何人
096	国 N5	コク くに	나라 국 (國)	国	国家　外国　国内・山国
097	家 N4	カ・ケ いえ・や	집 가	家	家内　作家・家来・空き家
098	会 N4	カイ・エ あう	만날 회 (會)	会	社会　会話　教会・一期一会
099	社 N5	シャ やしろ	모일 사 (社)	社	会社　入社　社長　本社　社交

MP3 006

091~109

096 国 : 안에 王으로 잘못 쓰는 경우가 있는데, 「玉」으로 써야 한다.

098 会 : 「合」과 글자 모양이 비슷하고 일본어 발음은 「あう」로 같기 때문에 혼동하기 쉬우니 조심할 것 !

一期一会 : 일생에 한 번 만난다는 의미로, 인연을 소중히 여겨 손님을 잘 대접하라는 뜻이 담겨져 있는 말이다.

番号	日本漢字	音読 (カタカナ) 訓読 (ひらがな)	뜻 음 (韓國漢字)	교과서체	主要単語
100	売 N4	バイ うる・うれる	팔 매 (賣)	売	売店　売国・売り場　売上げ
101	買 N4	バイ かう	살 매	買	売買・買い手　買い物
102	店 N5	テン みせ	가게 점	店	店長　書店　店員・店先
103	長 N5	チョウ ながい	길 장 어른 장	店	家長　長女　校長・長生き
104	遠 N4	エン・オン とおい	멀 원 (遠)	遠	遠近　遠大　遠方・遠回り
105	近 N4	キン ちかい	가까울 근 (近)	近	近代　近所・間近　近道
106	公 N1	コウ おおやけ	공변될 공	公	公平　公立　主人公
107	園 N3	エン その	동산 원	園	公園　田園・花園
108	朝 N4	チョウ あさ	아침 조	朝	朝食　明朝・毎朝　朝日・今朝
109	昼 N4	チュウ ひる	낮 주 (晝)	昼	昼食　昼夜・昼間　昼休み

101　売買 : 일본어나 한국어도 발음이 똑같이 겹치기 때문에 순서를 거꾸로 하여 「買売」로 잘못 쓰기 쉬우니 특별히 주의할 것!

108　今朝 : 일본어 발음이 특이하니 주의할 것!

번호	日本漢字	音読 (カタカナ) 訓読 (ひらがな)	뜻 음 (韓國漢字)	교과서체	主要単語
110	夜 N4	ヤ よ・よる	밤 야	夜	夜間 今夜・夜明け 夜店
111	新 N4	シン あたらしい あらた・にい	새 신	新	新品 新年 新人 新車・新妻
112	聞 N5	ブン・モン きく・きこえる	들을 문	聞	新聞 見聞・聴聞会・聞き取り
113	親 N4	シン おや・したしい・ したしむ	친할 친	親	親切 両親 肉親・親子 親分
114	友 N5	ユウ とも	벗 우	友	親友 学友 友人・友達
115	引 N3	イン ひく・ひける	끌 인	引	引用 引力・字引 手引き
116	用 N4	ヨウ もちいる	쓸 용	用	用心 用紙 公用 活用 作用
117	門 N3	モン かど	문 문	門	入門 正門 名門 家門・門出
118	戸 N3	コ と	지게/집 호 (戶)	戸	門戸 一戸 戸主・雨戸

MP3 007

110~127

110　夜明け：🔁日暮れ(ひぐれ)

113　親分：일본어에서 「親(おや)」는 '부모'의 뜻과 '으뜸'의 뜻으로 많이 쓰인다.
　　　・親子(おやこ)：부모와 자식　　・父親(ちちおや)：부친
　　　・親指(おやゆび)：엄지손가락　　・親会社(おやがいしゃ)：본사

115　字引：🔁辞典(じてん)

번호	日本 漢字	音読 (カタカナ) 訓読 (ひらがな)	뜻 음 (韓國漢字)	교과서체	主要単語
119	読 N5	ドク・トク・トウ よむ	읽을 독 (讀)	読	読書(どくしょ) 読本(とくほん) 音読(おんどく)・句読点(くとうてん)・読物(よみもの)
120	書 N5	ショ かく	글 서	書	図書(としょ) 書道(しょどう) 書面(しょめん)・書き方(かきかた)
121	言 N4	ゲン・ゴン いう・こと	말씀 언	言	言語(げんご) 方言(ほうげん)・無言(むごん)・小言(こごと) 一言(ひとこと)
122	語 N5	ゴ かたる・かたらう	말씀 어	語	国語(こくご) 外国語(がいこくご) 日本語(にほんご) 語学(ごがく)・物語(ものがたり)
123	時 N5	ジ とき	때 시	時	時間(じかん) 一時(いちじ) 同時(どうじ)・時々(ときどき)
124	間 N5	カン・ケン あいだ・ま	사이 간	間	中間(ちゅうかん) 空間(くうかん) 一週間(いっしゅうかん)・人間(にんげん) 世間(せけん)
125	曜 N4	ヨウ	빛날 요 (曜)	曜	曜日(ようび) 火曜日(かようび) 日曜大工(にちようだいく)
126	直 N3	チョク・ジキ ただちに なおす・なおる	곧을 직	直	直後(ちょくご) 直通(ちょくつう) 直前(ちょくぜん)・正直(しょうじき)・ 見直し(みなおし) 口直し(くちなおし)
127	通 N4	ツウ・ツ とおる・とおす かよう	통할 통 (通)	通	交通(こうつう) 文通(ぶんつう) 〜通(つう)・通夜(つうや)・大通り(おおどおり)

123 ㉿ 時(とき)は、金(かね)なり！ 시간은 금이다！

124 間 : 일본어에서는 '방'이라는 뜻도 있다. •居間(いま) : 거실 •客間(きゃくま) : 응접실
그런데 같은 '응접실'이라도, 일본식이면 「応接間(おうせつま)」, 양식집이면 「応接室(おうせつしつ)」라고 한다.

127 〜通 : 한국어와 마찬가지로 '일본통, 중국통, 국제통' 등 전문가를 지칭하여 「〜通」이라고 한다.
•通夜 : (상가・빈소에서의) 밤샘 ☞ 발음(つや)에 주의할 것！ つうや(×)

번호	日本 漢字	音読 (カタカナ) 訓読 (ひらがな)	뜻 음 (韓國漢字)	교과서체	主要単語
128	電 N5	デン	번개 전	電	電気 電車 電子 電力
129	話 N5	ワ はなす・はなし	이야기 화	話	電話 手話・話合い 立ち話
130	外 N5	ガイ・ゲ そと・ほか・はずす はずれる	바깥 외	外	海外 外食 外人・外科・外回り
131	科 N3	カ	과목 과	科	科目 科学 学科 理科 教科書
132	計 N4	ケイ はかる・はからう	셈할 계	計	時計 小計 会計 家計
133	算 N3	サン かぞえる	셈할 산	算	計算 算出 予算 算数
134	組 N3	ソ くみ・くむ	짤 조	組	組織・組合 組長 番組
135	合 N4	ゴウ・ガッ・カッ あう・あわす あわせる	합할 합	合	合計 合同・合作・気合 合図
136	強 N4	キョウ・ゴウ つよい・つよまる つよめる・しいる	굳셀 강 (強)	強	勉強 強調・強引・強気
137	弱 N3	ジャク よわい・よわまる よわる・よわめる	약할 약 (弱)	弱	強弱 弱小・弱気 弱虫

MP3 008

128~146

130　外人 : 일본에서는 외국인을 「外人」이라고 호칭하는 경우가 많다.

　　　外回り : (순환노선에서) 바깥으로 도는 노선　반 内回(うちまわ)り

137　弱 : 한국어 발음을 연상하여 「やく」라고 잘못 읽기 쉽다. 「じゃく」로 읽을 것!

40

번호	日本漢字	音読 (カタカナ) 訓読 (ひらがな)	뜻 음 (韓國漢字)	교과서체	主要単語
138	太 N4	タイ・タ ふとい・ふとる	클 대	太	太古 たいこ　太平洋 たいへいよう・太刀 たち
139	細 N3	サイ ほそい・ほそる こまか・こまかい	가늘 세	細	細心 さいしん　細工 さいく　明細 めいさい・細道 ほそみち・細切れ こまぎれ
140	形 N3	ケイ・ギョウ かた・かたち	형상 형	形	形式 けいしき　図形 ずけい　地形 ちけい・人形 にんぎょう・手形 てがた
141	毎 N5	マイ	매양 매 (每)	毎	毎日 まいにち　毎朝 まいあさ　毎回 まいかい　毎年 まいねん　毎々 まいまい
142	週 N4	シュウ	주일 주 (週)	週	週間 しゅうかん　先週 せんしゅう　来週 らいしゅう　毎週 まいしゅう　週休 しゅうきゅう
143	帰 N4	キ かえる・かえす	돌아올 귀 (歸)	帰	帰国 きこく　帰社 きしゃ　帰化 きか・日帰り ひがえり　里帰り さとがえり
144	京 N4	キョウ・ケイ	서울 경	京	帰京 ききょう　上京 じょうきょう　京都 きょうと　東京 とうきょう
145	少 N4	ショウ すくない・すこし	적을 소	少	少年 しょうねん　少女 しょうじょ　少食 しょうしょく　年少 ねんしょう　少々 しょうしょう
146	食 N5	ショク・ジキ くう・くらう たべる	밥 식	食	朝食 ちょうしょく　中食 ちゅうしょく　夕食 ゆうしょく　食用 しょくよう　会食 かいしょく

138 太刀 : 원래 '큰 칼'을 뜻하는데, 「太刀(たち)打(う)ちできない」라는 뜻은 '실력 차이가 커서 대적할 수 없거나 맞설 수 없다'는 뜻이다.

145 少々 : 잠시, 잠깐
　　예 少々(しょうしょう)お待(ま)ち下(くだ)さい。 잠시 기다려 주십시오.

140 人形

번호	日本漢字	音読 (カタカナ) 訓読 (ひらがな)	뜻 음 (韓國漢字)	교과서체	主要単語
147	思 N4	シ おもう	생각 사	思	意思　思春期・思い出
148	考 N4	コウ かんがえる	생각할 고	考	思考　参考書　考古学・考え方
149	歌 N4	カ うた・うたう	노래 가	歌	歌手　国歌・歌声
150	声 N3	セイ・ショウ こえ・こわ	소리 성 (聲)	声	音声　名声　声明・大声
151	絵 N3	カイ・え	그림 회 (繪)	絵	絵画・絵本　絵日記
152	画 N4	ガ・カク	그림 화 (畵) 그을 획 (劃)	画	画家　名画・計画　画一　字画
153	午 N5	ゴ	낮 오	午	午前　午後　正午
154	前 N5	ゼン まえ	앞 전	前	前後　前夜　目前・気前　出前
155	後 N5	ゴ・コウ のち・うしろ あと・おくれる	뒤 후	後	今後　食後　後日・後方・後回し

MP3 009

147~165

150 　声 : 위 부분은 「士」자와 같이 아래의 가로획을 짧게 쓸 것!

152 　画 : 일본 한자에서는 한국 한자의 「그림 화(畵)」와 「그을 획(劃)」을 한 가지 한자로 통일해서 「画(かく)」로 쓴다.

번호	日本漢字	音読 (カタカナ) 訓読 (ひらがな)	뜻 음 (韓國漢字)	교과서체	主要単語
156	回 N4	カイ・エ まわる・まわす	돌 회	回	いっかい 一回 かいすう 回数 かいき 回帰・まわ みち 回り道
157	答 N4	トウ こたえ・こたえる	대답할 답	答	かいとう 回答 もんどう 問答・くちごたえ 口答
158	知 N4	チ しる	알 지	知	つうち 通知 ちじん 知人 ちゆう 知友・し あ 知り合い
159	行 N5	コウ・ギョウ・アン いく・ゆく おこなう	갈 행	行	こうどう 行動 つうこう 通行・ぎょうかん 行間・ゆくえ 行方 ゆ さき 行き先
160	風 N4	フウ・フ かぜ・かざ	바람 풍	風	きょうふう 強風 ふうてい 風体・ふ ろ 風呂・かぜ 風邪
161	体 N4	タイ・テイ からだ	몸 제 (體)	体	たいりょく 体力 ほんたい 本体 ぜんたい 全体・せ けんてい 世間体・からだ お体
162	丸 N3	ガン まる・まるい まるめる	알 환	丸	がんやく 丸薬・まる た 丸太 ひ まる 日の丸
163	顔 N4	ガン かお	얼굴 안	顔	がんめん 顔面・まるがお 丸顔 かおいろ 顔色 かお あ 顔合わせ
164	色 N4	ショク・シキ いろ	빛 색	色	げんしょく 原色 ほんしょく 本色・け しき 景色・あかいろ 赤色 いろがみ 色紙
165	紙 N4	シ かみ	종이 지	紙	ようし 用紙 ひょうし 表紙 はくし 白紙・て がみ 手紙

160　風 : '바람(風)·감기(風邪)'는 「かぜ」로 발음이 같지만, '바람'은 한자로 표기하여 「風」으로 쓰는 데에 비해, '감기(風邪)'는 한자를 쓰지 않고 「かぜ」로 표기한다.

162　丸 : 우리나라에서는 배의 이름을 '～호(号)'라고 하는데, 일본에서는 「～丸(まる)」라고 한다.

162　日の丸

번호	日本漢字	音読 (カタカナ) 訓読 (ひらがな)	뜻 음 (韓國漢字)	교과서체	主要単語
166	雪 N3	セツ ゆき	눈 설 (雪)	雪	せつげん 雪原　しんせつ 新雪・おおゆき 大雪　ゆきぐに 雪国
167	雲 N3	ウン くも	구름 운	雲	うんかい 雲海　はくうん 白雲・あまぐも 雨雲　ゆきぐも 雪雲
168	黒 N4	コク くろ・くろい	검을 흑 (黑)	黒	こくじん 黒人　こくてん 黒点・ま 真っ くろ 黒　くろじ 黒字　しろくろ 白黒
169	黄 N2	オウ・コウ き・こ	누를 황 (黃)	黄	おうごん 黄金・きいろ 黄色　きみ 黄身
170	晴 N2	セイ はれる・はらす	맑을 청 (晴)	晴	せいてん 晴天・あきば 秋晴れ　はま 晴れ間
171	市 N4	シ いち	저자 시	市	しない 市内　しがい 市外　しちょう 市長・いちば 市場　あさいち 朝市
172	内 N3	ナイ・ダイ うち	안 내 (內)	内	ないがい 内外　こくない 国内　しゃない 社内　たいない 体内・うちき 内気
173	地 N4	チ・ジ	땅 지	地	ちず 地図　ちか 地下　ちめい 地名・じもと 地元
174	図 N4	ズ・ト はかる	그림 도 (圖)	図	ずめん 図面　ずひょう 図表　てんきず 天気図・としょ 図書

168 白黒 : 한국어에서는 '흑백영화 · 흑백필름' 등 보통 '흑백(黑白)'이라고 하는데, 일본어에서는 반대로
　　　 '백흑(白黑)'이라고 한다. 또한 「약혼 → 혼약(婚約)」, 「영광 → 광영(光榮)」, 「위협 → 협위(脅威)」처럼
　　　 같은 한자를 쓰면서도 앞뒤의 순서를 달리 쓰는 경우도 있다.

　　 黒字 : 「黒子」라고 잘못 쓰지 않도록 조심할 것!

173 地元 : 본고장, 본거지, 자기 고장, 그 고장
　　　 • 〜の新聞(しんぶん) : 지역 신문　　• 〜のチーム : 지역 팀

번호	日本漢字	音読 (カタカナ) 訓読 (ひらがな)	뜻 음 (韓國漢字)	교과서체	主要単語
175	万 N5	マン・バン	일만 만 (萬)	万	いちまんえん 一万円　まんいち 万一　まんぼけい 万歩計・まんこく 万国
176	歩 N4	ホ・ブ・フ あるく・あゆむ	걸음 보 (步)	歩	ほこうしゃ 歩行者　ほどう 歩道　いっぽ 一歩・ぶあい 歩合
177	交 N3	コウ まじわる まじえる・まじる まざる・まぜる かう・かわす	사귈/엇갈릴 교 (交)	交	こうばん 交番　こうつう 交通　こっこう 国交　がいこう 外交　しゃこう 社交
178	番 N3	バン	차례 번	番	いちばん 一番　とうばん 当番　ばんち 番地　ばんとう 番頭　ばんけん 番犬
179	来 N5	ライ くる・きたる きたす	올 래 (來)	来	らいげつ 来月　らいねん 来年　がいらいご 外来語　らいじょう 来場　らいにち 来日
180	場 N4	ジョウ ば	마당 장	場	かいじょう 会場　にゅうじょう 入場　じょうない 場内・ほんば 本場　ひろば 広場
181	多 N4	タ おおい	많을 다	多	たしょう 多少　たすう 多数　たぶん 多分　ただい 多大　たよう 多用
182	才 N3	サイ	재주 재	才	てんさい 天才　たさい 多才　ぶんさい 文才　さい 〜才
183	汽 N1	キ	김 기	汽	きしゃ 汽車　きせん 汽船
184	船 N2	セン ふね・ふな	배 선 (船)	船	せんたい 船体　せんしつ 船室　せんちょう 船長・ふながいしゃ 船会社　こぶね 小船

178　一番 : 잘못하면 우리말의 '한 번'으로 오해하기 쉽다. 예컨대 일본에 '한 번 밖에 못 가봤다'라고 말할 때는 「一度(いちど)」를 써야 한다.

179　来日 : 착각하기 쉬운 어휘인데 한국어의 '내일'이라는 뜻이 아니다. 일본어의 「来日(らいにち)」는 '일본에 온다'는 뜻이며, 한국어의 '내일'은 일본어로는 「明日(あした・あす)」라는 것을 유념하기 바란다.

번호	日本漢字	音読 (カタカナ) 訓読 (ひらがな)	뜻 음 (韓國漢字)	교과서체	主要単語
185	工 N4	コウ・ク	장인 공	工	こうじょう 工場　こうさく 工作　ずこう 図工　じんこう 人工・だいく 大工
186	作 N4	サク・サ つくる	지을 작	作	さくぶん 作文　さくひん 作品　げんさく 原作　さっか 作家・さよう 作用
187	教 N4	キョウ おしえる おそわる	가르칠 교 (教)	教	きょうしつ 教室　きょうかい 教会　ぶっきょう 仏教　キリストきょう 基督教・おしえご 教え子
188	室 N4	シツ むろ	집 실	室	しつない 室内　ちかしつ 地下室　としょしつ 図書室
189	茶 N4	チャ・サ	차 다 차 자	茶	ちゃいろ 茶色　ちゃみせ 茶店・さどう 茶道
190	道 N4	ドウ・トウ みち	길 도 (道)	道	じんどう 人道　こくどう 国道・しんとう 神道・よみち 夜道　やまみち 山道
191	米 N3	マイ・ベイ こめ	쌀 미	米	しんまい 新米　はくまい 白米・べいさく 米作　べいこく 米国　にちべい 日米
192	麦 N3	バク むぎ	보리 매 (麥)	麦	むぎちゃ 麦茶　こむぎ 小麦
193	牛 N4	ギュウ うし	소 우	牛	ぎゅうにく 牛肉・こうし 子牛
194	肉 N4	ニク	고기 육 (肉)	肉	にくしょく 肉食　にくたい 肉体　にくいろ 肉色　とりにく 鳥肉　にくせい 肉声

186　作法 : 뜻과 발음에 모두 주의할 것! '문장을 만든다'는 뜻으로 「さくほう」라고 발음하는 경우도 있지만,
　　　일반적으로는 '예절·에티켓' 이라는 뜻으로 「さほう」라고 발음하는 경우가 훨씬 많으며 보통 「礼儀作
　　　法(れいぎさほう)」라는 관용어로 널리 쓰인다.

187　基督教 : 한자로는 「基督教」라고 쓰지만, 「キリストきょう」라고 발음한다. 커피의 경우도 한자로는
　　　「珈琲」라고 쓰고 「コーヒー」라고 발음하는 등 한자로 표기하고 「カナ」로 읽는 경우도 많다.
　　　• 英國 → イギリス

46

번호	日本漢字	音読 (カタカナ) 訓読 (ひらがな)	뜻 음 (韓國漢字)	교과서체	主要単語
195	馬 N3	ば うま・ま	말 마	馬	馬車 木馬 馬肉 馬力
196	鳥 N4	チョウ とり	새 조	鳥	野鳥 白鳥 一石二鳥・小鳥
197	鳴 N2	メイ なく・なる ならす	울 명	鳴	悲鳴・鳴き声
198	止 N4	シ とまる・とめる	그칠 지	止	中止 休止・止まれ
199	走 N4	ソウ はしる	달릴 주	走	走行 力走・小走り
200	古 N5	コ ふるい・ふるす	옛 고	古	中古品 古文
201	今 N5	キン・コン いま	이제 금	今	今回 今春 今月 今日(今日)
202	方 N4	ホウ かた	모 방	方	地方 前方 方角 一方・夕方 見方
203	角 N3	カク かど・つの	뿔 각	角	頭角 直角 三角・四つ角・牛の角

191 米 : 일본에서는 '미국(美国)'에 대해 「米国(べいこく)」라고 한다. 또한 신문에서도 「日米関係」 등 「日米(にちべい)」라는 용어가 자주 등장하며, 영어회화도 미국을 포함하여 「英米会話(えいべいかいわ)」라고 호칭하기도 한다.

202 ます형의 어간+方 : '~하는 법, 방법'이 된다.
• 話(はな)し方(かた) 말하는 법　• 読(よ)み方(かた) 읽는 법　• 書(か)き方(かた) 쓰는 법
• 教(おし)え方(かた) 가르치는 법　• 使(つか)い方(かた) 사용법

198 止まれ

번호	日本漢字	音読 (カタカナ) 訓読 (ひらがな)	뜻 음 (韓國漢字)	교과서체	主要単語
204	台 N4	タイ・ダイ	토대 대 별 대 (臺)	台	<ruby>台<rt>たい</rt></ruby><ruby>頭<rt>とう</rt></ruby> <ruby>台<rt>たい</rt></ruby><ruby>風<rt>ふう</rt></ruby>・<ruby>台<rt>だい</rt></ruby><ruby>数<rt>すう</rt></ruby> <ruby>土<rt>ど</rt></ruby><ruby>台<rt>だい</rt></ruby> <ruby>万<rt>まん</rt></ruby><ruby>円<rt>えん</rt></ruby><ruby>台<rt>だい</rt></ruby>
205	頭 N4	トウ・ズ・ト あたま・かしら	머리 두	頭	<ruby>口<rt>こう</rt></ruby><ruby>頭<rt>とう</rt></ruby> <ruby>先<rt>せん</rt></ruby><ruby>頭<rt>とう</rt></ruby>・<ruby>頭<rt>ず</rt></ruby><ruby>上<rt>じょう</rt></ruby>・<ruby>音<rt>おん</rt></ruby><ruby>頭<rt>ど</rt></ruby>・<ruby>石<rt>いし</rt></ruby><ruby>頭<rt>あたま</rt></ruby>
206	高 N5	コウ たかい・たかまる たか・たかめる	높을 고	高	<ruby>高<rt>こう</rt></ruby><ruby>校<rt>こう</rt></ruby><ruby>生<rt>せい</rt></ruby> <ruby>高<rt>こう</rt></ruby><ruby>空<rt>くう</rt></ruby> <ruby>高<rt>こう</rt></ruby><ruby>地<rt>ち</rt></ruby> <ruby>高<rt>こう</rt></ruby><ruby>音<rt>おん</rt></ruby>・<ruby>売<rt>うり</rt></ruby><ruby>上<rt>あげ</rt></ruby><ruby>高<rt>だか</rt></ruby>
207	原 N3	ゲン はら	근원/들 원	原	<ruby>原<rt>げん</rt></ruby><ruby>子<rt>し</rt></ruby><ruby>力<rt>りょく</rt></ruby> <ruby>原<rt>げん</rt></ruby><ruby>文<rt>ぶん</rt></ruby> <ruby>高<rt>こう</rt></ruby><ruby>原<rt>げん</rt></ruby> <ruby>草<rt>そう</rt></ruby><ruby>原<rt>げん</rt></ruby>・<ruby>野<rt>の</rt></ruby><ruby>原<rt>はら</rt></ruby>
208	弓 N1	キュウ ゆみ	활 궁	弓	<ruby>弓<rt>きゅう</rt></ruby><ruby>道<rt>どう</rt></ruby>・<ruby>弓<rt>ゆみ</rt></ruby><ruby>形<rt>がた</rt></ruby> <ruby>弓<rt>ゆみ</rt></ruby><ruby>矢<rt>や</rt></ruby>
209	矢 N1	シ や	화살 시	矢	<ruby>矢<rt>や</rt></ruby><ruby>面<rt>おもて</rt></ruby> <ruby>矢<rt>や</rt></ruby><ruby>先<rt>さき</rt></ruby>
210	星 N3	セイ・ショウ ほし	별 성	星	<ruby>火<rt>か</rt></ruby><ruby>星<rt>せい</rt></ruby> <ruby>金<rt>きん</rt></ruby><ruby>星<rt>せい</rt></ruby>・<ruby>図<rt>ず</rt></ruby><ruby>星<rt>ぼし</rt></ruby> <ruby>星<rt>ほし</rt></ruby><ruby>空<rt>ぞら</rt></ruby> <ruby>白<rt>しろ</rt></ruby><ruby>星<rt>ぼし</rt></ruby> <ruby>黒<rt>くろ</rt></ruby><ruby>星<rt>ぼし</rt></ruby>
211	光 N4	コウ ひかる・ひかり	빛 광	光	<ruby>日<rt>にっ</rt></ruby><ruby>光<rt>こう</rt></ruby> <ruby>月<rt>げっ</rt></ruby><ruby>光<rt>こう</rt></ruby> <ruby>風<rt>ふう</rt></ruby><ruby>光<rt>こう</rt></ruby>・<ruby>光<rt>ひかり</rt></ruby><ruby>通<rt>つう</rt></ruby><ruby>信<rt>しん</rt></ruby>
212	岩 N3	ガン いわ	바위 암 (巌)	岩	<ruby>岩<rt>がん</rt></ruby><ruby>石<rt>せき</rt></ruby>・<ruby>岩<rt>いわ</rt></ruby><ruby>場<rt>ば</rt></ruby> <ruby>岩<rt>いわ</rt></ruby><ruby>山<rt>やま</rt></ruby>
213	谷 N3	コク たに	골 곡	谷	<ruby>渓<rt>けい</rt></ruby><ruby>谷<rt>こく</rt></ruby>・<ruby>谷<rt>たに</rt></ruby><ruby>間<rt>ま</rt></ruby>

MP3 012

204~223

206　売上高 : 한국에서는 「売上高」라는 말은 쓰지 않으며, '매출액'이라고 표현한다. 즉, 「〜高」에 해당하는 한국어는
　　　　'〜액'이다.
　　　　㽞 生産高(せいさんだか) → 생산액(生産額)
　　　　　　輸出高(ゆしゅつだか) → 수출액(輸出額)
　　　　　　残高(ざんだか) → 잔액(残額)

210　白星 : 씨름이나 선거 등에서 '승리'를 표시하는 흰색 동그라미 [○]를 뜻하며 성공의 뜻으로도 쓰인다.
　　　　반대로 '패배'는 「黒星(くろぼし)」라 하고 흑색 동그라미 [●]로 표시한다.

번호	日本 漢字	音読 (カタカナ) 訓読 (ひらがな)	뜻 음 (韓國漢字)	교과서체	主要単語
214	魚 N4	ギョ さかな・うお	고기 어	魚	にんぎょ 人魚　かつぎょ 活魚　きんぎょ 金魚・うおいちば 魚市場
215	池 N4	チ いけ	못 지	池	でんち 電池・ふるいけ 古池
216	元 N4	ゲン・ガン もと	으뜸 원	元	げんしゅ 元首　げんき 元気・がんきん 元金　がんじつ 元日　がんらい 元来
217	首 N4	シュ くび	머리 수	首	しゅと 首都　せんしゅ 船首　じしゅ 自首・てくび 手首
218	心 N4	シン こころ	마음 심	心	しんり 心理　あんしん 安心　しんじゅう 心中・こころえ 心得・ここち 心地
219	理 N4	リ	다스릴 리	理	どうり 道理　りか 理科　ちり 地理　げんり 原理
220	点 N3	テン	점 점 (點)	点	てんせん 点線　ひゃくてん 百点　てんか 点火　げんてん 原点　じゃくてん 弱点
221	線 N3	セン	줄 선	線	ろせん 路線　ちょくせん 直線　こうせん 光線　でんせん 電線
222	半 N5	ハン なかば	반 반 (半)	半	はんぶん 半分　ぜんはん 前半　はんすう 半数　たいはん 大半　さんじはん 三時半
223	数 N3	スウ・ス かず・かぞえる	셀 수 (數)	数	すうがく 数学　てんすう 点数　にんずう 人数・くちかず 口数・じゅず 数珠

216　元/前 : 일본에서는 전직(前職)을 두 가지로 구분해서 말한다. 예컨대 「前首相(ぜんしゅしょう)」는 '현재 수상'의 바로 앞의 수상을 뜻하고, 「元首相(もとしゅしょう)」는 바로 앞의 수상 이전에 '수상을 지낸 모든 수상'을 뜻한다.

　　　元金 : 「もときん」이라고도 한다.

218　心中 : '정사(情死)' 또는 '집단자살'을 의미한다.
　　　㉕一家心中(いっかしんじゅう) 가족 집단자살　無理心中(むりしんじゅう) 동반자살

220　点 : 「黒 無 然 照 魚 熱 熟 烈」 등의 한자의 밑 부분의 [灬]는 '불 화(火) 변'의 일종인데, 제대로 쓰지 못하는 경우가 많다. 어떤 사람은 「心」처럼 쓰거나, 아무렇게나 4개의 점을 찍는데 올바른 서법을 익히기 바란다. 왼쪽 첫 번째의 점은 왼쪽으로 삐치게 긋고, 나머지 3개의 점은 약간 힘을 주어 오른쪽으로 삐치도록 써야 한다.

번호	日本漢字	音読 (カタカナ) 訓読 (ひらがな)	뜻 음 (韓國漢字)	교과서체	主要単語
224	自 (N4)	ジ・シ みずから	스스로 자	自	自己 自分 自立 自家用・自然
225	活 (N3)	カツ	살 활	活	生活 活気 活力 自活 活字
226	楽 (N4)	ガク・ラク たのしい たのしむ	즐길 낙 풍류 아 (樂)	楽	楽園 楽天 安楽・音楽 楽器
227	切 (N4)	セツ・サイ きる・きれる	끊을 절 모두 체	切	親切 大切・一切・切手・切れ者
228	刀 (N1)	トウ かたな	칼 도	刀	日本刀 名刀・太刀 太刀魚
229	同 (N4)	ドウ おなじ	한가지 동	同	同時 同点 一同 同一 同意
230	寺 (N3)	ジ てら	절 사	寺	東大寺・お寺 寺子屋
231	当 (N3)	トウ あてる・あたる	마땅할 당 (當)	当	当時 本当 当方 見当・手当て
232	分 (N5)	ブン・フン・ブ わける・わかれる わかる・わかつ	나눌 분	分	当分 十分 分別・五分五分・引分け

228　太刀魚 : 갈치의 모양이 큰 칼과 비슷한 데서 붙여진 말이다.

230　寺子屋 : 옛날 일본에서는 절에서 학동들을 모아놓고 가르쳤는데, 우리나라의 서당과 같은 뜻이다.

232　引分け : 일본어에서는 '무승부(無勝負)'라는 표현을 쓰지 않는다.

번호	日本漢字	音読 (カタカナ) 訓読 (ひらがな)	뜻 음 (韓國漢字)	교과서체	主要単語
233	広 N4	コウ ひろい・ひろまる ひろめる ひろがる ひろげる	넓을 광 (廣)	広	広野 広大 広角レンズ・広場
234	野 N4	ヤ の	들 야	野	野外 内野 野心 分野・野道
235	海 N4	カイ うみ	바다 해 (海)	海	海上 内海・海原・海辺・海女
236	里 N1	リ さと	마을 리	里	千里(眼) 海里・古里
237	明 N4	メイ・ミョウ あかり・あかるい あかるむ・あける あからむ・あく あくる・あきらか あかす	밝을 명	明	明白 明言 明記・明朝 明日(明日 / 明日) 光明・夜明け
238	記 N2	キ しるす	기록할 기	記	記入 記名 日記 前記 後記
239	羽 N3	ウ は・はね	날개 우 (羽)	羽	羽毛 三羽
240	毛 N3	モウ け	털 모	毛	一毛作 不毛の地・毛系

혼동하기 쉬운 [辶·廴·走] 한자의 필순

- 책받침 변[辶] : 「遠 近 週 進 過 返 運 送 道 造 通 速 遅」 등의 '책받침 변' 글자를 쓸 때 많은 학습자들이 필순을 착각하고 있다. 예를 들면 「遠近」의 경우 「辶」을 먼저 쓰고 안에 있는 부분을 나중에 쓰는 경우가 있는데, 이는 잘못된 것이다. 올바른 순서는 「辶」의 안쪽 부분 즉, 「遠」의 경우에는 「袁」을 먼저 쓴다. 마찬가지로 「斤→近 周→週 首→道」 등으로 안쪽 부분을 먼저 쓴 후에, [辶]을 쓰는 것이 올바른 순서.

- 민책받침 변[廴] : 「建 延 廻 廷」 등의 '민책받침 변' 글자를 쓸 때도 '책받침 변'과 마찬가지로 안 부분을 먼저 쓰고 나중에 「廴」을 쓰는 것이 올바른 순이다.

- 달아날 주 변[走] : 「起 超 趣 越 趙」 등의 '달아날 주 변(走)'은 위의 경우와는 반대로 「走」를 먼저 쓴다. 쓸 때는 미리 아래의 오른쪽 획을 알맞도록 길게 빼놓은 위 부분에 「己 召 取」 등을 써넣는다.

번호	日本漢字	音読 (カタカナ) 訓読 (ひらがな)	뜻 음 (韓國漢字)	교과서체	主要単語
241	病 N4	ビョウ・ヘイ やむ・やまい	병들 병	病	びょうき 病気　びょういん 病院　びょうにん 病人・疾病・病
242	院 N4	イン	집 원	院	いんちょう 院長　にゅういん 入院　いいん 医院　だいがくいん 大学院
243	医 N4	イ	의원 의 (醫)	医	いがく 医学　いし 医師　いしゃ 医者　いやくぶんぎょう 医薬分業
244	者 N4	シャ もの	놈 자 (者)	者	がくしゃ 学者　さくしゃ 作者　びょうしゃ 病者　しんじゃ 信者・にんきもの 人気者
245	薬 N3	ヤク くすり	약 약 (藥)	薬	やくひん 薬品　やっきょく 薬局　かやく 火薬・めぐすり 目薬　くすりや 薬屋
246	局 N3	キョク	판 국	局	きょくめん 局面　とうきょく 当局　ほうそうきょく 放送局　きょくちょう 局長
247	全 N3	ゼン まったく	온전 전	全	ぜんたい 全体　ぜんこく 全国　ぜんしん 全身　ぜんりょく 全力　ぜんせかい 全世界
248	身 N3	シン み	몸 신	身	しんたい 身体　しゅっしん 出身　じしん 自身・みうち 身内　みぶん 身分　なかみ 中身

MP3 014

241~258

241　㉞病(やまい)は、気(き)から 병은 마음에서 생긴다

244　信者：「しんじゃ」의「じゃ」발음에 주의할 것！「患者 환자」도 마찬가지로「かんじゃ」로 발음한다.

245　〜屋 : '점포・가게'를 뜻하며, '〜전문가・〜꾼'을 뜻하기도 한다.
　　　•八百屋(やおや) : 채소 가게　　•肉屋(にくや) : 정육점　　•洗濯屋(せんたくや) : 세탁소
　　　•本屋(ほんや) : 책방　　•質屋(しちや) : 전당포　　•米屋(こめや) : 쌀가게

番号	日本漢字	音読 (カタカナ) 訓読 (ひらがな)	뜻 음 (韓國漢字)	교과서체	主要単語
249	流 N3	リュウ・ル ながれる・ながす	흐를 류	流	<ruby>流<rt>りゅう</rt></ruby><ruby>行<rt>こう</rt></ruby> <ruby>合<rt>ごう</rt></ruby><ruby>流<rt>りゅう</rt></ruby> <ruby>流<rt>りゅう</rt></ruby><ruby>動<rt>どう</rt></ruby> <ruby>一<rt>いち</rt></ruby><ruby>流<rt>りゅう</rt></ruby> <ruby>交<rt>こう</rt></ruby><ruby>流<rt>りゅう</rt></ruby>・<ruby>流<rt>る</rt></ruby><ruby>浪<rt>ろう</rt></ruby>
250	血 N3	ケツ ち	피 혈	血	<ruby>血<rt>けっ</rt></ruby><ruby>色<rt>しょく</rt></ruby> <ruby>血<rt>けっ</rt></ruby><ruby>中<rt>ちゅう</rt></ruby> <ruby>流<rt>りゅう</rt></ruby><ruby>血<rt>けつ</rt></ruby> <ruby>出<rt>しゅっ</rt></ruby><ruby>血<rt>けつ</rt></ruby>・<ruby>血<rt>ち</rt></ruby><ruby>筋<rt>すじ</rt></ruby>
251	死 N4	シ しぬ	죽을 사	死	<ruby>死<rt>し</rt></ruby><ruby>者<rt>しゃ</rt></ruby> <ruby>死<rt>し</rt></ruby><ruby>体<rt>たい</rt></ruby> <ruby>病<rt>びょう</rt></ruby><ruby>死<rt>し</rt></ruby>・<ruby>犬<rt>いぬ</rt></ruby><ruby>死<rt>じ</rt></ruby>に
252	去 N4	キョ・コ さる	갈 거	去	<ruby>去<rt>きょ</rt></ruby><ruby>年<rt>ねん</rt></ruby> <ruby>死<rt>し</rt></ruby><ruby>去<rt>きょ</rt></ruby>・<ruby>過<rt>か</rt></ruby><ruby>去<rt>こ</rt></ruby>
253	起 N4	キ おきる・おこす おこる	일어날 기	起	<ruby>起<rt>き</rt></ruby><ruby>立<rt>りつ</rt></ruby> <ruby>起<rt>き</rt></ruby><ruby>工<rt>こう</rt></ruby> <ruby>起<rt>き</rt></ruby><ruby>用<rt>よう</rt></ruby> <ruby>起<rt>き</rt></ruby><ruby>業<rt>ぎょう</rt></ruby>・<ruby>早<rt>はや</rt></ruby><ruby>起<rt>お</rt></ruby>き
254	宿 N3	シュク やど やどす・やどる	묵을 숙	宿	<ruby>合<rt>がっ</rt></ruby><ruby>宿<rt>しゅく</rt></ruby> <ruby>宿<rt>しゅく</rt></ruby><ruby>題<rt>だい</rt></ruby> <ruby>野<rt>の</rt></ruby><ruby>宿<rt>じゅく</rt></ruby> <ruby>宿<rt>しゅく</rt></ruby><ruby>命<rt>めい</rt></ruby>・<ruby>宿<rt>やど</rt></ruby><ruby>屋<rt>や</rt></ruby>
255	悲 N3	ヒ かなしい かなしむ	슬플 비	悲	<ruby>悲<rt>ひ</rt></ruby><ruby>運<rt>うん</rt></ruby> <ruby>悲<rt>ひ</rt></ruby><ruby>曲<rt>きょく</rt></ruby> <ruby>悲<rt>ひ</rt></ruby><ruby>観<rt>かん</rt></ruby> <ruby>悲<rt>ひ</rt></ruby><ruby>鳴<rt>めい</rt></ruby>
256	運 N4	ウン はこぶ	운전할 운 (運)	運	<ruby>運<rt>うん</rt></ruby><ruby>行<rt>こう</rt></ruby> <ruby>運<rt>うん</rt></ruby><ruby>動<rt>どう</rt></ruby> <ruby>運<rt>うん</rt></ruby><ruby>送<rt>そう</rt></ruby> <ruby>社<rt>しゃ</rt></ruby><ruby>運<rt>うん</rt></ruby> <ruby>運<rt>うん</rt></ruby><ruby>用<rt>よう</rt></ruby>
257	祭 N2	サイ まつる・まつり	제사 제	祭	<ruby>祭<rt>さい</rt></ruby><ruby>日<rt>じつ</rt></ruby> <ruby>文<rt>ぶん</rt></ruby><ruby>化<rt>か</rt></ruby><ruby>祭<rt>さい</rt></ruby> <ruby>前<rt>ぜん</rt></ruby><ruby>夜<rt>や</rt></ruby><ruby>祭<rt>さい</rt></ruby>・ <ruby>雪<rt>ゆき</rt></ruby><ruby>祭<rt>まつ</rt></ruby>り <ruby>花<rt>はな</rt></ruby><ruby>祭<rt>まつ</rt></ruby>り
258	礼 N3	レイ・ライ	예도 예 (禮)	礼	<ruby>祭<rt>さい</rt></ruby><ruby>礼<rt>れい</rt></ruby> <ruby>朝<rt>ちょう</rt></ruby><ruby>礼<rt>れい</rt></ruby> <ruby>失<rt>しつ</rt></ruby><ruby>礼<rt>れい</rt></ruby>・<ruby>礼<rt>らい</rt></ruby><ruby>賛<rt>さん</rt></ruby>

248　身内 : 「みうち」 발음에 주의할 것!
　　　'온몸·전신'이라는 뜻도 있지만, 흔히 '집안, 일가 친척'을 뜻하는 말로 쓰인다.

250　血筋 : 핏줄, 혈연, 혈족

251　犬死に : 개죽음, 헛된 죽음

257　雪祭り

번호	日本漢字	音読(カタカナ)訓読(ひらがな)	뜻 음 (韓國漢字)	교과서체	主要単語
259	丁 N1	テイ・チョウ	장정 정	丁	丁重(ていちょう) 丁字路(ていじろ)・〜丁目(ちょうめ)
260	重 N4	ジュウ・チョウ え・かさねる おもい・かさなる	무거울 중	重	重大(じゅうだい) 重役(じゅうやく) 重要(じゅうよう)・貴重(きちょう)・一重(ひとえ)
261	受 N3	ジュ うける・うかる	받을 수	受	受信(じゅしん) 受理(じゅり) 受命(じゅめい)・受取り(うけとり) 受け身(うけみ)
262	取 N3	シュ とる	취할 취	取	取材(しゅざい) 取得(しゅとく) 先取点(せんしゅてん)・取組(とりくみ) 書き取り(かきとり)
263	委 N2	イ	맡길 위	委	委員(会)(いいん(かい)) 委細(いさい)
264	員 N4	イン	인원 원	員	全員(ぜんいん) 社員(しゃいん) 会員(かいいん) 役員(やくいん) 人員(じんいん)
265	助 N3	ジョ たすける たすかる・すけ	도울 조	助	助言(じょげん) 助手(じょしゅ) 助役(じょやく)・手助け(てだす)
266	役 N3	ヤク・エキ	부릴 역	役	主役(しゅやく) 子役(こやく) 悪役(あくやく) 役人(やくにん) 役所(やくしょ)・現役(げんえき)
267	階 N2	カイ	계단 계	階	階級(かいきゅう) 二階(にかい) 階下(かいか)
268	級 N2	キュウ	등급 급	級	上級(じょうきゅう) 中級(ちゅうきゅう) 高級(こうきゅう) 進級(しんきゅう) 等級(とうきゅう)

MP3 015
259~277

259 丁字路 : T자형으로 된 교차로, 삼거리 ☞ 十字路(じゅうじろ) 십자로, 네거리

262 取組 : 맞붙음, 대전(対戦) ☞ 取組表(とりくみひょう) 대진표
　　取(と)り組(く)む : '씨름하다, 몰두하다'의 뜻을 가진 동사로서 한국어로 번역하기에 까다로운 말인데, 경우에 따라서는 '대처하다, 대응하다'로 번역한다.

266 役所 : 관공서 ☞ 시청은 「市役所(しやくしょ)」, 구청은 「区役所(くやくしょ)」
　　役員(やくいん) : 임원, 일본에서는 '임원(任員)'이라는 한자를 쓰지 않는다. ☞ 重役(じゅうやく) 중역

번호	日本漢字	音読 (カタカナ) 訓読 (ひらがな)	뜻 음 (韓國漢字)	교과서체	主要単語
269	族 N4	ゾク	겨레 족	族	家族(かぞく) 一族(いちぞく) 親族(しんぞく) 水族館(すいぞくかん) ～族(ぞく)
270	研 N4	ケン とぐ	갈 연 (研)	研	研究(けんきゅう) 研修(けんしゅう)
271	究 N4	キュウ きわめる	궁구할 구	究	学究(がっきゅう) 究明(きゅうめい) 追究(ついきゅう) 研究所(けんきゅうしょ)
272	仕 N4	シ・ジ つかえる	벼슬 사	仕	仕事(しごと) 仕様(しよう) 仕業(しわざ) 仕上り(しあがり) 仕入れ(しいれ)
273	事 N4	ジ・ズ こと	일 사	事	事業(じぎょう) 行事(ぎょうじ) 用事(ようじ) 火事(かじ)・出来事(できごと)
274	農 N2	ノウ	농사 농	農	農業(のうぎょう) 農村(のうそん) 農家(のうか) 農民(のうみん) 農場(のうじょう)
275	業 N4	ギョウ・ゴウ わざ	업 업	業	学業(がくぎょう) 作業(さぎょう) 休業(きゅうぎょう) 工業(こうぎょう) 業界(ぎょうかい)
276	商 N2	ショウ あきなう	장사 상	商	商業(しょうぎょう) 商売(しょうばい) 商店(しょうてん) 商人(しょうにん)
277	品 N4	ヒン しな	물건 품	品	商品(しょうひん) 上品(じょうひん) 下品(げひん)・品切れ(しなぎれ) 手品(てじな)

269 ～族 : 우리나라에서도 '얌체족 · 폭주족' 등 여러 가지 '～족'이 있지만, 일본에서는 같은 부류를 일컫는 「～族」이라는 유행어를 시대에 따라 수도 없이 만들어 낸다. 예컨대 「暴走族(ぼうそうぞく)、マイカー族(ぞく)、窓際族(まどぎわぞく)、社用族(しゃようぞく)」 등의 새로운 신조어가 만들어져 시대 상황과 유행의 흐름을 반영하고 있다.

272 仕業 : 소행, 짓 (좋지 않은 뜻으로 씀)   仕上がり : 완성, 마무리, 완성된 결과, 됨됨이   仕入れ : 물건의 구입, 매입, 사들임

277 手品 : 요술, 마술 ㈜手品師(てじなし) 마술사

번호	日本漢字	音読 (カタカナ) 訓読 (ひらがな)	뜻 음 (韓國漢字)	교과서체	主要単語
278	真 N4	シン ま	참 진 (眞)	真	真実(しんじつ) 写真(しゃしん) 真理(しんり)・真心(まごころ)
279	実 N3	ジツ み・みのる	열매 실 (實)	実	実力(じつりょく) 実行(じっこう) 実用(じつよう) 事実(じじつ) 実名(じつめい) 実物(じつぶつ)
280	反 N3	ハン・ホン・タン そる・そらす	돌이킬 반	反	反対(はんたい) 反感(はんかん) 反発(はんぱつ)・謀反(むほん)・反物(たんもの)
281	対 N3	タイ・ツイ	마주볼 대 (對)	対	対立(たいりつ) 対話(たいわ) 対決(たいけつ) 対面(たいめん)・一対(いっつい)
282	問 N4	モン とう・とい・とん	물을 문	問	問題(もんだい) 学問(がくもん) 反問(はんもん)・問屋(とんや)
283	題 N4	ダイ	제목 제	題	題目(だいもく) 主題(しゅだい) 出題(しゅつだい) 話題(わだい) 題材(だいざい) 〜放題(ほうだい)
284	勉 N4	ベン	힘쓸 면	勉	勉強(べんきょう) 勉学(べんがく)
285	世 N4	セ・セイ よ	세상 세 인간 세	世	世代(せだい) 世間(せけん) 出世(しゅっせ)・後世(こうせい)・世論(よろん)(世論(せろん))
286	界 N4	カイ	경계 계	界	世界(せかい) 学界(がっかい) 社交界(しゃこうかい) 銀世界(ぎんせかい)

MP3 016

278~296

280 反物 : 포목, 직물, 어른 옷감 한 벌 (약 10.6m)

281 一対 : 한 벌, 한 쌍으로 된 것

281 一対

283 放題 : 동사의 ます형에 붙여서 '일정한 금액 범위 내에서는 마음놓고 할 수 있다'는 뜻으로 자주 쓰인다. 예컨대 「3,000円(えん)で飲(の)み放題」라고 하면 '3,000엔만 내고 실컷 마실 수 있다'라는 뜻이 되고, 「食(た)べ放題」는 뷔페 식사처럼 실컷 먹을 수 있고, 「千円(せんえん)で、歌(うた)い放題」는 가라오케에서 입장료 '1,000円으로 마음껏 노래를 부를 수 있다'는 뜻이다.

번호	日本漢字	音読 (カタカナ) 訓読 (ひらがな)	뜻 음 (韓國漢字)	교과서체	主要単語
287	列 N3	レツ	줄 열 벌일 렬	列	れっしゃ 列車　せいれつ 整列　ぎょうれつ 行列　ぜんれつ 前列
288	島 N3	トウ しま	섬 도	島	れっとう 列島　ほんとう 本島　はんとう 半島・しまぐに 島国
289	短 N3	タン みじかい	짧을 단	短	たんき 短期　たんき 短気　たんしょ 短所　たんか 短歌・きみじか 気短
290	波 N3	ハ なみ	물결 파	波	でんぱ 電波　たんぱ 短波・ひとなみ 人波　なみの 波乗り・はとば 波止場
291	暗 N3	アン くらい	어두울 암	暗	あんき 暗記　あんざん 暗算　あんごう 暗号　あんこく 暗黒・まっくら 真っ暗
292	号 N3	ゴウ	부르짖을 호 (號)	号	しんごう 信号　きごう 記号　ばんごう 番号　ごうしつ ～号室
293	消 N2	ショウ きえる・けす	끌 소	消	しょうか 消化　しょうか 消火　しょうひ 消費・とけ 取り消し
294	息 N3	ソク いき	숨쉴 식	息	しょうそく 消息　りそく 利息　きゅうそく 休息・むすこ 息子・いぶき 息吹
295	安 N4	アン やすい	편안 안	安	あんてい 安定　あんぜん 安全　ふあん 不安　あんか 安価・やすもの 安物
296	住 N4	ジュウ すむ・すまう	살 주	住	いしょくじゅう 衣食住　じゅうみん 住民　じゅうしょ 住所　あんじゅう 安住

289　短所 : 한국어의 '단점(短點)'을 「短点」이라고 하지 않으며, '장점(長點)'도 「長所(ちょうしょ)」라고 한다.
　　　㈜ 短気(たんき)は 損気(そんき)　성미가 급하면 손해보기 마련이다

295　安価 : 염가, 싼값 (변하여) 값싼
　　　㈜ 安物(やすもの)買(か)いの 銭(ぜに)失(うしな)い ＝ 安(やす)かろう 悪(わる)かろう　싼 게 비지떡
　　　☞ '비교적 값이 싸다'라는 뜻의 「割安(わりやす)」「格安(かくやす)」, '터무니없이 싸게 판다'라는 뜻의 「激安(げきやす)」
　　　　등과 같이 매력적인 선전물을 내걸고 손님의 시선을 끌기 위해 안간힘을 쓰는 것이 일본의 상술이다.

번호	日本 漢字	音読 (カタカナ) 訓読 (ひらがな)	뜻 음 (韓國漢字)	교과서체	主要単語
297	次 N3	ジ・シ つぐ・つぎ	버금 차	次	次期 目次 次回 次男・次第
298	第 N3	ダイ	차례 제	第	安全第一 第三者 第一人者 落第
299	章 N3	ショウ	글 장	章	文章 第三章
300	登 N3	トウ・ト のぼる	오를 등	登	登校 登記 登場・登山・山登り
301	板 N3	ハン・バン いた	널빤지 판	板	鉄板 黒板 登板・板前
302	投 N2	トウ なげる	던질 투	投	投手 投下 投書・投網
303	球 N2	キュウ たま	공 구	球	地球 投球 打球 球場 球団
304	練 N2	レン ねる	익힐 련 (練)	練	練習 試練
305	習 N4	シュウ ならう	익힐 습 (習)	習	習得 学習 自習 風習・見習い

MP3 017

297~314

297　次回 : 다음번 🇯🇵 前回(ぜんかい) 지난번 今回(こんかい) 이번 🇰🇷 二次会(にじかい) 2차 술자리

　　　次第 : 순서, 사정, 유래, (「~に」의 꼴로) 차츰, 점차, 나름, ~대로, ~하는 즉시

301　板前 : 원래는 '주방'이나 '조리장'을 뜻하는 말이나, '조리사 · 주방장' 또는 '요리 솜씨'를 일컫는다.

302　投書 : 한국어의 '투서'는 어떤 일의 내막이나 비행을 적어서 관계기관 또는 관계자에게 처벌을 호소하는 것을
　　　뜻하나, 일본에서는 주로 신문의 독자 '투고'를 뜻한다.

번호	日本漢字	音読 (カタカナ) 訓読 (ひらがな)	뜻 음 (韓國漢字)	교과서체	主要単語
306	勝 N2	ショウ かつ・まさる	이길 승 (勝)	勝	勝利 (しょうり) 全勝 (ぜんしょう) 決勝 (けっしょう)・勝手 (かって)
307	負 N3	フ まける まかす・おう	질 부	負	勝負 (しょうぶ) 自負 (じふ)・請負い (うけおい)・勝ち負け (かちまけ)
308	遊 N2	ユウ・ユ あそぶ	놀 유 (遊)	遊	遊園地 (ゆうえんち) 外遊 (がいゆう) 交遊 (こうゆう)・船遊び (ふなあそび)
309	泳 N3	エイ およぐ	헤엄칠 영	泳	水泳 (すいえい) 遊泳 (ゆうえい) 力泳 (りきえい)・平泳ぎ (ひらおよぎ)
310	進 N4	シン すすむ・すすめる	나아갈 진 (進)	進	進路 (しんろ) 前進 (ぜんしん) 進行 (しんこう) 進出 (しんしゅつ) 先進国 (せんしんこく)
311	路 N3	ロ じ	길 로	路	道路 (どうろ) 通路 (つうろ) 路上 (ろじょう) 路面 (ろめん)・家路 (いえじ)
312	相 N3	ソウ・ショウ あい	서로 상	相	相対的 (そうたいてき) 相談 (そうだん) 相場 (そうば)・首相 (しゅしょう)・相手 (あいて)
313	談 N3	ダン	말씀 담	談	会談 (かいだん) 商談 (しょうだん) 面談 (めんだん) 対談 (たいだん) 談合 (だんごう)
314	指 N3	シ ゆび・さす	손가락 지	指	指定 (してい) 指名 (しめい)・指先 (ゆびさき) 親指 (おやゆび)・指図 (さしず)

303 球 : 일본에서는 축구(蹴球), 배구(排球), 농구(籠球), 탁구(卓球) 등의 구기 종목에는 한자를 쓰지 않고 외래어 용어를 カタカナ로 표기한다. 예컨대 '축구'는 「サッカー」, '배구'는 「バレーボール」, '농구'는 「バスケットボール」, '탁구'는 「ピンポン」이라고 한다. 그러나 '야구'의 경우에는 「野球(やきゅう)」라고 한다.

311 家路 : 귀가길, 귀로(帰路), 퇴근길 ☞ 「いえじ」라는 발음에 주의!

312 相対 : 「相手(あいて)」와 뜻과 발음 면에서 혼동하기 쉬우니 정확히 알아두자.

相場 : (주식, 환율, 물가 등의) 시세, 시가

번호	日本漢字	音読(カタカナ) 訓読(ひらがな)	뜻 음 (韓國漢字)	교과서체	主要単語
315	調 N2	チョウ しらべる ととのう ととのえる	고를 조	調	調和(ちょうわ) 強調(きょうちょう) 調子(ちょうし) 歩調(ほちょう)・取調べ(とりしらべ)
316	整 N1	セイ ととのえる ととのう	가지런할 정	整	調整(ちょうせい) 整理(せいり) 整地(せいち)
317	予 N3	ヨ	먼저 예(豫)	予	予定(よてい) 予想(よそう) 予期(よき) 予言(よげん) 予習(よしゅう)
318	想 N2	ソウ・<u>ソ</u>	생각할 상	想	思想(しそう) 理想(りそう) 空想(くうそう) 回想(かいそう)・愛想(あいそ)
319	期 N3	キ・<u>ゴ</u>	기약할 기	期	期間(きかん) 長期(ちょうき) 時期(じき) 新学期(しんがっき)・最期(さいご)
320	待 N4	タイ まつ	기다릴 대	待	期待(きたい) 待望(たいぼう)・待合室(まちあいしつ)
321	決 N3	ケツ きまる・きめる	정할 결	決	決定(けってい) 決意(けつい) 決心(けっしん) 決勝(けっしょう)・決め手(きめて)
322	定 N3	テイ・ジョウ さだめる さだまる・さだか	정할 정	定	定員(ていいん) 定着(ていちゃく) 定食(ていしょく) 定休日(ていきゅうび)・勘定(かんじょう)
323	感 N3	カン	느낄 감	感	感心(かんしん) 感動(かんどう) 予感(よかん) 同感(どうかん) 実感(じっかん)
324	動 N4	ドウ うごく・うごかす	움직일 동	動	動物(どうぶつ) 行動(こうどう) 言動(げんどう) 自動(じどう) 活動(かつどう) 運動(うんどう)

MP3 018
315~333

315 調子 : '상태, 형편, 가락, 곡조' 등 다양한 뜻으로 두루 쓰인다.

318 愛想 : 붙임성, 상냥함, 호의, 대접, (お~) 애교석인 말, 겉치레 인사, (お~) 계산, 셈

325 都度 : 그때마다, 매번 예 その~その~ 그때 그때마다
속 住(す)めば、都(みやこ) : 이 속담은 '(고향이 따로 있는 것이 아니라) 정들면 고향'이라는 뜻인데, 어떤 학생은 가능 용법을 연상했는지 '살기에는 도시가 좋다'라고 잘못 해석하고 있었다. 상황에 따라 속담을 적절히 활용하면 인간 관계에서 윤활유 역할을 하기도 하고, 간접 화법으로 재치있게 써먹을 수가 있으니 중요한 속담 · 격언은 몇 개라도 꼭 기억해 두자!

번호	日本漢字	音読 (カタカナ) 訓読 (ひらがな)	뜻 음 (韓國漢字)	교과서체	主要単語
325	都 N3	ト・ツ みやこ	도읍 도 (都)	都	都心 都会 東京都・都合 都度
326	度 N4	ド・ト・タク たび	법도 도	度	一度 毎度 高度 進度・支度・度々
327	深 N2	シン ふかい ふかまる ふかめる	깊을 심	深	深夜 深海 深化 水深 深度 深緑
328	緑 N3	リョク・ロク みどり	푸를 록 (綠)	緑	緑化・緑地 新緑 緑茶・緑色
329	葉 N2	ヨウ は	잎 엽	葉	万葉集・言葉 落ち葉・葉書 木の葉
330	詩 N1	シ	귀글 시	詩	詩人 詩集 詩歌 作詩
331	集 N4	シュウ あつまる あつめる・つどう	모일 집	集	集会 集合 集中 集計
332	意 N4	イ	뜻 의	意	意思 意見 意外 意地悪 用意
333	味 N4	ミ あじ・あじわう	맛 미	味	意味 気味 苦味 味方・後味

332　用意 : 예전에 할아버지들이 곧잘 동네의 어린이들을 모아놓고 "너희들 여기에 한 줄로 '나라비 서！' 할아버지가 '요이 똥' 하면 저기까지 뜀박질하는 거야."라고 했는데, 여기서 '나라비'와 '요이 똥'은 일본어다. 이는 일본어 「並(なら)び」 「用意(ようい) どん」을 말한 것으로 '나라비'는 늘어서는 것이고, '요이 똥'은 준비 땅을 알리는 구령으로 「どん」을 센 발음 '똥'으로 발음한 것이다.

333　後味 : (음식이나 일의) 뒷맛　참 ～が悪(わる)い 뒷맛이 개운치 않다

번호	日本 漢字	音読 (カタカナ) 訓読 (ひらがな)	뜻 음 (韓國漢字)	교과서체	主要単語
334	代 N4	ダイ・タイ かわる・かえる よ・しろ	대신할 대	代	代理 古代 代表・交代・身代金 <small>だい り　こ だい　だいひょう　こうたい　みのしろきん</small>
335	筆 N2	ヒツ ふで	붓 필	筆	筆記 自筆 筆者 毛筆 代筆・筆先 <small>ひっ き　じ ひつ　ひっしゃ　もうひつ　だいひつ　ふでさき</small>
336	悪 N4	アク・オ わるい	악할 악 (惡) 미울 오	悪	悪化 悪意 悪名・悪寒・悪口 <small>あっ か　あく い　あくめい　お かん　わるくち</small>
337	漢 N4	カン	한수 한 (漢)	漢	漢文 門外漢 悪漢 漢方薬 <small>かんぶん　もんがいかん　あっかん　かんぽうやく</small>
338	飲 N4	イン のむ	마실 음 (飮)	飲	飲食 飲料 飲酒・飲み屋 <small>いんしょく　いんりょう　いんしゅ　の　や</small>
339	酒 N3	シュ さけ・<u>さか</u>	술 주	酒	日本酒 洋酒・酒場 酒屋 居酒屋 <small>に ほんしゅ　ようしゅ　さかば　さかや　い ざか や</small>
340	追 N2	ツイ おう	쫓을 추 (追)	追	追放 追加 追究・追っ手 <small>ついほう　 つい か　ついきゅう　お　て</small>
341	放 N2	ホウ はなす・はなつ はなれる	놓을 방	放	放送 追放 放出 開放 <small>ほうそう　ついほう　ほうしゅつ　かいほう</small>
342	美 N3	ビ うつくしい	아름다울 미	美	美人 美女 美化 美談 <small>び じん　び じょ　び か　び だん</small>
343	化 N3	カ・ケ ばける・ばかす	될 화	化	文化 進化 少子化 近代化・化粧 <small>ぶん か　しん か　しょう し か　きんだい か　け しょう</small>

MP3 019

334~352

339 酒場 : 술집, 술을 마시는 곳 图 飲(の)み屋(や)
酒屋 : 양조장 또는 주류 판매소
居酒屋 : 선술집, 일반 술집
☞ 하루 종일 남에게 신경쓰며 목소리도 크게 내지 않고 긴장 속에서
생활하는 일본인들이 남의 눈치를 보지 않고 떠들며 스트레스를 해소할 수
있는 곳이다. 더군다나 술값도 싸기 때문에 샐러리맨들이 부담없이 자주
찾는다.

339 日本酒 : 술병(とくり)과 술잔(ちょく)

번호	日本漢字	音読 (カタカナ) 訓読 (ひらがな)	뜻 음 (韓國漢字)	교과서체	主要単語
344	持 N4	ジ もつ	가질 지	持	所持品・気持ち　金持ち　持ち主
345	温 N3	オン あたたか あたたかい あたたまる あたためる	따뜻할 온 (溫)	温	気温　温度　体温　高温　温室　温和
346	和 N3	ワ・オ やわらぐ やわらげる なごむ・なごやか	화목할 화	和	平和　調和　和食・日和・大和
347	寒 N3	カン さむい	추울 한	寒	寒中　寒流・寒空　寒気
348	暑 N3	ショ あつい	더울 서 (暑)	暑	寒暑　暑中見舞い
349	急 N4	キュウ いそぐ	급할 급 (急)	急	急行　急死　急速　急須・大急ぎ
350	速 N2	ソク はやい・はやめる すみやか	빠를 속 (速)	速	速度　時速　高速　速力
351	転 N4	テン ころがる ころげる ころがす ころぶ	구를 전 (轉)	転	運転　回転　反転　自転車　転出
352	落 N3	ラク おちる・おとす	떨어질 락	落	落下　転落　落書き・落とし物

346　大和 : 일본을 뜻하는 옛 지명　☞ 7세기에 「日本」이라는 국호가 처음으로 등장하기 전까지 지금의 나라(奈良) 지방에 있었던 「大和朝廷(やまとちょうてい)」에서 유래하여 「大和」는 고대 일본을 뜻하는 말로 쓰이고 있다. 여기에서 연유하여 「和」라는 글자는 오늘날에도 일본을 지칭하는 말로 통용되고 있다.

348　暑中見舞い : 「暑中(しょちゅう)」는 '더운 여름'이라는 뜻으로 한국어의 복중(伏中)에 해당한다. 「暑中見舞い」라는 말은 한여름에 거래처나 친지에게 엽서로 간단하게 안부를 묻는 인사장을 보내는 것을 말한다.

349　急須 : 차를 따르는 손잡이가 달린 주전자 모양의 사기그릇으로, 따를 때는 왼손으로 뚜껑을 가볍게 누르면서 따른다.　349 急須

번호	日本漢字	音読 (カタカナ) 訓読 (ひらがな)	뜻 음 (韓國漢字)	교과서체	主要単語
353	打 N3	ダ うつ	칠 타	打	だかい 打開　だしゃ 打者　だいだ 代打　あんだ 安打・うちあ 打合わせ
354	開 N4	カイ ひらく・あける ひらける・あく	열 개	開	かいてん 開店　かいつう 開通　こうかい 公開　かいはつ 開発　かいぎょう 開業
355	荷 N2	カ に	멜 하	荷	しゅっか 出荷　にゅうか 入荷・にもつ 荷物　にづく 荷作り　にぐるま 荷車
356	物 N4	ブツ・モツ もの	물건 물	物	せいぶつ 生物　ぶつり 物理　じんぶつ 人物・さくもつ 作物・しなもの 品物　ほんもの 本物
357	配 N3	ハイ くばる	짝 배	配	てはい 手配　ぶんぱい 分配　はいれつ 配列　しんぱい 心配・きくば 気配り
358	送 N4	ソウ おくる	보낼 송 (送)	送	そうきん 送金　うんそう 運送　はっそう 発送　かいそう 回送　はいそう 配送・みおく 見送り
359	係 N3	ケイ かかる・かかり	걸릴 계	係	かんけい 関係　けいすう 係数・かかりいん 係員　かかりちょう 係長　としょがかり 図書係
360	両 N3	リョウ	두 량 (兩)	両	りょうて 両手　しゃりょう 車両　りょうほう 両方　りょうしゃ 両社　りょうめん 両面
361	面 N3	メン おも・おもて つら	낯 면	面	めんかい 面会　めんぜん 面前　ぜんめん 全面　ほうめん 方面・おもなが 面長

MP3 020

353~371

356 品物 : 물건, 물품, (특히) 상품
本物 : 진품, 진짜, 오리지널

358 見送り : 배웅, 환송　[반] 出(でむか)え 마중

362 表日本 : (일본 열도에서) 태평양에 면한 지방　[반] 裏(うら)日本

번호	日本漢字	音読 (カタカナ) 訓読 (ひらがな)	뜻 음 (韓國漢字)	교과서체	主要単語
362	表 N3	ヒョウ おもて・あらわす あらわれる	거죽 표	表	だいひょう 代表　はっぴょう 発表　ひょうめん 表面　ひょうじ 表示・おもてにほん 表日本
363	皮 N3	ヒ かわ	가죽 피	皮	ひょうひ 表皮　ぎゅうひ 牛皮　ひにく 皮肉・けがわ 毛皮
364	所 N3	ショ ところ	바 소	所	めいしょ 名所　ちょうしょ 長所　ばしょ 場所　きゅうしょ 急所・だいどころ 台所
365	有 N4	ユウ・ウ ある	있을 유	有	ゆうめい 有名　ゆうりょく 有力　しょゆう 所有・うむ 有無
366	洋 N4	ヨウ	큰바다 양	洋	かいよう 海洋　せいよう 西洋　とうよう 東洋　たいへいよう 太平洋　ようしき 洋式
367	服 N4	フク	옷 복 마실 복	服	ようふく 洋服　わふく 和服　ふくよう 服用　いっぷく 一服
368	様 N3	ヨウ さま	모양 양 (樣)	様	ようす 様子　たよう 多様　どうよう 同様　ようしき 様式・きゃくさま お客様
369	式 N3	シキ	법 식	式	けいしき 形式　しんしき 新式　しきじょう 式場　にゅうがくしき 入学式
370	発 N4	ハツ・ホツ	필 발 (發)	発	はつめい 発明　はっけん 発見　はっこう 発行　はっしゃ 発車・ほっそく 発足
371	育 N3	イク そだつ・そだてる	기를 육	育	たいいく 体育　はついく 発育　いくじ 育児　きょういく 教育・こそだて 子育て

363　皮肉 : 비꼼, 야유, 비아냥거림, 아이러니컬, 얄궂음, 짓궂음

367　一服 : (가루약) 한 봉지, 한 모금 예 たばこ一服 담배 한 모금, お茶(ちゃ)一服 차 한 모금

368　様子 : '상태, 모양, 형편, 상황, 모습, 용모, 눈치, 기미, 낌새' 등 뜻이 다양하다.
　　　※さん/さま : 「～さん」은 호칭접미사로 쓸 때 한국어의 '～씨'나 '～님'에 해당하지만, 아랫사람에게도 「～さん」이라고 할 정도로 폭넓게 쓰인다. 애칭으로는 「～ちゃん」이라고 한다. 「さま」는 예스럽고 딱딱하지만 정중한 표현으로, 호텔・백화점 등 서비스 업계에서 손님에게 호칭하거나 상대를 특별히 높여 부를 때 쓴다.

367　和服

번호	日本漢字	音読 (カタカナ) 訓読 (ひらがな)	뜻 음 (韓國漢字)	교과서체	主要単語
372	幸 N3	コウ さいわい・さち しあわせ	다행 행	幸	幸運 幸福 不幸 多幸
373	福 N3	フク	복 복(福)	福	福利 福音 福引き 福引き券
374	羊 N1	ヨウ ひつじ	양 양	羊	羊毛
375	平 N3	ヘイ・ビョウ たいら・ひら	평평할 평	平	平野 平日 平気・平等・平社員
376	等 N3	トウ ひとしい	무리 등	等	対等 等級 一等 同等 等々
377	使 N4	シ つかう	하여금 사	使	使命 使用 大使 天使 使役
378	命 N3	メイ・ミョウ いのち	목숨 명	命	生命 運命 人命 命中・寿命
379	注 N4	チュウ そそぐ	물댈 수	注	注意 注目 発注 受注 注文
380	油 N3	ユ あぶら	기름 유	油	油田 原油 注油・油絵

MP3 021

372~389

375　平気 : 태평함, 태연함, 예사로움, 끄떡없음

平等 : 발음에 주의! へいどう (×) / びょうとう (×)

381　乗り物 : 「見物(みもの) 볼거리」, 「飲(の)み物(もの) 마실 것, 음료수」, 「食(た)べ物(もの) 먹을 것」, 「着物(きもの) 입을 것, 의복」, 「履物(はきもの) 신을 것, 신발」처럼, ます형에 「～物」를 붙이면 '～거리, ～것' 등의 명사가 되기 때문에 작문하기에 편리하다.

번호	日本漢字	音読(カタカナ)訓読(ひらがな)	뜻 음(韓國漢字)	교과서체	主要単語
381	乗 N4	ジョウ / のる・のせる	탈 승 (乘)	乗	乗客 乗車 乗用車 乗馬・乗り物
382	客 N3	キャク・カク	손 객	客	客室 客間 客席 来客・旅客機
383	終 N4	シュウ / おわる・おえる	마칠 종	終	終点 終着駅 終戦
384	着 N4	チャク・ジャク / きる・きせる / つく・つける	붙을 착	着	着実 着手 先着・着物 下着 水着
385	駅 N4	エキ	역 역 (驛)	駅	駅員 駅前 東京駅 駅長
386	鉄 N3	テツ	쇠 철 (鐵)	鉄	鉄道 地下鉄 鉄工所 鉄線
387	橋 N3	キョウ / はし	다리 교	橋	鉄橋・石橋 一本橋
388	央 N3	オウ	가운데 앙	央	中央 中央線 中央区
389	横 N2	オウ / よこ	가로 횡 (橫)	横	横断・横町 横目 横書き 横顔

384 着物 : '옷, 의복'이라는 뜻도 있지만, '전통적인 일본식 옷'을 뜻하기도 한다.
下着 : 아랫도리 옷을 뜻하는 게 아니라, '속옷, 내복'을 뜻하니, 오해 없도록！
🈂 上着(うわぎ) 겉옷, 상의
389 横書き : 가로로 쓰는 것을 말하며, 로마자처럼 가로쓰기 문자를「横文字(よこもじ)」라고 한다.

386 地下鉄

번호	日本漢字	音読 (カタカナ) 訓読 (ひらがな)	뜻 음 (韓國漢字)	교과서체	主要単語
390	箱 N3	はこ	상자 상	箱	本箱 小箱 重箱 箱根
391	根 N3	コン ね	뿌리 근	根	根本 根気 大根・根回し
392	旅 N4	リョ たび	나그네 려 (旅)	旅	旅行 旅館 旅客・旅人
393	館 N1	カン	집 관 (館)	館	図書館 体育館 開館 本館 会館
394	部 N3	ブ	거느릴 부	部	部品 本部 部下 部分 全部・部屋
395	屋 N4	オク や	집 옥	屋	屋上 家屋 屋外・屋根 肉屋 屋台
396	君 N3	クン きみ	임금 군	君	君主 主君・父君 君が代
397	主 N4	シュ・ス ぬし・おも	주인 주	主	主人 主題 主役・坊主・家主
398	神 N3	シン・ジン かみ・かん・こう	귀신 신 (神)	神	神話・神社 神宮・神様 神風
399	宮 N1	キュウ・グウ・ク みや	집 궁	宮	王宮 宮中 宮庭・宮内庁

MP3 022

390~408

391 　根回し : 사전교섭, 사전조정, '회의 · 계약' 등이 잘 되도록 미리 교섭하는 것

392 　㈜ 愛(あ)い子(こ)には、旅(たび)をさせよ 귀여운 자식에게는 여행을 시켜라

395 　屋根 : 지붕 ㉲ 世界の屋根ヒマラヤ 세계의 지붕 히말라야

396 　君が代 : '천황(君)의 치세(代)'를 찬미하는 내용의 짧은 가사와 느리고 장중한 곡조로 편곡된 일본의 국가(国歌)

398 　神風 : 일본을 지켜주기 위해 신이 불어다 준다는 바람 ㉮ 神風タクシー 총알택시

番号	日本漢字	音読 (カタカナ) 訓読 (ひらがな)	뜻 음 (韓國漢字)	교과서체	主要単語
400	湖 N2	コ みずうみ	호수 호	湖	湖水 (こすい)　湖岸 (こがん)　琵琶湖 (びわこ)
401	岸 N2	ガン きし	언덕 안	岸	海岸 (かいがん)　対岸 (たいがん)・川岸 (かわぎし)
402	湯 N2	トウ ゆ	끓일 탕	湯	熱湯 (ねっとう)・湯水 (ゆみず)　湯飲み (ゆの)　湯気 (ゆげ)
403	港 N2	コウ みなと	항구 항 (港)	港	開港 (かいこう)　空港 (くうこう)　出港 (しゅっこう)　入港 (にゅうこう)・港町 (みなとまち)
404	向 N3	コウ むく・むける むかう・むこう	향할 향	向	方向 (ほうこう)　動向 (どうこう)　意向 (いこう)　向上 (こうじょう)・前向き (まえむ)
405	曲 N3	キョク まがる・まげる	굽을 곡	曲	曲線 (きょくせん)　作曲 (さっきょく)　名曲 (めいきょく)　新曲 (しんきょく)・曲がり角 (まかど)
406	銀 N4	ギン	은 은	銀	銀行 (ぎんこう)　金銀 (きんぎん)　銀紙 (ぎんがみ)　水銀 (すいぎん)　銀色 (ぎんいろ)
407	苦 N3	ク くるしい くるしむ くるしめる にがい・にがる	괴로울 고	苦	苦心 (くしん)　苦労 (くろう)・苦手 (にがて)　苦味 (にがみ)・心苦しい (こころぐる)
408	軽 N3	ケイ かるい・かろやか	가벼울 경 (經)	軽	軽食 (けいしょく)　軽自動車 (けいじどうしゃ)・気軽 (きがる)　手軽 (てがる)

403　空港 : 한자를 「空航」으로 잘못 쓰지 않도록 주의할 것!

407　苦労 : 고생, 수고, 애씀, 노고
苦手 : ① 상대하기 싫음, 질색 ② 서투름, 잘 하지 못함
苦味 : 쓴 맛, 씁쓸한 맛

408　気軽 : 선선하게, 선뜻, 어렵게 생각하지 않음, 가벼운 마음, 편한 마음으로

402　湯飲み

번호	日本 漢字	音読 (カタカナ) 訓読 (ひらがな)	뜻 음 (韓國漢字)	교과서체	主要単語
409	県 N3	ケン	고을 현 (縣)	県	県庁 県立 ～県
410	区 N3	ク	구역 구 (區)	区	区分 区別 地区 区間 区役所
411	州 N2	シュウ す	고을 주	州	本州 九州 六大州・三角州
412	庫 N2	コ・ク	곳집 고	庫	倉庫 車庫 文庫 金庫 書庫
413	具 N3	グ	갖출 구	具	道具 家具 雨具 具体的 具合
414	皿 N3	さら	그릇 명	皿	小皿 皿回し 受皿
415	歯 N2	シ は	이 치 (齒)	歯	歯科・歯車 入れ歯 歯ブラシ 前歯
416	鼻 N3	ビ はな	코 비	鼻	鼻音 耳鼻科・鼻先 鼻水
417	写 N4	シャ うつす・うつる	베낄 사 (寫)	写	写真 写生 写実
418	守 N3	シュ・ス まもる・もり	지킬 수	守	保守 守備・留守・子守歌

MP3 023

409~428

414 **受皿** : 자판기에서 커피를 받아내는 종이컵처럼 어떤 작용이 미친 것을 받아들이는 수용・인수의 뜻으로 쓰인다.
예컨대 부도난 은행을 인수하는 은행을 「～銀行」라 하고, 정권을 인수할 정당을 「～政党」라고 한다.

415 **前歯** : 앞니 [반] 奥歯(おくば)

416 **鼻先** : 코끝, 코앞, 눈앞

번호	日本漢字	音読 (カタカナ) 訓読 (ひらがな)	뜻 음 (韓國漢字)	교과서체	主要単語
419	申 N3	シン もうす	진술할 신	申	申告 内申書・申し分
420	他 N3	タ	다를 타	他	他国 他人 他意 自他 他力
421	柱 N3	チュウ はしら	기둥 주	柱	円柱 電柱・大黒柱 柱時計
422	帳 N1	チョウ	휘장 장	帳	通帳 帳面 手帳 日記帳・蚊帳
423	笛 N1	テキ ふえ	피리 적	笛	汽笛・口笛 草笛
424	童 N2	ドウ わらべ	아이 동	童	児童 童話 童顔 童心 神童
425	昔 N3	セキ・シャク むかし	옛 석	昔	昔日・今昔・昔話 大昔
426	倍 N3	バイ	곱 배	倍	倍数 倍加 二倍 人一倍
427	豆 N1	トウ・ズ まめ	콩 두	豆	豆乳・大豆・豆本 豆電球
428	畑 N3	はたけ・はた	화전 전 (和製漢字)	畑	麦畑 花畑・畑作

421　大黒柱 : 대들보, (비유적으로) 집안·단체·국가 등의 기둥이 되는 인물

424　児童 : 혼용하는 경우도 있지만 대체로 「児童 (じどう)」는 초등학생, 「生徒 (せいと)」는 중고생, 「学生 (がくせい)」는 대학생으로 구분해서 사용한다.

427　「豆」는 작은 것을 상징한다.
　　예 豆自動車 (まめじどうしゃ) 꼬마 자동차　豆電球 (まめでんきゅう) 꼬마 전구

427　豆本

428　관 畑違い : '전문 분야가 다르다'는 뜻이다. 예 ~ですから自身 (じしん)がありません。분야가 달라서 자신이 없습니다.

번호	日本漢字	音読 (カタカナ) 訓読 (ひらがな)	뜻 음 (韓國漢字)	교과서체	主要単語
429	庭 N3	テイ にわ	뜰 정	庭	庭園 家庭 校庭・庭先
430	植 N2	ショク うえる・うわる	심을 식	植	植物 植林・田植え
431	氷 N3	ヒョウ こおり・ひ	얼음 빙	氷	氷山 氷点・氷水
432	坂 N3	ハン さか	비탈 판	坂	急坂・坂道 下り坂
433	秒 N3	ビョウ	초 초	秒	秒速 一分一秒 秒読み
434	始 N4	シ はじめる はじまる	처음 시	始	原始 開始 始終 年始 始動
435	返 N3	ヘン かえす・かえる	돌아올 반 (返)	返	返品 返答 返事
436	由 N3	ユ・ユウ・ユイ よし	말미암을 유	由	由来・自由 理由・由緒
437	陽 N2	ヨウ	볕 양	陽	太陽 陽光 陽気 陽性
438	拾 N2	シュウ・ジュウ ひろう	주을 습	拾	拾得・拾万円・拾い物 命拾い

MP3 **024**

429~440

429　庭先 : (뜰에서 보아) 툇마루에 가까운 곳

번호	日本漢字	音読 (カタカナ) 訓読 (ひらがな)	뜻 음 (韓國漢字)	교과서체	主要単語
439	炭 N2	タン すみ	숯 탄	炭	石炭(せきたん) 木炭(もくたん)・炭火(すみび)
440	昭 N1	ショウ	밝을 소	昭	昭和(しょうわ)

접미사로 자주 쓰이는 「〜中」는 상황에 따라 「〜じゅう」 또는 「〜ちゅう」로 발음

〜中	〜じゅう	〜 동안, 〜내내 전〜, 온〜 〈all〉	一日中(いちにちじゅう) 하루종일 一年中(いちねんじゅう) 일년 내내 世界中(せかいじゅう) 전세계 日本中(にほんじゅう) 온 일본
	〜ちゅう	지금 그런 상태에 있거나 진행 중임 〈while〉	会議中(かいぎちゅう) 회의 중 外出中(がいしゅつちゅう) 외출 중 作業中(さぎょうちゅう) 작업 중 工事中(こうじちゅう) 공사 중

440　年号 : 「元号」라고도 한다. 일본에서는 서기(西紀)와 자국의 연호(年号)를 같이 쓰는데 국내에서는 주로 연호를 쓰고 있다.
연호는 천황의 연호이기 때문에 천황이 사망하면 새로운 연호로 바뀌며, 천황의 이름은 따로 있다.

연호	이름	비고
明治(めいじ)	睦仁(むつひと)	1868〜1912 〈45년간 재위〉
大正(たいしょう)	嘉仁(よしひと)	1915〜1926
昭和(しょうわ)	裕仁(ひろひと)	1926〜1989 〈63년간 재위〉
平成(へいせい)	明仁(あきひと)	1989〜현재

번호	日本 漢字	音読 (カタカナ) 訓読 (ひらがな)	뜻 음 (韓國漢字)	교과서체	主要単語
441	各 N3	カク おのおの	각각 각	各	各国(かっこく) 各種(かくしゅ) 各地(かくち) 各自(かくじ)・各々(おのおの)
442	種 N2	シュ たね	씨 종	種	種類(しゅるい) 品種(ひんしゅ) 人種(じんしゅ) 種子(しゅし)・話の種(はなしのたね)
443	法 N3	ホウ・<u>ハッ</u>・<u>ホッ</u>	법 법	法	方法(ほうほう) 法案(ほうあん) 文法(ぶんぽう) 作法(さほう)・法度(はっと)
444	案 N1	アン	책상 안	案	案内(あんない) 案件(あんけん) 図案(ずあん) 案外(あんがい)
445	協 N2	キョウ	화할 협	協	協議(きょうぎ) 協力(きょうりょく) 協会(きょうかい) 協調(きょうちょう) 協定(きょうてい)
446	議 N2	ギ	의논할 의	議	会議(かいぎ) 議員(ぎいん) 議会(ぎかい) 議案(ぎあん)
447	訓 N2	クン	가르칠 훈	訓	訓練(くんれん) 訓令(くんれい) 訓話(くんわ) 訓読み(くんよみ) 特訓(とっくん)
448	令 N3	レイ	명령할 령	令	命令(めいれい) 法令(ほうれい) 指令(しれい) 号令(ごうれい) 令息(れいそく)

MP3 025

441~457

442 話の種 : 「〜種(たね)」는 한국어로는 '〜거리'에 해당한다. 예컨대 「悩(なや)みの種(たね) 두통(골칫)거리」, 「心配(しんぱい)の種(たね)걱정거리」, 「新聞(しんぶん)の種(たね) 가십거리」 등으로 말한다. 한편 강조하는 의미에서 「種」 대신에 가타카나로 「〜のタネ」라고 표기하는 경우도 많다.

447 特訓 : 「特別訓練(とくべつくんれん) 특별훈련」의 준말

448 令息 : 남의 '아들'을 높여 부르는 말. '딸'은 「令嬢(れいじょう)」라고 한다.
⠀⠀⠀예 社長(しゃちょう)の〜 사장님 따님

번호	日本漢字	音読 (カタカナ) 訓読 (ひらがな)	뜻 음 (韓國漢字)	교과서체	主要単語
449	選 N3	セン えらぶ	가릴 선 (選)	選	せんしゅつ 選出　とうせん 当選　せんしゅ 選手　にゅうせん 入選　よせん 予選
450	挙 N1	キョ あげる・あがる	들 거 (擧)	挙	せんきょ 選挙　きょこう 挙行　きょしゅ 挙手　れっきょ 列挙　きょこく 挙国
451	差 N3	サ さす	어긋날 차	差	さい 差異　さべつ 差別　じさ 時差　たいさ 大差・ひざ 日差し
452	別 N4	ベツ わかれる	다를 별	別	くべつ 区別　べっかん 別館　べっぱい 別売　たいべつ 大別　べつべつ 別々
453	特 N4	トク	특별할 특	特	とくれい 特例　とくしょく 特色　とくしゅう 特集　とっきゅう 特急　とくべつ 特別
454	例 N3	レイ たとえる	법식 례	例	れいがい 例外　れいぶん 例文　ぜんれい 前例　れいねん 例年　れいだい 例題
455	府 N2	フ	마을 부	府	せいふ 政府　とどうふけん 都道府県　おおさかふ 大阪府
456	戦 N2	セン いくさ・たたかう	싸울 전 (戰)	戦	せんりょく 戦力　くせん 苦戦　かんせん 観戦　じっせん 実戦　かっせん 合戦
457	争 N3	ソウ あらそう	다툴 쟁 (爭)	争	せんそう 戦争　そうてん 争点　きょうそう 競争　そうぎ 争議

455 **都道府県** : 광역 행정구역. 1都(東京都)·1道(北海道)·2府(大阪府、京都府)·43県(青森県 등)으로 구성되어 있다.
　　㉿市町村(しちょうそん) : 우리나라의 '읍·면·동'과 같은 지방 행정 단위

456 **合戦** : 전투, 교전, 시합 ㉿歌合戦(うたがっせん) 노래시합

455 都道府県

번호	日本漢字	音読 (カタカナ) 訓読 (ひらがな)	뜻 음 (韓國漢字)	교과서체	主要単語
458	軍 N3	グン	군사 군	軍	軍隊(ぐんたい) 陸軍(りくぐん) 海軍(かいぐん) 空軍(くうぐん) 軍人(ぐんじん) 軍事(ぐんじ)
459	隊 N1	タイ	떼 대 (隊)	隊	部隊(ぶたい) 隊員(たいいん) 兵隊(へいたい) 登山隊(とざんたい)
460	兵 N2	ヘイ・ヒョウ	군사 병	兵	兵士(へいし) 兵器(へいき) 出兵(しゅっぺい)・兵糧(ひょうろう) 兵庫県(ひょうごけん)
461	卒 N2	ソツ	마칠 졸 군사 졸	卒	兵卒(へいそつ) 卒業(そつぎょう) 大卒(だいそつ) 高卒(こうそつ) 新卒(しんそつ)
462	井 N1	セイ・ショウ い	우물 정	井	市井(しせい) 油井(ゆせい)・天井(てんじょう)・井戸(いど)
463	末 N3	マツ・バツ すえ	끝 말	末	末期(まっき) 週末(しゅうまつ) 結末(けつまつ) 始末(しまつ)・末っ子(すえっこ)
464	焼 N2	ショウ やく・やける	불사를 소 (燒)	焼	焼失(しょうしつ) 全焼(ぜんしょう)・焼肉(やきにく) 焼物(やきもの) 焼き魚(やきざかな)
465	失 N3	シツ うしなう	잃을 실	失	失礼(しつれい) 失言(しつげん) 失業(しつぎょう) 失望(しつぼう) 消失(しょうしつ)
466	包 N3	ホウ つつむ	쌀 포 (包)	包	包囲(ほうい) 包丁(ほうちょう) 内包(ないほう) 包帯(ほうたい)・小包み(こづつみ)
467	帯 N2	タイ おびる・おび	띠 대 (帶)	帯	世帯(せたい) 地帯(ちたい) 温帯(おんたい) 連帯(れんたい)・帯(おび)

MP3 026

458~476

462 井戸 : 우물 ㉿井(い)のなかの蛙(かわず) 우물 안 개구리

463 始末 : '경위, 자초지종, (나쁜) 결과, 형편, 처리, 매듭, 아낌, 절약' 등으로 뜻이 다양함.

464 焼肉 : 88올림픽을 계기로 일본에서는 「焼肉レストラン」이 우후죽순처럼 급격히 늘어났다. 그래서 한국식 식당의 메뉴에는 불고기뿐만 아니라 갈비(カルビ), 김치(キムチ), 깍두기(カクテキ), 나물(ナムル), 상추(サンチュ), 비빔밥(ビビンバ), 국밥(クッパ), 곰탕(コムタン), 찌개(チゲ) 등의 한국식 이름을 쉽게 볼 수 있다.

번호	日本 漢字	音読 (カタカナ) 訓読 (ひらがな)	뜻 음 (韓國漢字)	교과서체	主要単語
468	積 N2	セキ つむ・つもる	쌓을 적	積	せっきょくてき めんせき せきせつ み つもりしょ 積極的　面積　積雪・見積書
469	極 N2	キョク・ゴク きわめる きわまる きわみ	지극할 극	極	きょく ど ごくあく ごくらく つきぎめ 極度・極悪　極楽・月極
470	功 N1	コウ・ク	공 공	功	せいこう せんこう こうろう こうみょう く どく 成功　専攻　功労　功名・功徳
471	官 N3	カン	벼슬 관	官	かんちょう かんみん し かん し れいかん ちょうかん 官庁　官民　士官　司令官　長官
472	民 N3	ミン たみ	백성 민	民	みんぞく みんしゅ し みん みんかん みんげいひん 民族　民主　市民　民間　民芸品
473	老 N3	ロウ おいる・ふける	늙을 로	老	ろうじん ろう ご ろうじん え び 老人　老後　老人ホーム・海老
474	臣 N3	シン・ジン	신하 신	臣	しん か くんしん ろうしん だいじん 臣下　君臣　老臣　大臣
475	茨 N1	いばら	지붕 일 사	茨	いばら 茨
476	岡 N1	コウ おか	산등성이 강	岡	おか 岡

473　老人ホーム : 양로원, 실버타운　☞ 일본에서는 양로원(養老院)이라고 하지 않는다.

474　大臣 : 일본 정부 각료의 명칭 중 하나　㉞ 総理(そうり)大臣、外務(がいむ)大臣
　　　☞ 각료라도 「○○省」은 「大臣」이라 하고, 「○○庁」은 「長官(ちょうかん)」이라고 호칭한다.

번호	日本 漢字	音読 (カタカナ) 訓読 (ひらがな)	뜻 음 (韓國漢字)	교과서체	主要単語
477	博 N1	ハク・バク	넓을 박 (博)	博	博物館 博学 博愛 博士 (博士)
478	沖 N1	チュウ おき	화할 충	沖	沖天の勢い
479	愛 N3	アイ	사랑 애	愛	愛用 愛国 熱愛 愛読 愛人
480	好 N3	コウ このむ・すく	좋아할 호	好	好意 同好 愛好 友好 好調
481	説 N3	セツ・ゼイ とく	말씀 설 달랠 세 (説)	説	説明 小説 伝説 社説・遊説
482	賀 N1	ガ	하례할 하	賀	年賀状 祝賀 賀正 賀状
483	冷 N3	レイ つめたい・ひや ひえる・ひやす ひやかす・さめる さます	찰 냉	冷	冷水 冷害 冷血 寒冷・冷や飯
484	笑 N3	ショウ わらう・えむ	웃을 소	笑	苦笑 談笑 冷笑・笑顔・大笑い
485	以 N4	イ	써 이	以	以上 以下 以前 以内 以後

MP3 027

477~495

479 愛人 : '애인'은 중국이나 우리나라에서는 좋은 뜻으로 쓰이지만, 일본에서는 '내연 관계'를
뜻하는 나쁜 의미로 쓰이니 언어 사용에 주의하기 바란다. 한국어의 '애인'에
해당하는 일본어는 「恋人(こいびと)」이다.

482 年賀状

번호	日本漢字	音読 (カタカナ) 訓読 (ひらがな)	뜻 음 (韓國漢字)	교과서체	主要単語
486	印 N2	イン しるし	도장 인	印	印章(いんしょう) 調印(ちょういん) 印紙(いんし)・目印(めじるし) 失印(やじるし)
487	刷 N2	サツ する	인쇄할 쇄	刷	印刷(いんさつ) 刷新(さっしん)・色刷り(いろずり)
488	機 N2	キ はた	틀 기	機	機器(きき) 機体(きたい) 待機(たいき) 機会(きかい) 動機(どうき) 機転(きてん)
489	械 N2	カイ	기계 계	械	機械(きかい) 器械(きかい)
490	建 N4	ケン・コン たてる・たつ	세울 건	建	建国(けんこく) 建議(けんぎ)・建立(こんりゅう)・建物(たてもの) 建前(たてまえ)
491	材 N3	ザイ	재목 재	材	人材(じんざい) 材料(ざいりょう) 建材(けんざい) 教材(きょうざい) 木材(もくざい)
492	衣 N2	イ ころも	옷 의	衣	衣服(いふく) 衣料(いりょう) 衣類(いるい)・衣替え(ころもがえ)
493	類 N2	ルイ	무리 류 (類)	類	分類(ぶんるい) 人類(じんるい) 書類(しょるい) 同類(どうるい) 親類(しんるい)
494	労 N3	ロウ	일할 로 (勞)	労	苦労(くろう) 労力(ろうりょく) 労使(ろうし) 労働組合(ろうどうくみあい)
495	働 N3	ドウ はたらく	일할 동 (和製漢字)	働	労働(ろうどう) 重労働(じゅうろうどう)・働き盛り(はたらきざかり) 共働き(ともばたらき)

486 印 : '표' 또는 '표시'를 뜻하며, 합성어로 되면 뒤의 발음은 「しるし → じるし」로 연탁화(連濁化)한다.
예 「화살표(→) : 矢印(やじるし)」, 「※표 : 米印(こめじるし), 쌀미(米)와 비슷하기 때문에」, 「눈(*)표 : 雪印(ゆきじるし)」,
「○표 : 丸印(まるじるし)」, 「별(☆)표 : 星印(ほしじるし)」

493 類 : 한국어 발음 '류'를 연상하여 「りゅう」로 발음하기 쉬우니 주의할 것! るい(○) / りゅう(×)

495 働き盛り : 30~40대의 한창 일할 나이

번호	日本 漢字	音読 (カタカナ) 訓読 (ひらがな)	뜻 음 (韓國漢字)	교과서체	主要単語
496	給 N2	キュウ	줄 급	給	げっきゅう 月給　きゅうりょう 給料　きゅうしょく 給食　はいきゅう 配給
497	料 N4	リョウ	헤아릴 료	料	りょうきん 料金　りょうり 料理　げんりょう 原料　ざいりょう 材料　ゆうりょう 有料　むりょう 無料
498	伝 N3	デン つたわる つたえる・つたう	전할 전 (傳)	伝	でんごん 伝言　でんたつ 伝達　でんらい 伝来・いいつた 言伝え
499	票 N2	ヒョウ	표 표	票	とうひょう 投票　ひょうけつ 票決　かいひょう 開票　でんぴょう 伝票
500	潟 N1	かた	개펄 석	潟	ひがた 干潟　にいがた 新潟
501	念 N3	ネン	생각 념	念	しんねん 信念　ねんがん 念願　いちねん 一念　ねんしょ 念書　ねんとう 念頭
502	願 N2	ガン ねがう	원할 원	願	がんしょ 願書　しゅつがん 出願　がんぼう 願望・ねが ごと 願い事
503	健 N1	ケン すこやか	건강할 건	健	けんぜん 健全　けんざい 健在　きょうけん 強健
504	康 N1	コウ	편안할 강	康	けんこう 健康　しょうこう 小康

MP3 028

496~514

498　伝言 : 「でんごん」의 「ごん」 발음에 주의할 것! でんげん (×)

　　　言伝え : 구전, 전설, 전언, 전갈

501　念書 : 각서, 뒷날의 증거가 되도록 써놓는 문서 ⑧ 覚書(おぼえが)き

502　願い事 : 소원, 원하는 일, 특히 신불(神仏)에게 기원하는 일

502　願い事

번호	日本漢字	音読 (カタカナ) 訓読 (ひらがな)	뜻 음 (韓國漢字)	교과서체	主要単語
505	栄 N2	エイ さかえる はえ・はえる	영화 영 (榮)	栄	栄養　光栄　栄転・見栄
506	養 N1	ヨウ やしなう	기를 양	養	養成　養育　教養　休養　養子
507	熱 N3	ネツ あつい	더울 열	熱	熱望　熱湯　加熱　熱病　熱量
508	量 N3	リョウ はかる	헤아릴 량	量	器量　大量　多量　量産　物量
509	岐 N1	キ	갈림길 기	岐	岐路　分岐点　多岐
510	熊 N1	ユウ くま	곰 웅	熊	熊胆・熊
511	残 N3	ザン のこる・のこす	남을 잔 (殘)	残	残金　残業　残念　残高・名残
512	飯 N4	ハン めし	밥 반 (飯)	飯	御飯　夕飯　残飯・麦飯
513	無 N3	ム・ブ ない	없을 무	無	無理　無知　無念・無礼　無事
514	害 N2	ガイ	해칠 해	害	利害　殺害　無害　有害　害虫

505　光栄 : 일본에서는 한국어의 '영광'을 거꾸로 써서 '광영'으로 표현한다.

507　발음은 같지만 한자에 따라 뜻이 다른 경우도 많다.
　　　熱(あつ)い : 뜨겁다　예 〜コーヒー 뜨거운 커피
　　　厚(あつ)い : 두껍다　예 〜本(ほん) 두꺼운 책
　　　暑(あつ)い : 덥다　예 〜天気(てんき) 더운 날씨

512　御飯

번호	日本漢字	音読 (カタカナ) 訓読 (ひらがな)	뜻 음 (韓國漢字)	교과서체	主要単語
515	塩 N2	エン しお	소금 염 (鹽)	塩	塩分(えんぶん) 食塩(しょくえん)・塩焼(しおやき) 塩気(しおけ)
516	完 N3	カン	완전할 완	完	完全(かんぜん) 完成(かんせい) 完治(かんち) 未完成(みかんせい) 完結(かんけつ)
517	治 N3	ジ・チ おさめる おさまる なおる・なおす	다스릴 치	治	政治(せいじ)・治安(ちあん) 自治(じち) 治水(ちすい)
518	希 N2	キ	바랄 희	希	希望(きぼう) 希少(きしょう) 古希(こき) 希求(ききゅう)
519	望 N2	ボウ・モウ のぞむ	바랄 망	望	失望(しつぼう) 信望(しんぼう) 名望(めいぼう)
520	静 N2	セイ・ジョウ しずまる・しず しずめる・しずか	고요할 정 (靜)	静	安静(あんせい) 冷静(れいせい)・静脈(じょうみゃく)・静岡(しずおか)
521	群 N2	グン むれる むれ・むら	무리 군	群	群集(ぐんしゅう) 群像(ぐんぞう) 群島(ぐんとう)
522	香 N2	コウ・キョウ か・かおり かおる	향기 향	香	香水(こうすい) 香料(こうりょう) 線香(せんこう)
523	佐 N1	サ	도울 좌	佐	補佐(ほさ) 大佐(たいさ) 左官(さかん)

MP3 029

515~532

518 希 : 한국한자의 「稀少・稀薄・古稀」 등은 일본한자로는 「稀 → 希」로 바뀐다.
古希 : 고희, 나이 70세를 달리 이르는 말

522 線香 : 제사 지낼 때 피우는 향

515 塩焼

番号	日本漢字	音読 (カタカナ) 訓読 (ひらがな)	뜻 음 (韓國漢字)	교과서체	主要単語
524	観 N2	カン	볼 관 (觀)	観	かんこう 観光　かんきゃく 観客　きゃっかん 客観　らっかん 楽観　しゅかんてき 主観的
525	察 N2	サツ	살필 찰	察	かんさつ 観察　こうさつ 考察　さっち 察知
526	初 N3	ショ はじめ・はじめて はつ・うい そめる	처음 초	初	しょほ 初歩　しょだい 初代　しょにち 初日・はつこい 初恋・ういざん 初産
527	産 N3	サン うむ・うまれる うぶ	낳을 산	産	せいさん 生産　さんぎょう 産業　さんち 産地　ふどうさん 不動産・みやげ 土産
528	兆 N2	チョウ きざす・きざし	조짐 조	兆	ぜんちょう 前兆　きっちょう 吉兆　おくちょう 億兆　いっちょうえん 一兆円・きざ 兆し
529	候 N2	コウ そうろう	기후/물을 후	候	きこう 気候　てんこう 天候　じこう 時候　ちょうこう 兆候・いそうろう 居候
530	児 N3	ジ・ニ	아이 아 (兒)	児	じどう 児童　けんじ 健児・しょうにか 小児科
531	試 N4	シ こころみる ためす	시험할 시	試	しけん 試験　しあい 試合　にゅうし 入試　ししょく 試食　しさくひん 試作品
532	験 N4	ケン・ゲン	증험할 험 (驗)	験	じっけん 実験　じゅけん 受験　たいけん 体験・れいげん 霊験

525　察知 : 살펴서 앎, 헤아려서 앎

526　初恋 : 한국 한자로는 「初戀」

527　土産 : 흔히 「お」를 붙여서 「お土産」라고 한다. 동 贈(おく)り物(もの)

529　居候 : 식객, 더부살이, 얹혀 사는 사람 ※ 候文(そうろうぶん) : 옛날식의 문체

530　児 : 한국어 발음을 연상하여 「あ」로 잘못 발음하기 쉽다. 「じ・に」로 발음하는 것에 주의할 것！

527　お土産

번호	日本漢字	音読 (カタカナ) 訓読 (ひらがな)	뜻 음 (韓國漢字)	교과서체	主要単語
533	結 N3	ケツ むすぶ・ゆう ゆわえる	맺을 결	結	けっきょく 結局　けつじつ 結実　れんけつ 連結　けつごう 結合　けっしゅう 結集　けっせい 結成
534	果 N3	カ はたす・はてる はて	과실 과	果	けっか 結果　せいか 成果　せんか 戦果　かじつ 果実・くだもの 果物
535	達 N2	タツ	통달할 달 (達)	達	はったつ 発達　たっせい 達成　はいたつ 配達　たっしゃ 達者　たつじん 達人・ともだち 友達
536	成 N3	セイ・ジョウ なる・なす	이룰 성	成	せいじん 成人　みせいねん 未成年　さくせい 作成・しょうじゅ 成就・なりゆき 成り行き
537	欠 N3	ケツ かける・かく	이지러질 결 (缺)	欠	けってん 欠点　けっせき 欠席　けつじょう 欠場　けっこう 欠航　けつばん 欠番
538	席 N3	セキ	자리 석	席	しゅっせき 出席　ちゃくせき 着席　せきじょう 席上　せきじゅん 席順　せきじ 席次
539	必 N3	ヒツ かならず	반드시 필	必	ひつよう 必要　ひっし 必死　ひつどく 必読　ひっしょう 必勝　ひっちゃく 必着
540	然 N2	ゼン・ネン	그럴 연	然	とうぜん 当然　ぜんぜん 全然　ひつぜん 必然　しぜん 自然・てんねん 天然
541	参 N3	サン まいる	참여할 참 (參)	参	さんか 参加　さんにゅう 参入　さんかく 参画　じさん 持参・みやまいり お宮参り
542	照 N2	ショウ てる・てらす てれる	비칠 조	照	さんしょう 参照　しょうめい 照明　しょうかい 照会　たいしょうてき 対照的・ひでり 日照り

MP3 030

533~551

535　達者 : 달인, 명인, 숙달, 능숙함, 야무짐 [동] 達人(たつじん)

536　成り行き : (일이) 되어 가는 추세, 형편, 경과

　　　※ ~行き : ~추세　・売(う)れ行(ゆ)き : 팔리는 추세, 팔림세　・先行(さきゆ)き : 앞으로의 추세, 동향

538　出席 : 출석 ※ 일본어에는 「参席」라는 어휘는 없다. 이에 대응하는 말은 「出席」이다.

　　　席次 : ① 좌석 순위 ② 성적 순위 ☞ 흔히 ①의 뜻으로 주로 쓰인다. [동] 席順(せきじゅん)

번호	日本漢字	音読(カタカナ)訓読(ひらがな)	뜻 음(韓國漢字)	교과서체	主要単語
543	約 N3	ヤク	대략/묶을 약	約	条約 じょうやく　公約 こうやく　予約 よやく　約~km やく　約束 やくそく
544	束 N2	ソク たば	묶을 속	束	結束 けっそく・花束 はなたば　札束 さつたば
545	課 N3	カ	부과할 과	課	課題 かだい　日課 にっか　~課 か　課長 かちょう　課員 かいん
546	祝 N4	シュク・シュウ いわう	빌 축(祝)	祝	祝福 しゅくふく　祝日 しゅくじつ　祝辞 しゅくじ　祝電 しゅくでん・祝儀 しゅうぎ
547	辞 N2	ジ やめる	말 사(辭)	辞	辞典 じてん　辞書 じしょ　辞意 じい　辞表 じひょう・お世辞 せじ
548	副 N2	フク	버금 부	副	副業 ふくぎょう　副作用 ふくさよう　副社長 ふくしゃちょう　副賞 ふくしょう
549	阪 N1	ハン さか	언덕 판	阪	京阪 けいはん・大阪 おおさか
550	典 N1	テン	법 전	典	典型 てんけい　特典 とくてん　祭典 さいてん　古典 こてん　百科事典 ひゃっかじてん
551	崎 N1	さき	험할 기	崎	長崎 ながさき　箱崎 はこざき

541 **参画** : 계획에 참여함　☞ 「参入・参画」는 한국어 어휘에는 없다.

546 **祝儀** : 축하식, 축전(祝典), 축의금, 축하 선물

547 **辞典** : 「事典」과 발음이 같기 때문에 혼동을 피하기 위해 「辞典 : じてん」, 「事典 : ことてん」
　　　으로 구분해서 말하기도 한다.
　　☞ **事典** : 여러 가지 사물·사항을 차례로 해설한 책
　　　　•人名~、歴史~、書式~ **お世辞** : 아첨하는 말, 발림말, 겉치레 말

547 辞典

번호	日本 漢字	音読 (カタカナ) 訓読 (ひらがな)	뜻 음 (韓國漢字)	교과서체	主要単語
552	周 N3	シュウ まわり	두루 주	周	周囲 (しゅうい) 周辺 (しゅうへん) 周知 (しゅうち) 円周 (えんしゅう) 周期 (しゅうき)
553	埼 N1	キ さき・みさき	갑 기	埼	埼 (さき) 埼玉 (さいたま)
554	季 N3	キ	철/끝 계	季	季節 (きせつ) 季語 (きご) 四季 (しき) 雨季 (うき) 冬季 (とうき)
555	節 N1	セツ・セチ ふし	마디 절 (節)	節	調節 (ちょうせつ) 節約 (せつやく) 節電 (せつでん)・節目 (ふしめ)
556	位 N3	イ くらい	자리 위	位	地位 (ちい) 位置 (いち) 順位 (じゅんい) 上位 (じょうい) 位相 (いそう)
557	置 N3	チ おく	둘 치	置	配置 (はいち) 放置 (ほうち) 安置 (あんち)・置き場 (おば)
558	競 N2	キョウ・ケイ きそう・せる	다툴 경	競	競合 (きょうごう) 競走 (きょうそう)・競馬 (けいば) 競輪 (けいりん)・競売り (せりう)
559	輪 N2	リン わ	바퀴 륜	輪	車輪 (しゃりん) 年輪 (ねんりん) 輪番 (りんばん)・内輪 (うちわ) 指輪 (ゆびわ)
560	芸 N3	ゲイ	재주 예 (藝)	芸	演芸 (えんげい) 文芸 (ぶんげい) 園芸 (えんげい) 工芸品 (こうげいひん) 芸者 (げいしゃ)

MP3 031

552~570

555 節 : 우리말은 '여고시절, 대학시절, 군대시절' 등 「時節」이라는 말을 자주 쓰는데,
일본어에서 이에 해당하는 말은 「時代(じだい)」이다.
㉠ 大学時代(だいがくじだい) 대학시절

559 内輪 : 내부(집안) 사람끼리, 내부(집안)만의 모임, 내밀(内密) ㉠ ～だけのパーティ
㉢ 内輪(ないりん) 안쪽 바퀴, 내륜

560 芸者

번호	日本漢字	音読 (カタカナ) 訓読 (ひらがな)	뜻 음 (韓國漢字)	교과서체	主要単語
561	便 N3	ベン・ビン たより	편할 편	便	べんり 便利　ふべん 不便　ほうべん 方便・びんじょう 便乗　ふなびん 船便
562	利 N2	リ きく	이로울 리	利	りよう 利用　りがい 利害　ゆうり 有利　ふり 不利・ひだりき 左利き
563	未 N3	ミ	아닐 미	未	みらい 未来　みち 未知　みこうかい 未公開　みてい 未定　みまん 未満
564	満 N2	マン みちる・みたす	찰 만 (滿)	満	まんぞく 満足　ふまん 不満　えんまん 円満　まんかい 満開　まんいん 満員
565	不 N4	フ・ブ	아닐 불(부)	不	ふあん 不安　ふしぎ 不思議　ふそく 不足　ふちゅうい 不注意・ぶさほう 不作法
566	良 N3	リョウ よい	좋을 량	良	りょうしん 良心　りょうこう 良好　ふりょう 不良　かいりょう 改良　りょうやく 良薬
567	最 N3	サイ もっとも	가장 최	最	さいこう 最高　さいこ 最古　さいだい 最大　さいしょ 最初　さいちゅう 最中
568	低 N3	テイ ひくい・ひくめる ひくまる	낮을 저	低	こうてい 高低　ていか 低下　さいてい 最低　ていおん 低温　ていそく 低速　ていおん 低音
569	付 N3	フ つける・つく	줄 부(附)	付	ふきん 付近　ふろく 付録　ふき 付記　ふか 付加・うけつけ 受付
570	加 N3	カ くわえる くわわる	더할 가	加	かこう 加工　かにゅう 加入　さんか 参加　ついか 追加　かねつ 加熱

565　不思議 : 불가사의, 이상함, 희한함, 괴이함

　　　不作法 : 무례, 버릇없음, 예절에 벗어남　통 無作法(ふさほう)

567　最中 : (동작 · 상태가) 한창인 때, 한창 진행되고 있는 도중

569　受付 : ① (원서 등의) 접수　예 ～番号(ばんごう) 번호

　　　　　② 안내대, 인포메이션 데스크, 접수처

번호	日本漢字	音読(カタカナ)訓読(ひらがな)	뜻 음(韓國漢字)	교과서체	主要単語
571	街 N1	ガイ・カイ まち	거리 가	街	がいとう街頭 しょうてんがい商店街 しがい市街・かいどう街道・まちかど街角
572	灯 N2	トウ ひ	등잔 등(燈)	灯	てんとう点灯 しょうとう消灯 がいとう街灯 とうだい灯台・ひるあんどん昼行灯
573	底 N2	テイ そこ	밑 저	底	かいてい海底 こんてい根底 ていめん底面・そこな底無し
574	辺 N2	ヘン あたり・べ	가 변(邊)	辺	しゅうへん周辺 ていへん底辺 きんぺん近辺 しんぺん身辺・うみべ海辺
575	郡 N1	グン	고을 군	郡	ぐんぶ郡部
576	標 N2	ヒョウ	표할 표	標	もくひょう目標 ひょうほん標本 しょうひょう商標 ひょうこう標高 ひょうてき標的
577	的 N3	テキ まと	과녁 적	的	もくてき目的 せかいてき世界的 ちてき知的 へいわてき平和的・まとはず的外れ
578	改 N2	カイ あらためる あらたまる	고칠 개	改	かいりょう改良 かいさつ改札 かいせい改正 かいぎょう改行 かいしゅう改修
579	札 N3	サツ ふだ	편지/패 찰	札	せんえんさつ千円札 にゅうさつ入札・なふだ名札 はなふだ花札

MP3 032

571~589

571 商店街 : 말을 줄여 쓰기를 아주 좋아하는 일본이지만, 우리말의 '상가'를 「商街」라고 말하지 않고, 「店」을 넣어서 「商店街」라고 하니 회화 · 작문시에 주의할 것！

572 昼行灯 : 「行灯」은 '등불'을 뜻하는데, 낮에 등불을 켜놓은 것과 마찬가지로 존재치가 드러나지 않는 것을 뜻한다. 한편 조직사회에서 있으나마나할 정도로 존재가치가 없는 사람을 뜻하기도 한다.
㊙灯台下(とうだいもと)暗(くら)し 등잔 밑이 어둡다

573 底無し : 바닥을 알 수 없는 '무한량'이라는 뜻으로, '술고래'를 뜻하기도 한다.

577 的外れ : (화살이 과녁을 벗어난다는 뜻에서) '요점에서 벗어났다'는 뜻이다.

번호	日本漢字	音読(カタカナ) 訓読(ひらがな)	뜻 음 (韓國漢字)	교과서체	主要単語
580	連 N3	レン つらなる・つれる つらねる	이을 연 (連)	連	れんきゅう 連休　れんぞく 連続　かんれん 関連　れんごう 連合　れんじゅう 連中
581	続 N2	ゾク つづく・つづける	이을 속 (續)	続	そんぞく 存続　ぞっこう 続行　そうぞく 相続　じぞく 持続　ぞくぞく 続々
582	漁 N2	ギョ・リョウ	고기잡을 어	漁	ぎょぎょう 漁業　ぎょせん 漁船　ぎょこう 漁港　ぎょそん 漁村・りょうし 漁師
583	夫 N3	フ・フウ おっと	사내 부	夫	ふくん 夫君　ふじん 夫人　のうふ 農夫　ぎょふ 漁夫・くふう 工夫
584	信 N3	シン	믿을 신	信	しんねん 信念　しんよう 信用　ふしん 不信　じしん 自信　つうしん 通信
585	徒 N2	ト	무리 도	徒	とほ 徒歩　せいと 生徒　きょうと 教徒　しんと 信徒　とろう 徒労
586	要 N3	ヨウ いる	구할/중요 요	要	ようやく 要約　ようてん 要点　じゅうよう 重要　しゅよう 主要　ようしょ 要所
587	求 N2	キュウ もとめる	구할 구	求	ようきゅう 要求　きゅうあい 求愛　ついきゅう 追求　きゅうしょく 求職　きゅうじん 求人
588	芽 N1	ガ め	싹 아 (芽)	芽	はつが 発芽・めばえ 芽生え
589	菜 N2	サイ な	나물 채	菜	さいしょく 菜食　やさい 野菜　はくさい 白菜・あおな 青菜

580　連中 : 동료들, 동아리, 한패, 일당 ☞「れんちゅう」라고도 발음한다.

582　漁師 : 어부　同 漁夫(ぎょふ)

583　工夫 : 궁리하거나 지혜를 짜낸다는 뜻이다. 한국어의 '공부'로 착각하기 쉬운데, 이에 해당하는 어휘는 「勉強(べんきょう)」다.
　　　　「工夫」의 뜻과 발음에 주의하자.

번호	日本漢字	音読 (カタカナ) 訓読 (ひらがな)	뜻 음 (韓國漢字)	교과서체	主要単語
590	松 N1	ショウ まつ	소나무 송	松	松竹梅(しょうちくばい)・松林(まつばやし)　門松(かどまつ)
591	孫 N3	ソン まご	손자 손	孫	子孫(しそん)・孫(まご)の手(て)　孫娘(まごむすめ)
592	梅 N1	バイ うめ	매화 매 (梅)	梅	梅雨(つゆ)(梅雨(ばいう))・梅酒(うめしゅ)　梅干(うめぼ)し
593	滋 N1	ジ	불을 자	滋	滋養(じよう)
594	億 N2	オク	억 억	億	一億(いちおく)　億万長者(おくまんちょうじゃ)
595	貨 N2	カ	돈 화	貨	通貨(つうか)　金貨(きんか)　銀貨(ぎんか)　貨物(かもつ)　百貨店(ひゃっかてん)
596	鹿 N2	ロク しか	사슴 록	鹿	神鹿(しんろく)・鹿(しか)
597	飛 N1	ヒ とぶ・とばす	날 비	飛	飛行(ひこう)　飛行機(ひこうき)・飛(と)び石(いし)
598	旗 N1	キ はた	기 기	旗	国旗(こっき)　旗手(きしゅ)　日章旗(にっしょうき)・旗色(はたいろ)
599	倉 N1	ソウ くら	곳집 창	倉	倉庫(そうこ)

MP3 033

590~609

590　松竹梅 : 예로부터 상서로운 것의 상징으로 여겨 축하하는 일이나 설날의 장식물로 쓰이며, 상품·성적의 등급
　　　을 매기는 데에도 쓴다.

　　　門松 : 일본에서는 설날에 대문 앞에 소나무를 세우는 풍습이 있는데, 매화·대나무를 곁들이기도 한다.

592　梅干し : 매실 장아찌. 매실에 차조기 잎을 넣고 소금에 절여서, 시고 짠 맛이지만 일본인들이 아주 좋아하는
　　　반찬으로 해외여행을 갈 때 반드시 챙겨갈 정도이다. 우리나라의 고추장처럼 입에 맞는 반찬이
　　　없으면 '우메보시'로 해결한다고 한다.

　　　梅雨 : 장마, 장마철 (보통 6월 중순~7월 중순) ☞ '매실이 익을 때 내리는 비'라는 뜻에서 「梅雨」

597　飛び石 : 하루 걸러서 휴일이 계속되는 연휴를 「飛び石連休(れんきゅう)」라고 한다.

番号	日本漢字	音読 (カタカナ) 訓読 (ひらがな)	뜻 음 (韓國漢字)	교과서체	主要単語
600	器 N3	キ うつわ	그릇 기 (器)	器	器具 食器 楽器 器用 大器
601	城 N2	ジョウ しろ	성곽 성	城	城門 城内 城下町 大阪城・城跡
602	泣 N3	キュウ なく	울 읍	泣	感泣 号泣・泣き声
603	清 N2	セイ・ショウ きよい・きよめる きよまる	맑을 청 (清)	清	清算 清酒 血清・清水寺
604	徳 N1	トク	큰 덕 (德)	徳	道徳 美徳 人徳 徳用・徳利
605	敗 N3	ハイ やぶれる	패할 패	敗	敗戦 敗北 勝敗 大敗 敗色 失敗
606	氏 N1	シ うじ	성 씨	氏	氏名 田中氏・氏神
607	司 N1	シ	맡을 사	司	司会 司法 上司 司令部 行司
608	浴 N2	ヨク あびる・あびせる	목욕 욕	浴	浴室 入浴 海水浴・浴衣
609	覚 N2	カク おぼえる さます・さめる	깨달을 각 (覺)	覚	感覚 味覚 自覚 発覚・目覚め

598 日章旗 : 일본의 국기, 「日(ひ)の丸(まる)」라고도 한다.
　　参 日の丸弁当(べんとう) : 흰밥 한가운데에 매실 장아찌를 넣은 도시락

606 氏神 : 그 고장의 수호신, 씨족 신

607 行司 : 일본 씨름 「相撲(すもう)」의 씨름판(土俵) 위에서 경기를 진행하는 심판. 오심을 하면
　　　　책임을 지고 자살한다는 뜻으로 허리에 작은 칼을 차고 심판을 진행한다.

608 浴衣 : 무명 홑옷, 목욕 후 또는 여름에 입는 옷

607 行司

번호	日本漢字	音読 (カタカナ) 訓読 (ひらがな)	뜻 음 (韓國漢字)	교과서체	主要単語
610	管 N2	カン くだ	대롱 관	管	管理_{かんり} 血管_{けっかん} 気管_{きかん} 管楽器_{かんがっき}
611	関 N3	カン せき	빗장 관 (關)	関	関係_{かんけい} 機関_{きかん} 関節_{かんせつ} 関門_{かんもん}・大関_{おおぜき}
612	栃 N1	とち	상수리나무 회	栃	栃の木_{とちのき} 栃木_{とちぎ}
613	共 N3	キョウ とも	함께 공	共	共通_{きょうつう} 共同_{きょうどう} 共存_{きょうそん} 共有_{きょうゆう} 共感_{きょうかん}
614	鏡 N1	キョウ かがみ	거울 경	鏡	望遠鏡_{ぼうえんきょう}・眼鏡_{めがね}
615	径 N1	ケイ	지름길 경 (徑)	径	直径_{ちょっけい} 半径_{はんけい} 口径_{こうけい}
616	固 N3	コ かたい・かためる かたまる	굳을 고	固	固定_{こてい} 固体_{こたい} 固有_{こゆう} 固着_{こちゃく} 強固_{きょうこ}
617	奈 N1	ナ いかん	어찌 내 어찌 나	奈	奈良_{なら}
618	昨 N3	サク	어제 작	昨	昨日_{さくじつ} 昨年_{さくねん} 一昨年_{いっさくねん} 昨夜_{さくや}

610~628

611　大関 : 일본 씨름에서 최고위인 「横綱(よこづな)」 아래의 등급

618　昨日 : 「きのう」라고도 한다. 「昨年」은 「去年(きょねん)」, 「一昨年」은 「一昨年(おととし)」라고도 한다.

92

번호	日本漢字	音読 (カタカナ) 訓読 (ひらがな)	뜻 음 (韓國漢字)	교과서체	主要単語
619	散 N2	サン ちる・ちらす ちらかす ちらかる	흩어질 산	散	散歩 分散 散在 発散 散会
620	借 N4	シャク かりる	빌릴 차	借	借金 借用 借家(借家)・前借り
621	順 N3	ジュン	순할 순	順	順調 順番 手順 順次 順路
622	省 N2	ショウ・セイ かえりみる はぶく	살필 성 덜 생	省	文部省 省エネ 省力・反省 帰省
623	唱 N1	ショウ となえる	노래 창	唱	合唱 愛唱 唱和
624	縄 N1	ジョウ なわ	줄 승 (繩)	縄	縄文時代・縄張り 沖縄
625	折 N2	セツ おる・おり おれる	꺾을 절	折	右折 左折 曲折 折半
626	浅 N2	セン あさい	얕을 천 (淺)	浅	浅学 浅海
627	側 N2	ソク かわ	곁 측	側	側面 側近・右側 両側 内側
628	単 N3	タン	홑 단 (單)	単	単位 単元 単語 単調 単一チーム

621 順路 : 길의 순서 ☞ 특히 행사장이나 박물관·미술관 등에서 차례대로 지나는 동선을 말한다.

622 省エネ : 「省エネルギー」의 준말. 석탄·석유 등의 자원이나 열·전기 등의 에너지를 절약한다는 뜻으로 오늘날 자주 쓰이는 말이다. せいエネ (×)

번호	日本漢字	音読 (カタカナ) 訓読 (ひらがな)	뜻 음 (韓國漢字)	교과서체	主要単語
629	巣 N1	ソウ す	새집 소 (巢)	巣	びょうそう あい す あきす 病巣・愛の巣　空巣
630	仲 N3	チュウ なか	버금 중	仲	ちゅうかい なか ま なこうど 仲介・仲間　仲人
631	媛 N1	エン ひめ	여자 원	媛	さいえん ひめ 才媛・姫
632	富 N2	フ・フウ とむ・とみ	부자 부	富	ふ きょう ひん ぷ ふ こく ふ じ さん ふう き 富強　貧富　富国　富士山・富貴
633	努 N2	ド つとめる	힘쓸 노	努	ど りょく 努力
634	変 N3	ベン かわる・かえる	변할 변 (變)	変	へん か へんしん たいへん へんしょく へん し へんじん 変化　変身　大変　変色　変死　変人
635	牧 N1	ボク まき	칠 목	牧	ぼくじょう ほうぼく ゆうぼく ぼくどう 牧場　放牧　遊牧　牧童
636	勇 N2	ユウ いさむ	날랠 용	勇	ゆう き ゆう し 勇気　勇士
637	陸 N2	リク	뭍 육	陸	りくち りくじょう たいりく じょうりく ちゃくりく りっきょう 陸地　陸上　大陸　上陸　着陸　陸橋
638	録 N2	ロク	기록할 록 (錄)	録	き ろく ろくおん ろく が とうろく もくろく 記録　録音　録画　登録　目録

MP3 035

629~642

630 仲間 : 한패, 동료, 동아리, 그룹
관 仲間入(い)り 한패에 낌　仲間外(はず)れ 따돌림을 당함

632 富士山 : 일본을 상징하는 유명한 화산으로 높이는 3,776m이며 정상에는 분화구가 있다.

729 富士山

94

번호	日本 漢字	音読 (カタカナ) 訓読 (ひらがな)	뜻 음 (韓國漢字)	교과서체	主要単語
639	景 N3	ケイ	볕 경	景	けいき 景気　けいひん 景品　ふうけい 風景　やけい 夜景・けしき 景色
640	英 N4	エイ	꽃부리 영	英	えいこく 英国　えいご 英語　わえいじてん 和英辞典　いくえい 育英　えいさい 英才
641	阜 N1	フ	언덕 부	阜	ぎふ 岐阜
642	梨 N1	リ なし	배나무 리	梨	りえん 梨園　りか 梨花・なし 梨

미화어(美化語) : 말의 품위와 공손함을 표하기 위해 명사의 앞에 붙이는 접두사 「御」

御	ご	ご説明(せつめい)　ご親切(しんせつ)　ご恩(おん) ご丁寧(ていねい)　ご案内(あんない)	주로 한자어에 붙음
	お	お天気(てんき)　お電話(でんわ)　お店(みせ) お名前(なまえ)　お世話(せわ)　お時間(じかん)	주로 순수한 일본어(和語)에 붙음
	おん	御礼(おんれい)　御社(おんしゃ)　御地(おんち) 御中(おんちゅう)　御身(おんみ)	「お」보다 강한 공손·존경의 뜻으로 격식적임
	み	御酒(みき)　御旗(みはた)　御世(みよ) 御輿(みこし)　御台(みだい)　御手洗(みたらし)	천황 또는 神道와 관련된 용어에 많음

♣ 반복 부호의 사용

같은 글자가 되풀이되는 경우에는 반복 부호를 사용하는데, 이 부호를 「踊(おど)り字(じ)」라고 하며, 「々」「〶(〴)」「く」 등으로 다양하다. 그러나 문부성의 지침에 따라 현대 표기에서는 「々」와 표(表) 및 부기(簿記)에서의 [〃]만을 쓰도록 권장되고 있다.

囫 人々(ひとびと)　少々(しょうしょう)　別々(べつべつ)　方々(かたがた)　日々(ひび)　国々(くにぐに)　我々(われわれ)

　　正々堂々(せいせいどうどう)　先々週(せんせんしゅう)　翌々日(よくよくじつ)

※ 그러나 「民主主義、学生生活、博覧会会長、大学学長」 등은 복합어로 구성단위가 되기 때문에 반복부호를 쓰지 않는다.

번호	日本漢字	音読 (カタカナ) 訓読 (ひらがな)	뜻 음 (韓國漢字)	교과서체	主要単語
643	経	ケイ・キョウ へる	책/지날 경 (經)	経	けい ひ 経費　けいけん 経験　けい か 経過　しんけい 神経　けい ゆ 経由・ど きょう 読経
644	営	エイ いとなむ	경영할 영 (營)	営	えいぎょう 営業　けいえい 経営　うんえい 運営　えい り 営利　こくえい 国営
645	貿	ボウ	무역할 무	貿	ぼうえき 貿易
646	易	エキ・イ やさしい	바꿀 역 쉬울 이	易	よう い 容易　あん い 安易　こうえき 交易　えきしゃ 易者
647	損	ソン そこなう そこねる	덜 손	損	そんしつ 損失　そんがい 損害　は そん 破損　けっそん 欠損　そんえき 損益
648	益	エキ・ヤク	더할 익 (益)	益	り えき 利益　ゆうえき 有益　む えき 無益　こうえき 公益　えきちゅう 益虫
649	評	ヒョウ	평론할 평	評	ひょうばん 評判　ひんぴょう 品評　こうひょう 好評　ていひょう 定評　ひょうてん 評点
650	価	カ あたい	값 가 (價)	価	か かく 価格　ていか 定価　げんか 原価　ぶっか 物価　ひょうか 評価

MP3 036

643~663

659　防衛 : 한국어에는 '방위'와 '방어'가 있는데, 한국 한자로 '방어(防禦)'는 일본 한자로는 통합해서 「防衛」로 쓴다.

662　漢字混じり : 한자와 カナ를 섞어 쓴 문장

번호	日本漢字	音読 (カタカナ) 訓読 (ひらがな)	뜻 음 (韓國漢字)	교과서체	主要単語
651	増 N2	ゾウ ます・ふえる ふやす	더할 증 (增)	増	ぞうか 増加　ぞうだい 増大　ぞうきょう 増強　きゅうぞう 急増　ばいぞう 倍増
652	減 N2	ゲン へる・へらす	덜 감	減	ぞうげん 増減　げんしょう 減少　げんりょう 減量　げんてん 減点　かげん 加減
653	比 N3	ヒ くらべる	견줄 비	比	ひりつ 比率　ひじゅう 比重　ひれい 比例　たいひ 対比
654	率 N2	ソツ・リツ ひきいる	비율 율 (率) 거느릴 솔	率	だりつ 打率　ぜいりつ 税率・いんそつ 引率　そっせん 率先　そっちょく 率直
655	総 N2	ソウ	거느릴 총 (總)	総	そうごう 総合　そうけい 総計　そうかい 総会　そうり 総理
656	額 N2	ガク ひたい	이마 액	額	きんがく 金額　こうがく 高額　そうがく 総額　ぜいがく 税額
657	囲 N2	イ かこむ・かこう	둘레 위 (圍)	囲	ほうい 包囲　ふんいき 雰囲気
658	防 N2	ボウ ふせぐ	막을 방	防	ぼうか 防火　ぼうさい 防災　よぼう 予防　ぼうし 防止　しょうぼう 消防
659	衛 N1	エイ	호위할 위	衛	えいせい 衛生　えいせい 衛星　ぼうえい 防衛　ごえい 護衛
660	政 N3	セイ・ショウ まつりごと	정사 정	政	ぎょうせい 行政　せいきょく 政局　せいてき 政敵・せっしょう 摂政
661	紀 N1	キ	벼리 기	紀	せいき 世紀　きげんぜん 紀元前　ふうき 風紀　きこう 紀行
662	混 N2	コン まじる・まざる まぜる	섞을 혼	混	こんどう 混同　こんざつ 混雑　こんけつ 混血・かんじま 漢字混じり
663	迷 N2	メイ まよう	미혹할 미 (迷)	迷	めいろ 迷路　ていめい 低迷　こんめい 混迷　めいしん 迷信・まいご 迷子

번호	日本漢字	音読 (カタカナ) 訓読 (ひらがな)	뜻 음 (韓國漢字)	교과서체	主要単語				
664	武 N2	ブ・ム	군셀 무	武	<ruby>武<rt>ぶ</rt></ruby><ruby>力<rt>りょく</rt></ruby> 武力	<ruby>武<rt>ぶ</rt></ruby><ruby>器<rt>き</rt></ruby> 武器	<ruby>武<rt>ぶ</rt></ruby><ruby>士<rt>し</rt></ruby> 武士	<ruby>武<rt>ぶ</rt></ruby><ruby>道<rt>どう</rt></ruby> 武道	<ruby>武<rt>ぶ</rt></ruby><ruby>術<rt>じゅつ</rt></ruby> 武術
665	術 N2	ジュツ	재주 술	術	<ruby>技<rt>ぎ</rt></ruby><ruby>術<rt>じゅつ</rt></ruby> 技術	<ruby>学<rt>がく</rt></ruby><ruby>術<rt>じゅつ</rt></ruby> 学術	<ruby>美<rt>び</rt></ruby><ruby>術<rt>じゅつ</rt></ruby> 美術	<ruby>芸<rt>げい</rt></ruby><ruby>術<rt>じゅつ</rt></ruby> 芸術	<ruby>手<rt>しゅ</rt></ruby><ruby>術<rt>じゅつ</rt></ruby> 手術
666	制 N3	セイ	억제할 제	制	<ruby>制<rt>せい</rt></ruby><ruby>度<rt>ど</rt></ruby> 制度	<ruby>制<rt>せい</rt></ruby><ruby>限<rt>げん</rt></ruby> 制限	<ruby>規<rt>き</rt></ruby><ruby>制<rt>せい</rt></ruby> 規制	<ruby>制<rt>せい</rt></ruby><ruby>服<rt>ふく</rt></ruby> 制服	<ruby>統<rt>とう</rt></ruby><ruby>制<rt>せい</rt></ruby> 統制
667	圧 N3	アツ	누를 압 (壓)	圧	<ruby>圧<rt>あつ</rt></ruby><ruby>力<rt>りょく</rt></ruby> 圧力	<ruby>気<rt>き</rt></ruby><ruby>圧<rt>あつ</rt></ruby> 気圧	<ruby>血<rt>けつ</rt></ruby><ruby>圧<rt>あつ</rt></ruby> 血圧	<ruby>制<rt>せい</rt></ruby><ruby>圧<rt>あつ</rt></ruby> 制圧	<ruby>圧<rt>あっ</rt></ruby><ruby>勝<rt>しょう</rt></ruby> 圧勝
668	解 N2	カイ・ゲ とく・とかす とける	풀 해	解	<ruby>解<rt>かい</rt></ruby><ruby>決<rt>けつ</rt></ruby> 解決	<ruby>解<rt>かい</rt></ruby><ruby>放<rt>ほう</rt></ruby> 解放	<ruby>解<rt>かい</rt></ruby><ruby>答<rt>とう</rt></ruby> 解答	<ruby>解<rt>かい</rt></ruby><ruby>説<rt>せつ</rt></ruby> 解説	<ruby>理<rt>り</rt></ruby><ruby>解<rt>かい</rt></ruby>・<ruby>解<rt>げ</rt></ruby><ruby>毒<rt>どく</rt></ruby> 理解・解毒
669	禁 N2	キン	금할 금	禁	<ruby>禁<rt>きん</rt></ruby><ruby>止<rt>し</rt></ruby> 禁止	<ruby>禁<rt>きん</rt></ruby><ruby>輪<rt>ゆ</rt></ruby> 禁輪	<ruby>禁<rt>きん</rt></ruby><ruby>酒<rt>しゅ</rt></ruby> 禁酒	<ruby>解<rt>かい</rt></ruby><ruby>禁<rt>きん</rt></ruby> 解禁	
670	情 N3	ジョウ・<u>セイ</u> なさけ	뜻 정 (情)	情	<ruby>事<rt>じ</rt></ruby><ruby>情<rt>じょう</rt></ruby> 事情	<ruby>実<rt>じつ</rt></ruby><ruby>情<rt>じょう</rt></ruby> 実情	<ruby>情<rt>じょう</rt></ruby><ruby>熱<rt>ねつ</rt></ruby> 情熱	<ruby>人<rt>にん</rt></ruby><ruby>情<rt>じょう</rt></ruby> 人情	<ruby>愛<rt>あい</rt></ruby><ruby>情<rt>じょう</rt></ruby> 愛情 <ruby>友<rt>ゆう</rt></ruby><ruby>情<rt>じょう</rt></ruby> 友情
671	報 N2	ホウ むくいる	갚을/알릴 보	報	<ruby>情<rt>じょう</rt></ruby><ruby>報<rt>ほう</rt></ruby> 情報	<ruby>報<rt>ほう</rt></ruby><ruby>告<rt>こく</rt></ruby> 報告	<ruby>報<rt>ほう</rt></ruby><ruby>道<rt>どう</rt></ruby> 報道	<ruby>予<rt>よ</rt></ruby><ruby>報<rt>ほう</rt></ruby> 予報	<ruby>通<rt>つう</rt></ruby><ruby>報<rt>ほう</rt></ruby> 通報
672	勢 N2	セイ いきおい	기세 세	勢	<ruby>勢<rt>せい</rt></ruby><ruby>力<rt>りょく</rt></ruby> 勢力	<ruby>情<rt>じょう</rt></ruby><ruby>勢<rt>せい</rt></ruby> 情勢	<ruby>大<rt>たい</rt></ruby><ruby>勢<rt>せい</rt></ruby> 大勢	<ruby>大<rt>おお</rt></ruby><ruby>勢<rt>ぜい</rt></ruby> 大勢	<ruby>態<rt>たい</rt></ruby><ruby>勢<rt>せい</rt></ruby> 態勢

668　解毒：발음에 주의! かいどく (×)

672　大勢：① 대세, 대체의 형세 예 ～には影響(えいきょう)がない
　　　　　② 많은 사람, 여러 사람 예 ～の人(ひと)、～の前(まえ)での演説(えんぜつ)

번호	日本漢字	音読 (カタカナ) 訓読 (ひらがな)	뜻 음 (韓國漢字)	교과서체	主要単語
673	資 N2	シ	재물 자	資	資本（しほん） 資金（しきん） 投資（とうし） 資格（しかく） 資料（しりょう）
674	格 N3	カク・コウ	격식 격	格	規格（きかく） 性格（せいかく） 合格（ごうかく） 格差（かくさ） 格好（かっこう）
675	検 N2	ケン	검사할 검 (檢)	検	検定（けんてい） 点検（てんけん） 検察（けんさつ） 検事（けんじ） 検証（けんしょう）
676	査 N2	サ	조사할 사	査	検査（けんさ） 査察（ささつ） 調査（ちょうさ） 考査（こうさ） 査証（さしょう）
677	製 N2	セイ	지을 제	製	製作（せいさく） 製造（せいぞう） 製品（せいひん） 製鉄（せいてつ） 和製（わせい）
678	造 N3	ゾウ つくる	지을 조 (造)	造	構造（こうぞう） 改造（かいぞう） 造花（ぞうか） 造形（ぞうけい） 無造作（むぞうさ）
679	過 N2	カ すぎる すごす・あやまつ あやまち	지날 과 (過)	過	過日（かじつ） 過大（かだい） 過小（かしょう） 過労（かろう） 通過（つうか） 過言（かごん）
680	程 N2	テイ ほど	단위 정	程	程度（ていど） 過程（かてい） 課程（かてい） 日程（にってい）・身の程（みのほど）
681	提 N1	テイ さげる	끌 제	提	提案（ていあん） 提出（ていしゅつ） 前提（ぜんてい） 提示（ていじ）・提灯（ちょうちん）
682	示 N3	ジ・シ しめす	보일 시	示	指示（しじ） 暗示（あんじ） 例示（れいじ） 示談（じだん）・示唆（しさ）

677 和製 : 일본제, 일본에서 만든 것 ㉐和製英語、和製漢字

681 提灯 : 초롱
   ㉼ 赤提灯(あかちょうちん) 겉을 붉게 칠하고 상호를 써넣은 '붉은색의 초롱'으로 '대중 술집'을 상징하며,
   가게의 입구에 매달아 놓는다. 값이 저렴하고, 하루 종일 긴장 속에서 생활하는 일본인에게는 스트레스
   해소에 적격인 곳으로서 일반 시민이 즐겨 찾는 선술집을 뜻한다.

682 示談 : 사건을 법에 의하지 않고 당사자간에 합의해서 해결하는 것으로, 예컨대 교통사고의 합의금을 「示談金
   (じだんきん)」이라고 한다.

679 提灯

번호	日本漢字	音読 (カタカナ) 訓読 (ひらがな)	뜻 음 (韓國漢字)	교과서체	主要単語
683	永 N3	エイ ながい	길 영	永	えいえん 永遠　えいじゅう 永住　えいぞく 永続
684	久 N3	キュウ・ク ひさしい	오랠 구	久	じきゅうりょく 持久力　えいきゅう 永久
685	喜 N2	キ よろこぶ	기쁠 희	喜	きしょく 喜色
686	職 N2	ショク	직분 직	職	しょくぎょう 職業　しょくしゅ 職種　しょくいん 職員　むしょく 無職　しょくにん 職人
687	属 N1	ゾク	붙을 속 (屬)	属	しょぞく 所属　ちょくぞく 直属　ふぞく 付属　きんぞく 金属　きぞく 帰属
688	講 N2	コウ	익힐 강	講	こうし 講師　こうどく 購読　きゅうこう 休講　ぶれいこう 無礼講
689	義 N1	ギ	옳을 의	義	こうぎ 講義　せいぎ 正義　しゅぎ 主義　ぎり 義理　ぎけい 義兄
690	往 N1	オウ	갈 왕	往	おうらい 往来　おうふく 往復　うおうさおう 右往左往　たおうじょう 立ち往生
691	復 N2	フク	다시 부 돌아올 복	復	ふくしゅう 復習　ふっかつ 復活　はんぷく 反復　かいふく 回復　ほうふく 報復

MP3 038

683~701

688　無礼講 : 술자리에서 신분·지위·나이를 가리지 않고 어울려 즐기는 것을 말하며, 딱딱한 일본의 조직사회 풍토에서 윗사람이 격의 없는 대화를 위해 이런 분위기를 조성한다. 우리나라에서 속어로 말하는 '야자타임'과 비슷하다.

690　立ち往生 : 앞뒤가 막혀 오도가도 못함, 선 채로 꼼짝 못함, 쩔쩔 맴

번호	日本漢字	音読(カタカナ) 訓読(ひらがな)	뜻 음 (韓國漢字)	교과서체	主要単語
692	快 N2	カイ こころよい	유쾌할 쾌	快	快速(かいそく) 快調(かいちょう) 快感(かいかん) 軽快(けいかい) 明快(めいかい)
693	適 N2	テキ	맞을 적 (適)	適	適応(てきおう) 適当(てきとう) 適切(てきせつ) 適格(てきかく) 快適(かいてき)
694	応 N1	オウ	응할 응 (應)	応	一応(いちおう) 応対(おうたい) 対応(たいおう) 応用(おうよう) 応急(おうきゅう)・反応(はんのう)
695	接 N2	セツ つぐ	댈/사귈 접	接	接待(せったい) 接近(せっきん) 面接(めんせつ) 直接(ちょくせつ) 接続(せつぞく) 応接(おうせつ)
696	謝 N1	シャ あやまる	사례할 사	謝	謝礼(しゃれい) 感謝(かんしゃ) 謝罪(しゃざい) 面会謝絶(めんかいしゃぜつ)
697	救 N2	キュウ すくう	구원할 구	救	救助(きゅうじょ) 救急(きゅうきゅう) 救出(きゅうしゅつ)
698	型 N2	ケイ かた	모형 형	型	原型(げんけい) 体型(たいけい)・新型(しんがた) 大型(おおがた) 小型(こがた)
699	状 N2	ジョウ	모양 상 (狀)	状	現状(げんじょう) 実状(じつじょう) 病状(びょうじょう) 礼状(れいじょう)
700	絶 N2	ゼツ たえる・たやす たつ	끊을 절	絶	絶望(ぜつぼう) 絶大(ぜつだい)・絶好(ぜっこう) 絶対(ぜったい) 絶体絶命(ぜったいぜつめい)
701	賛 N2	サン	찬성할 찬 (贊)	賛	賛成(さんせい) 賛美(さんび) 協賛(きょうさん) 自賛(じさん) 絶賛(ぜっさん)

694 反応 : 발음에 특히 주의! はんのう (○) / はんおう (×)

698 新型 : 「大型」, 「中型(ちゅうがた)」, 「小型」의 「型(がた)」 발음에 주의할 것! けい (×)

699 礼状 : 사례의 편지, 감사 편지

700 絶体絶命 : 궁지에 몰린 막다른 처지

번호	日本漢字	音読 (カタカナ) 訓読 (ひらがな)	뜻 음 (韓國漢字)	교과서체	主要単語
702	句 N1	ク	글 구	句	語句 字句 文句 句読点
703	財 N3	ザイ・サイ	재물 재	財	財産 財政 財源 文化財・財布
704	団 N3	ダン・トン	둥글 단 (團)	団	団体 集団 団結 財団 団地・布団
705	規 N2	キ	법 규	規	規格 規制 法規 規定 規約
706	則 N2	ソク	법 칙	則	原則 法則 反則 規則 変則
707	責 N2	セキ せめる	꾸짖을 책	責	責任 職責 責務 自責 問責
708	任 N3	ニン まかせる・まかす	맡길 임	任	任命 任期 任意 委任 後任
709	税 N2	ゼイ	세금 세 (稅)	税	税金 課税 減税 税務 税関
710	務 N2	ム つとめる	힘쓸 무	務	義務 業務 事務 職務 任務

MP3 039

702~719

702　文句 : 한국어의 '문구'와 같은 뜻도 있지만, 일본어에서는 '잔소리·불평'의 의미로 더 많이 쓰인다.
　　예 文句をいうな！ 불평하지 마！

704　布団 : 이불의 총칭. '덮는 이불'은 「掛(か)け布団(ぶとん)」, '깔개 요'는 「敷(し)き布団(ぶとん)」, '방석'은 「座布団(ざぶとん)」이라 한다.

번호	日本漢字	音読 (カタカナ) / 訓読 (ひらがな)	뜻 음 (韓國漢字)	교과서체	主要単語
711	弁 N1	ベン	말잘할 변 (辯)	弁	答弁 弁解 弁当 駅弁 関西弁
712	護 N1	ゴ	보호할 호	護	保護 救護 護身 弁護士
713	証 N1	ショウ	증거 증 (證)	証	証言 証人 証明 保証 証書
714	航 N2	コウ	배 항	航	航空機 航路 航海 運航
715	保 N1	ホ / たもつ	보호할 보	保	保安 保守 保管 保育園
716	険 N2	ケン / けわしい	험할 험 (險)	険	保険 険悪 険路 険相
717	留 N2	リュウ・ル / とめる・とまる	머무를 류	留	留学 保留 残留 留意・留守
718	基 N1	キ / もと・もとい	터 기	基	基本 基準 基地 基点 基幹
719	幹 N1	カン / みき	줄기 간	幹	幹部 幹事 幹線 語幹 新幹線

711 駅弁 : 駅弁当(えきべんとう)의 준말로 '역에서 파는 도시락'을 뜻하는데, 일본의 역에서는 그 지방의 특산물과 고유한 맛을 가미하여 비교적 저렴한 별미 도시락을 개발하여 인기를 끌고 있다.

　　　関西弁 : 「○○弁」은 지방의 '사투리'를 뜻한다. 따라서 「関西弁」은 関西지방, 즉 오사카 지방의 방언을 뜻하며, 일본의 대표적인 사투리다. 예컨대, 「どうも」를 「おおきに」로, 「ほんとうに」를 「ほんまに」로 발음한다.

717 留守 : 부재중　곤 • 留守番 : 부재중 당번(사무실 등의 점심시간 당번)
　　　• 留守番電話 : 메모리 전화

709 駅弁

717 新幹線

번호	日本漢字	音読 (カタカナ) 訓読 (ひらがな)	뜻 음 (韓國漢字)	교과서체	主要単語
720	構 N2	コウ かまえる・かまう	얽을 구	構	こうぞう 構造　こうせい 構成　こうそう 構想　こうない 構内　けっこう 結構
721	築 N2	チク きずく	쌓을 축	築	けんちく 建築　しんちく 新築　かいちく 改築　ちくぞう 築造　こうちく 構築
722	仮 N1	カ・ケ かり	거짓 가 (假)	仮	かてい 仮定　かめん 仮面　かせつ 仮設　か な 仮名・仮病 けびょう
723	設 N2	セツ もうける	베풀 설	設	けんせつ 建設　せっち 設置　せってい 設定　せつ び 設備　せつりつ 設立
724	準 N2	ジュン	법도 준	準	すいじゅん 水準　じゅん び 準備　じゅんそく 準則　じゅんけっしょう 準決勝
725	備 N2	ビ そなえる そなわる	갖출 비	備	よ び 予備　び ひん 備品　び こう 備考　せい び 整備
726	際 N2	サイ きわ	사이 제	際	こくさい 国際　こうさい 交際　じっさい 実際　さいげん 際限・窓際 まどぎわ　間際 まぎわ
727	限 N2	ゲン かぎる	한정 한	限	げんかい 限界　きげん 期限　げん ど 限度　げんてい 限定　もんげん 門限
728	採 N2	サイ とる	캘 채 (採)	採	さいよう 採用　さいてん 採点　さいこう 採光　さいけつ 採血
729	鉱 N2	コウ	쇳돌 광 (鑛)	鉱	こうざん 鉱山　こうぶつ 鉱物　てっこう 鉄鉱　さいこう 採鉱

MP3 040

720~738

726 際限 : 끝, 한계, 한도
間際 : 일이 행해지려는 직전(순간)

727 門限 : 폐문 시간, 기숙사 · 합숙소 · 생활관 등 단체 생활에서 외출했다가 돌아와야 할 시간, 출입 제한 시간

번호	日本漢字	音読 (カタカナ) 訓読 (ひらがな)	뜻 음 (韓國漢字)	교과서체	主要単語
730	豊 N2	ホウ ゆたか	풍성할 풍	豊	豊富 豊満 豊作 豊年
731	告 N2	コク つげる	고할 고	告	告白 告発 予告 広告 告示
732	貧 N2	ヒン・ビン まずしい	가난할 빈	貧	貧弱 貧血 貧民
733	現 N3	ゲン あらわす あらわれる	나타날 현	現	現実 現金 表現 出現 現代
734	在 N3	ザイ ある	있을 재	在	現在 不在 在宅 在日 在庫
735	逆 N2	ギャク さからう・さか	거스릴 역 (逆)	逆	反逆 逆効果 逆転勝ち・逆立ち
736	境 N2	キョウ・ケイ さかい	경계 경	境	境界 国境 逆境・境目
737	条 N1	ジョウ	조목 조 (條)	条	条約 信条 第三条 条文
738	件 N3	ケン	사건 건	件	条件 事件 件数 用件

734 在日 : 한국에서는 '재일교포'를 「在日僑胞」라고 하지만, 일본에서는 「在日韓國人(ざいにちかんこくじん)」이라고 한다.

735 逆立ち : 물구나무서기, 거꾸로 섬, 아래 위가 거꾸로 되어 있음

번호	日本漢字	音読 (カタカナ) 訓読 (ひらがな)	뜻 음 (韓國漢字)	교과서체	主要単語
739	旧 N3	キュウ	옛 구 (舊)	旧	復旧(ふっきゅう) 旧式(きゅうしき) 旧知(きゅうち) 新旧(しんきゅう) 旧態(きゅうたい)
740	態 N1	タイ	태도 태	態	態度(たいど) 形態(けいたい) 状態(じょうたい) 実態(じったい) 事態(じたい)
741	犯 N2	ハン おかす	범할 범	犯	犯罪(はんざい) 犯人(はんにん) 犯行(はんこう) 共犯(きょうはん) 防犯(ぼうはん)
742	罪 N2	ザイ つみ	허물 죄	罪	罪悪(ざいあく) 罪人(ざいにん) 有罪(ゆうざい) 無罪(むざい) 謝罪(しゃざい)
743	常 N2	ジョウ つね·とこ	항상 상	常	常識(じょうしき) 日常(にちじょう) 非常(ひじょう) 異常(いじょう) 正常(せいじょう)
744	識 N2	シキ	알 식	識	知識(ちしき) 学識(がくしき) 意識(いしき) 識別(しきべつ) 識者(しきしゃ)
745	判 N2	ハン·バン	판달할 판 (判)	判	判定(はんてい) 判決(はんけつ) 判明(はんめい) 判子(はんこ)·裁判(さいばん)
746	断 N2	ダン たつ·ことわる	끊을 단 (斷)	断	判断(はんだん) 決断(けつだん) 断定(だんてい) 断絶(だんぜつ) 油断(ゆだん)
747	独 N2	ドク ひとり	홀로 독 (獨)	独	独立(どくりつ) 独自(どくじ) 独特(どくとく) 単独(たんどく)·独り言(ひとりごと)

MP3 041

739~757

740 　態 : '곰 웅(熊)'과 혼동하지 않도록 주의!

743 　非常 : ① 비상 ② 대단함, 심함 ☞ 「~に」의 꼴로 ②의 뜻으로 흔히 쓰인다.

745 　判子 : 도장, 인감　참 三文判(さんもんばん) : 싸구려 도장, 막도장
　　　※ 일본 사회에는 전통적으로 도장문화의 관습이 아직도 많이 남아 있다.

746 　油断 : 일본 회사의 공장에 가보면 「油断大敵(ゆだんたいてき) 방심은 금물」이라는 구호를 빨간 글씨로
　　　큼지막하게 걸어 놓은 것을 볼 수 있다.

번호	日本漢字	音読(カタカナ)訓読(ひらがな)	뜻 음 (韓國漢字)	교과서체	主要単語
748	可 N3	カ	옳을 가	可	きょか 許可　か ひ 可否　か けつ 可決　か のう 可能
749	能 N3	ノウ	능할 능	能	のうりょく 能力　ゆうのう 有能　き のう 機能　げいのう 芸能　のうりつ 能率
750	個 N3	コ	낱 개	個	こ じん 個人　こ べつ 個別　いっ こ 一個　こ せい 個性　こ こ 個々
751	性 N3	セイ・ショウ	성품 성	性	せいかく 性格　せいのう 性能　じょせい 女性・あいしょう 相性　こんじょう 根性
752	編 N2	ヘン あむ	엮을 편	編	へんしゅう 編集　へんせい 編成　へんきょく 編曲　ちょうへん 長編　ぞくへん 続編
753	修 N1	シュウ・シュ おさめる おさまる	닦을 수	修	しゅうせい 修正　しゅう り 修理　しゅうがく 修学　しゅうどういん 修道院　へんしゅう 編修
754	再 N3	サイ・サ ふたたび	두 재	再	さいかい 再会　さいせい 再生　さい ど 再度　さいこう 再考・さ らいねん 再来年
755	版 N2	ハン	판목 판	版	しゅっぱん 出版　はんけん 版権　しょはん 初版　さいはん 再版　はん が 版画
756	余 N3	ヨ あまる・あます	남을 여 (餘)	余	よ きょう 余興　よ だん 余談　よ ぶん 余分　よりょく 余力　よけい 余計
757	興 N1	コウ・キョウ おこる・おこす	일어날 흥	興	こうぎょう 興行　ふっこう 復興　さいこう 再興・きょう み 興味

751 相性 : 궁합, 서로 성격(짝)이 맞음, 서로 어울림, 조화를 이룸

754 再度 : 재차, 두 번

再来年 : 내후년, 다음다음 해

756 余計(に) : 쓸데없이

번호	日本漢字	音読 (カタカナ) 訓読 (ひらがな)	뜻 음 (韓國漢字)	교과서체	主要単語
758	許 N3	キョ ゆるす	허락할 허	許	許可 特許 許容
759	容 N3	ヨウ	얼굴 용	容	内容 形容 美容院 容器
760	演 N2	エン	넓힐 연	演	演技 公演 出演 講演 演説
761	技 N2	ギ わざ	재주 기	技	技法 技能 特技 技師・技
762	枝 N3	シ えだ	가지 지	枝	枝葉・枝豆 小枝
763	複 N2	フク	겹칠 복	複	複雑 複合 重複 複写 複式ゲーム
764	雑 N2	ザツ・ゾウ	섞일 잡 (雑)	雑	雑音 雑誌 雑談・雑煮
765	殺 N2	サツ・サイ・セツ ころす	죽일 살 빠를 쇄	殺	殺人 殺害 自殺・相殺・殺生
766	像 N2	ゾウ	형상 상	像	想像 画像 自画像 実像 仏像

MP3 042

758~776

761 　技 : 유도용어에서 'WAZAARI'는 일본어 「技(わざ)あり」를 로마자로 표기한 것이다. '한판'을 뜻하는 「一本(いっぽん)」은 'IPPON'으로 표기하며, 그밖에 「注意(CHUI)・警告(KEIKOKU)・有効(YUKO)・効果(KOKA)」 등의 경기용어도 일본어를 로마자로 표기한 것이다.

764 　雑煮 : 설날 아침에 먹는 일본식 떡국

765 　相殺 : 상쇄, 셈을 서로 비김

762 枝豆

764 雑煮

번호	日本漢字	音読 (カタカナ) 訓読 (ひらがな)	뜻 음 (韓國漢字)	교과서체	主要単語
767	質 N4	シツ・シチ・チ	바탕 질	質	しつもん 質問　ひんしつ 品質　ほんしつ 本質・ひとじち 人質　しちや 質屋・げんち 言質
768	素 N1	ソ・ス	흴 소	素	そざい 素材　そしつ 素質　しっそ 質素　へいそ 平素・すがお 素顔
769	綿 N2	メン わた	솜 면	綿	めんし 綿糸　めんか 綿花　めんぷ 綿布・わたがし 綿菓子
770	布 N3	フ ぬの	베 포	布	ぶんぷ 分布　ふきょう 布教　こうふ 公布・ぬのじ 布地
771	統 N2	トウ すべる	거느릴 통	統	とういつ 統一　とうけい 統計　けっとう 血統　でんとう 伝統
772	領 N2	リョウ	거느릴 령	領	ようりょう 要領　りょうど 領土　りょうかい 領海　だいとうりょう 大統領
773	寄 N2	キ よる・よせる	부칠 기	寄	きふ 寄付　きこう 寄港　きせいちゅう 寄生虫・としよ 年寄り　もよ 最寄り
774	舎 N1	シャ	집 사 (舍)	舎	きしゅくしゃ 寄宿舎　かんしゃ 官舎　こうしゃ 校舎・いなか 田舎
775	厚 N2	コウ あつい	두터울 후	厚	こうせい 厚生　おんこう 温厚　こうい 厚意　こうじょう 厚情・あつぎ 厚着
776	士 N1	シ	선비 사	士	めいし 名士　けいりし 計理士　しのうこうしょう 士農工商

767　人質 : 발음이 어려우니 주의할 것!

768　素顔 : 참모습, 화장하지 않은 얼굴

773　年寄り : 노인

最寄り : (지금 있는 곳에서) 가장 가까운 곳 예 ~の郵便局(ゆうびんきょく) 가장 가까운 우체국

번호	日本漢字	音読 (カタカナ) 訓読 (ひらがな)	뜻 음 (韓國漢字)	교과서체	主要単語
777	潔 N1	ケツ いさぎよい	깨끗할 결	潔	せいけつ 清潔　ふけつ 不潔　けっぱく 潔白　こうけつ 高潔
778	液 N2	エキ	액체 액	液	えきたい 液体　けつえきがた 血液型　げんえき 原液　えきか 液化
779	酸 N1	サン すい	실/초 산	酸	さんせい 酸性　さんか 酸化　さんそ 酸素　えんさん 塩酸
780	飼 N1	シ かう	먹일 사 (飼)	飼	しいく 飼育　しりょう 飼料・こがい 子飼い
781	耕 N2	コウ たがやす	밭갈 경	耕	こうさく 耕作　こうち 耕地　のうこう 農耕
782	肥 N1	ヒ こえる・こえ こやす・こやし	살찔 비	肥	ひまん 肥満　ひだい 肥大　ひりょう 肥料
783	史 N3	シ	사기 사	史	れきし 歴史　しりょう 史料　こくし 国史　せかいし 世界史
784	桜 N1	オウ さくら	벚꽃 앵 (櫻)	桜	おうか さくら はな 桜花 (桜の花)　よざくら 夜桜　さくらぜんせん 桜前線
785	河 N3	カ かわ	강이름 하	河	うんが 運河　ぎんが 銀河　たいが 大河ドラマ・かし 河岸
786	確 N2	カク たしか たしかめる	굳을 확	確	せいかく 正確　かくじつ 確実　かくしん 確信　めいかく 明確　かくてい 確定

MP3 043

777~796

784　桜前線 : 벚꽃이 피기 시작하는 날짜가 같은 지점을 연결한 선으로 보통 3월 말에 규슈(九州)에서 북상하기 시작해서 5월 초에는 홋카이도(北海道)에 이른다.

번호	日本漢字	音読 (カタカナ) 訓読 (ひらがな)	뜻 음 (韓國漢字)	교과서체	主要単語
787	均 N2	キン	고를 균	均	へいきん 平均　きんとう 均等　きんいち 均一
788	慣 N2	カン なれる・ならす	익숙할 관	慣	しゅうかん 習慣　かんこう 慣行　かんよう 慣用　かんれい 慣例
789	眼 N1	ガン・ゲン まなこ・め	눈 안	眼	がん か 眼科　がんもく 眼目・かいげん 開眼・ち まなこ 血眼・め がね 眼鏡
790	居 N3	キョ いる	살 거	居	きょじゅう 居住　しんきょ 新居　どうきょ 同居・い ま 居間　とり い 鳥居
791	移 N2	イ うつる・うつす	옮길 이	移	い てん 移転　い じゅう 移住　い みん 移民　い どう 移動　い こう 移行
792	輸 N2	ユ	나를 수 (輸)	輸	ゆ にゅう 輸入　ゆ しゅつ 輸出　うん ゆ 運輸　ゆ そう 輸送　ゆ けつ 輸血
793	支 N2	シ ささえる	지탱할 지	支	し しゅつ 支出　し てん 支店　し はい 支配　し じ 支持　し たく 支度
794	志 N1	シ こころざす こころざし	뜻 지	志	い し 意志　し こう 志向　すん し 寸志　し がん 志願　し ぼう 志望
795	師 N2	シ	스승 사	師	きょう し 教師　ぼく し 牧師　い し 医師　し てい 師弟　し わす 師走
796	授 N1	ジュ さずける さずかる	줄 수	授	じゅぎょう 授業　でんじゅ 伝授　じゅじゅ 授受

790　芝居(しばい) : 연극, (비유적으로) 속임수, 연기
一言居士(いちげんこじ) : 말참견하지 않고서는 못 배기는 사람, 잔소리꾼
鳥居 : 「神社(じんじゃ)」의 입구에 세운 두 기둥의 문으로, 「神社」를 상징하는 조형물
795　師走 : 음력 섣달(12월)을 일컫는 말　관 大晦日(おおみそか) 섣달 그믐날(12월 31일)

790　鳥居

번호	日本漢字	音読 (カタカナ) 訓読 (ひらがな)	뜻 음 (韓國漢字)	교과서체	主要単語
797	刊 N3	カン	책펴낼 간	刊	げっかん 月刊　しゅうかんし 週刊誌　ちょうかん 朝刊　はっかん 発刊
798	述 N2	ジュツ のべる	지을 술 (述)	述	きじゅつ 記述　ぜんじゅつ 前述　じゅつご 述語
799	序 N1	ジョ	차례 서	序	じゅんじょ 順序　じょぶん 序文　じょげん 序言　じょきょく 序曲　じょ くち 序の口
800	招 N2	ショウ まねく	부를 초	招	しょうたい 招待　しょうせい 招請　しょうしゅう 招集　しょうらい 招来
801	象 N2	ショウ・ゾウ	코끼리 상	象	いんしょう 印象　たいしょう 対象　げんしょう 現象　きしょう 気象・ぞう げ 象牙
802	精 N2	セイ・ショウ	정성 정 (精)	精	せいしん 精神　せいりょく 精力　せいつう 精通・しょうじん 精進
803	織 N1	ショク・シキ おる	짤 직	織	しょっき 織機・そしき 組織・おりもの 織物　けおり 毛織
804	績 N2	セキ	길쌈할 적	績	じっせき 実績　せいせき 成績　ぎょうせき 業績　こうせき 功績　せんせき 戦績
805	賞 N2	ショウ	상줄 상	賞	しょうきん 賞金　しょうひん 賞品　じゅしょう 受賞
806	測 N2	ソク はかる	잴 측	測	よそく 予測　そくてい 測定　かんそく 観測　そくりょう 測量

MP3 044

799　序の口 : ① 시초, 시작, 발단　② 일본 씨름(相撲)에서 최하위 등급

797~816

번호	日本 漢字	音読 (カタカナ) 訓読 (ひらがな)	뜻 음 (韓國漢字)	교과서체	主要単語
807	似 N2	ジ にる	같을 사	似	類似 近似・似顔絵
808	妻 N3	サイ つま	아내 처	妻	妻子 夫妻 愛妻家・新妻 人妻
809	婦 N2	フ	며느리 부	婦	夫婦 主婦 新婦 婦人 家政婦
810	故 N1	コ ゆえ	연고/옛 고	故	事故 故意 故事 故人 故国
811	祖 N3	ソ	할아비 조 (祖)	祖	祖国 祖父 祖母 祖先 元祖
812	銅 N2	ドウ	구리 동	銅	銅像 青銅 銅線 赤銅
813	仏 N3	ブツ ほとけ	부처 불 (佛)	仏	仏教 念仏・仏様 仏心
814	墓 N1	ボ はか	무덤 묘	墓	墓地 墓前 墓所・墓参り
815	破 N2	ハ やぶる・やぶれる	깨트릴 파	破	破産 破局 難破船 読破 破格
816	非 N3	ヒ	아닐 비	非	非行 非売品 非公開 非公式

814 墓参り : 「お墓(はか)」는 '묘・묘소'를 뜻하며, 「墓参り」는 '성묘'를 뜻하는데 일본에서는 「お盆(ぼん)」 즉, 일본의 추석에 해당하는 양력 8월 15일 전후의 연휴 기간 중에 고향을 찾아 성묘를 하는 풍습이 있다. 뫤 里帰(さとがえ)り 귀성, 귀향

814 墓参り

번호	日本漢字	音読 (カタカナ) 訓読 (ひらがな)	뜻 음 (韓國漢字)	교과서체	主要単語
817	暴 N2	ボウ・バク あばく・あばれる	사나울 폭	暴	暴力 暴言 暴動 暴風・暴露
818	夢 N2	ム ゆめ	꿈 몽	夢	夢中 夢想 悪夢・初夢
819	貯 N2	チョ	쌓을 저	貯	貯金 貯金箱 貯水池
820	略 N2	リャク	간략할 략	略	省略 略式 前略 戦略 政略
821	貸 N4	タイ かす	빌릴 대	貸	貸借・貸出 貸切
822	張 N1	チョウ はる	베풀 장	張	主張 出張 張本人・欲張り
823	効 N2	コウ きく	본받을 효 (效)	効	効果 有効 無効 効率・効き目
824	因 N3	イン よる	인할 인	因	原因 要因 起因 因果 敗因
825	導 N2	ドウ みちびく	이끌 도 (導)	導	導入 指導 先導 半導体
826	災 N1	サイ わざわい	재앙 재	災	火災 災害 防災 人災 天災

MP3 **045**

817~835

817 暴 : 한국어 발음을 연상하여 「ぼく/ぼく」로 발음하지 않도록 주의할 것!

818 夢中 : ① 몰두해서 정신이 없음, 열중함 ② 꿈속

826 속 口(くち)は災(わざわ)いのもと 입은 화(禍)의 근원

災いを転(てん)じて福(ふく)となす 전화위복(轉禍爲福)

번호	日本漢字	音読 (カタカナ) 訓読 (ひらがな)	뜻 음 (韓國漢字)	교과서체	主要単語
827	燃 N2	ネン もえる・もやす もす	불탈 연	燃	燃料 ねんりょう 燃焼 ねんしょう 燃費 ねんぴ 可燃性 かねんせい
828	停 N2	テイ	머무를 정	停	停止 ていし 停戦 ていせん 停学 ていがく 停車 ていしゃ バス停 てい
829	堂 N4	ドウ	집 당	堂	食堂 しょくどう 公会堂 こうかいどう 本堂 ほんどう 正々堂々 せいせいどうどう
830	得 N2	トク える・うる	얻을 득	得	得点 とくてん 得意 とくい 説得 せっとく 会得・心得 えとく・こころえ
831	毒 N2	ドク	독 독	毒	毒薬 どくやく 有毒 ゆうどく 中毒 ちゅうどく 毒殺 どくさつ 害毒 がいどく
832	費 N2	ヒ ついやす ついえる	쓸 비	費	費用 ひよう 消費 しょうひ 会費 かいひ 学費 がくひ 出費 しゅっぴ
833	粉 N2	フン こ・こな	가루 분	粉	粉末・小麦粉 ふんまつ・こむぎこ 粉薬 こなぐすり
834	脈 N1	ミャク	줄기 맥 (脈)	脈	人脈 じんみゃく 文脈 ぶんみゃく 動脈 どうみゃく 山脈 さんみゃく
835	歴 N2	レキ	지낼 력 (歷)	歴	歴代 れきだい 学歴 がくれき 経歴 けいれき 来歴 らいれき

828　バス停 : '버스 정거장'의 정거장(停車場)·정류소(停留所)을 줄여서 「バス停(てい)」라고 한다.

830　心得 : 마음가짐, 알아야 할 사항, 수칙 예 新入社員(しんにゅうしゃいん)の〜 신입사원의 자세·수칙

　　　得意 : ① 숙달되어 자신 있음 ② 흐뭇한 모양 ③ 우쭐거리는 모양 ④ 단골고객 관 得意先(とくいさき) 단골집

교육한자 6학년

번호	日本漢字	音読 (カタカナ) 訓読 (ひらがな)	뜻 음 (韓國漢字)	교과서체	主要単語
836	皇 N1	コウ・オウ	임금 황	皇	こうしつ 皇室　こうきょ 皇居　こうたいし 皇太子・てんのう 天皇
837	后 N1	コウ	황후 후	后	こうごう 皇后　こうたいごう 皇太后
838	降 N2	コウ ふる おりる・おろす	내릴 강 항복할 항	降	かこう 下降　こうすいりょう 降水量　いこう 以降　とうこう 投降　こうふく 降服
839	臨 N1	リン のぞむ	임할 림	臨	りんじ 臨時　りんかい 臨海　りんじゅう 臨終　くんりん 君臨　こうりん 降臨
840	聖 N1	セイ	성인 성	聖	せいか 聖火　せいしょ 聖書　せいぼ 聖母　しんせい 神聖　せいじん 聖人
841	域 N2	イキ	지경 역	域	ちいき 地域　くいき 区域　りょういき 領域　かいいき 海域　せいいき 聖域
842	胃 N3	イ	밥통 위	胃	いえき 胃液　い 胃ガン
843	腸 N1	チョウ	창자 장	腸	いちょう 胃腸　だいちょう 大腸

MP3 046

836~853

838　以後 : 이후　☞ 기준 시점을 포함하여 그때부터

　　　以降 : 이후　☞ 어떤 시점부터 비교적 긴 시간이 경과한 경우

　　　降服 : 항복　☞ 뜻과 발음이 같은 「降伏」으로도 쓴다.

841　域 : 한국어 발음 '역'을 연상하여 「えき」로 발음하기 쉬운데, 「いき」로 발음하도록 !

번호	日本漢字	音読(カタカナ)訓読(ひらがな)	뜻 음 (韓國漢字)	교과서체	主要単語
844	忠 N1	チュウ	충성 충	忠	忠実（ちゅうじつ） 忠誠（ちゅうせい） 忠告（ちゅうこく） 忠臣（ちゅうしん）
845	誠 N1	セイ まこと	정성 성	誠	誠実（せいじつ） 誠意（せいい） 誠心（せいしん）
846	諸 N2	ショ	모든 제 (諸)	諸	諸君（しょくん） 諸国（しょこく） 諸民族（しょみんぞく） 諸問題（しょもんだい） 諸将（しょしょう）
847	将 N2	ショウ	장수 장 (將)	将	将軍（しょうぐん） 大将（たいしょう） 武将（ぶしょう） 主将（しゅしょう） 将来（しょうらい）
848	源 N1	ゲン みなもと	근원 원	源	起源（きげん） 源流（げんりゅう） 資源（しげん） 電源（でんげん） 財源（ざいげん）
849	泉 N3	セン いずみ	샘 천	泉	温泉（おんせん） 源泉（げんせん）
850	沿 N1	エン そう	내려갈 연 (沿)	沿	沿海（えんかい） 沿岸（えんがん） 沿道（えんどう） 沿線（えんせん） 沿革（えんかく）
851	革 N3	カク かわ	가죽 혁	革	革命（かくめい） 革新（かくしん） 改革（かいかく） 変革（へんかく）・革製品（かわせいひん）
852	陛 N1	ヘイ	천자 폐	陛	陛下（へいか）
853	宇 N3	ウ	집 우	宇	宇宙（うちゅう） 宇宙船（うちゅうせん）

846 諸 : 우리나라에서는 별로 쓰지 않는데, 일본에서는 접두사로 곧잘 쓰이니 잘 기억할 것!

852 陛 : 일본에서는 천황이 있기 때문에 교육한자에 포함시켰지만, 그다지 중요한 한자는 아니니 뜻만 알고 읽을 수 있으면 된다.

번호	日本漢字	音読 (カタカナ) 訓読 (ひらがな)	뜻 음 (韓國漢字)	교과서체	主要単語
854	宙 N2	チュウ	하늘 주	宙	宙返り（ちゅうがえり）
855	存 N3	ソン・ゾン	있을 존	存	存在（そんざい） 生存（せいぞん） 存続（そんぞく）・保存（ほぞん） 存分（ぞんぶん）
856	亡 N3	ボウ・モウ ない	망할 망	亡	死亡（しぼう） 亡国（ぼうこく） 存亡（そんぼう） 亡命（ぼうめい）・亡き人（なきひと）
857	異 N1	イ こと	다를 이	異	異国（いこく） 異論（いろん） 異変（いへん） 異議（いぎ） 異文化（いぶんか）
858	郷 N1	キョウ・ゴウ	시골 향 (鄕)	郷	故郷（こきょう） 異郷（いきょう） 同郷（どうきょう） 帰郷（ききょう）・在郷（ざいごう）
859	討 N1	トウ うつ	칠 토	討	討議（とうぎ） 検討（けんとう） 討論（とうろん）・敵討ち（かたきうち）
860	論 N3	ロン	말할 론	論	結論（けつろん） 言論（げんろん） 口論（こうろん） 世論（せろん） 弁論（べんろん）
861	忘 N3	ボウ わすれる	잊을 망	忘	忘年会（ぼうねんかい） 備忘録（びぼうろく） 忘我（ぼうが）・忘れ物（わすれもの）
862	我 N1	ガ われ・わ	나 아 (我)	我	自我（じが） 無我（むが）・我々（われわれ） 我ら（われら） 我が国（わがくに）
863	若 N3	ジャク・ニャク わかい・もしくは	같을/젊을 약	若	若干（じゃっかん）・若人（わこうど） 若者（わかもの）
864	干 N3	カン ほす・ひる	방패/마를 간	干	干潮（かんちょう） 十干（じっかん）・物干し（ものほし）・干物（ひもの）

MP3 047

854~874

858 （속）郷(ごう)に入(い)れば、郷(ごう)に従(したが)え。 로마에 가면 로마의 법을 따르라!

859 敵討ち : '원수를 갚는다'는 뜻으로, 「仇討(あだう)ち」라고도 하며, 무협 시대극에서 단골 메뉴로 등장하는 주요 테마이다.

860 世論 : 「せろん」「よろん」 양쪽으로 발음하며, 한국 한자는 '여론(與論)'이라고 표기한다.

弁論 : 우리나라에서는 '웅변대회'라고 하는데, 일본에서는 「弁論大会」라고 한다.

번호	日本漢字	音読 (カタカナ) 訓読 (ひらがな)	뜻 음 (韓國漢字)	교과서체	主要単語
865	誤 N2	ゴ あやまる	그르칠 오 (誤)	誤	誤解 誤算 誤字 誤差 誤訳
866	訳 N1	ヤク わけ	통변할 역 (譯)	訳	通訳 直訳 英訳・内訳 言い訳
867	姿 N1	シ すがた	맵시 자	姿	姿勢 姿態・後ろ姿
868	尊 N2	ソン たっとい とうとい たっとぶ とうとぶ	높을 존 (尊)	尊	尊重 尊厳 自尊 至尊
869	敬 N2	ケイ うやまう	공경할 경	敬	尊敬 敬語 敬意 敬具 敬老
870	至 N1	シ いたる	이를 지	至	至急 必至 至純・至る所
871	純 N2	ジュン	순수할 순	純	純情 清純 単純 純潔 純益
872	宗 N1	シュウ・ソウ	마루 종	宗	宗教 宗派 改宗・宗家
873	派 N1	ハ	물갈래 파 (派)	派	派生 党派 特派員 立派
874	操 N1	ソウ みさお・あやつる	잡을 조	操	操作 体操 操縦

861 忘年会 : 연말에는 '송년회'로 떠들썩하게 보내고, 새해가 되면 '신년회(新年会)'로 이어져 이래저래 모임을 자주 갖는다.

862 我々 : 우리들 동 我(われ)ら、私(わたし)たち

864 十干 : 갑(甲) 을(乙) 병(丙) 정(丁) 무(戊) 기(己) 경(庚) 신(辛) 임(壬) 계(癸)

866 内訳 : 명세, 내역 ☞ 발음에 주의할 것! ないやく (×)

869 敬老 : 일본인들은 한국의 젊은이들이 노약자에게 자리를 양보하는 유교적 관습을 부러워 한다.

번호	日本漢字	音読 (カタカナ) 訓読 (ひらがな)	뜻 음 (韓國漢字)	교과서체	主要単語
875	縦 N1	ジュウ たて	새로 종 (縱)	縦	縦横(じゅうおう) 縦断(じゅうだん)・縦書(たて が)き
876	善 N1	ゼン よい	착할 선	善	改善(かいぜん) 最善(さいぜん) 善悪(ぜんあく) 善意(ぜん い) 善処(ぜんしょ)
877	処 N2	ショ	곳 지 (處)	処	処理(しょ り) 対処(たいしょ) 処分(しょぶん) 処置(しょ ち)
878	困 N2	コン こまる	곤할 곤	困	困難(こんなん) 貧困(ひんこん)・困(こま)り者(もの)
879	難 N2	ナン かたい むずかしい	어려울 난 (難)	難	難民(なんみん) 災難(さいなん) 難易度(なんいど) 非難(ひ なん) 資金難(し きんなん)
880	秘 N1	ヒ ひめる	숨길 비	秘	秘密(ひみつ) 極秘(ごくひ) 秘書(ひしょ) 神秘(しんび) 便秘(べんび)
881	策 N1	サク	꾀 책	策	秘策(ひさく) 政策(せいさく) 対策(たいさく) 方策(ほうさく) 解決策(かいけつさく)
882	批 N1	ヒ	비평할 비	批	批判(ひ はん) 批評(ひ ひょう)
883	俳 N1	ハイ	광대 배	俳	俳優(はいゆう) 俳句(はいく) 俳人(はいじん)
884	優 N2	ユウ やさしい すぐれる	넉넉할 우	優	優秀(ゆうしゅう) 優勝(ゆうしょう) 優先(ゆうせん) 優勢(ゆうせい) 優位(ゆうい) 女優(じょゆう)

MP3 048

875~894

875 縦書き : 일본에서는 오랜 관습에 따라 신문・잡지・일반 서적은 물론 편지까지도 세로로 쓰는 경우가 많다. '가로 쓰기'는 「横書(よこが)き」라고 한다.

876 (속)善(ぜん)は、急(いそ)げ 좋은 일은 서둘러서 행하라! 最善 : '최선을 다하다'는 「最善を尽(つ)くす」라고 한다.

883 俳句 : 5・7・5의 3구 17음절로 된 일본 고유의 단시(短詩)

875 縦書き

번호	日本 漢字	音読 (カタカナ) 訓読 (ひらがな)	뜻 음 (韓國漢字)	교과서체	主要単語
885	盛 N1	セイ・ジョウ もる・さかん さかる	성할 성	盛	せいだい せいそう はんじょう はたら ざか 盛大　盛装・繁盛・働き盛り
886	装 N2	ソウ・ショウ よそおう	꾸밀 장 (裝)	装	ふくそう か そう ぶ そう ほうそう そう ち い しょう 服装　仮装　武装　包装　装置・衣装
887	展 N1	テン	펼 전	展	てん じ かい てんかい はってん てんぼう しんてん 展示会　展開　発展　展望　親展
888	覧 N1	ラン	볼 람 (覽)	覧	かいらん かんらん てんらん はくらんかい ゆうらんせん 回覧　観覧　展覧　博覧会　遊覧船
889	翌 N2	ヨク	다음날 익 (翊)	翌	よくじつ よくあさ よくとし よくよくじつ 翌日　翌朝　翌年　翌々日
890	晩 N3	バン	늦을 만	晩	こんばん まいばん よくばん ばんしゅう ばんねん 今晩　毎晩　翌晩　晩秋　晩年
891	閉 N3	ヘイ とじる・とざす しめる・しまる	닫을 폐	閉	へいてん へいもん かいへい へいまく へいこう 閉店　閉門　開閉　閉幕　閉口
892	幕 N1	マク・バク	휘장 막	幕	かいまく うちまく くろまく まくうち ばく ふ 開幕　内幕　黒幕　幕内・幕府
893	乱 N2	ラン みだれる・みだす	어지러울 란 (亂)	乱	らんぼう こんらん ないらん はんらん らんせい 乱暴　混乱　内乱　反乱　乱世
894	射 N1	シャ いる	쏠 사	射	はんしゃ はっしゃ しゃさつ らんしゃ ちゅうしゃ 反射　発射　射殺　乱射　注射

885　盛(さか)り : 황금기, 한창 때, 전성기　예 女盛(おんなざか)り / 花盛(はなざか)り / 人生の盛(さか)り

887　親展 : 편지의 겉봉투에 쓰인 '수신자가 직접 보게 한다'는 뜻의 「親展」을 「親伝」이나 「親前」, 「親殿」으로 잘못 쓰는 경우가 많은
데 주의를 요한다.

892　幕内 : 일본 씨름 「相撲」의 대진표 상단에 기록되는 「前頭(まえがしら)」 이상의 상위 선수
幕府 : 일본 역사상 무가 정권의 수령인 「将軍(しょうぐん)」이 정치를 집행한 곳, 또는 그 체제

번호	日本漢字	音読 (カタカナ) 訓読 (ひらがな)	뜻 음 (韓國漢字)	교과서체	主要単語
895	寸 N1	スン	마디 촌	寸	すんぴょう 寸評　すんぜん 寸前　すんげき 寸劇　すんぽう 寸法
896	劇 N2	ゲキ	심할/연극 극	劇	えんげき 演劇　げきじょう 劇場　ひげき 悲劇　げきだん 劇団　じだいげき 時代劇
897	映 N4	エイ うつる・うつす はえる	비칠 영	映	えいが 映画　じょうえい 上映　えいぞう 映像　ほうえい 放映　はんえい 反映
898	脳 N2	ノウ	뇌 뇌 (腦)	脳	しゅのう 首脳　ずのう 頭脳　だいのう 大脳　のうは 脳波　のうり 脳裏
899	裏 N2	リ うら	속 리	裏	りめん 裏面　ひょうり 表裏・裏表　うらぎ 裏切リ　うらぐち 裏口
900	肺 N1	ハイ	허파 폐	肺	はいびょう 肺病　はいかつりょう 肺活量　はいぞう 肺臓
901	臓 N2	ゾウ	오장 장 (臟)	臓	しんぞう 心臓　ないぞう 内臓　ぞうきいしょく 臓器移植
902	呼 N3	コ よぶ	부를 호	呼	こおう 呼応　てんこ 点呼　こきゅう 呼吸・呼び声　よごえ 呼び名
903	吸 N3	キュウ すう	마실 흡	吸	きゅうしゅう 吸収　きゅういん 吸引　きゅうにゅう 吸入
904	背 N3	ハイ せ・せい そむく・そむける	등 배	背	はいけい 背景　はいご 背後　はいはん 背反・背中　せぼね 背骨　せいくらべ 背比べ

MP3 049

895~914

896　時代劇 : 우리나라에서는 '사극(史劇)'이라고 한다.

899　裏 : 야구 경기에서 '초공(初攻)'을 「おもて(表)」, '말공(末攻)'을 「うら(裏)」라고 한다. 예컨대 '5회 초'는 「5回表
　　　　（ごかいおもて)」, '5회 말'은 「5回裏(ごかいうら)」라고 한다.

　　　裏表 : 속과 겉, 안팎, 표면과 이면의 사정, 표리, 겉과 속이 다름　☞ ～のない人

　　　裏切り : 배신, 배반, 적과의 내통　[관] 裏切(うらぎ)り者(もの) : 배신자, 배반자

番号	日本漢字	音読 (カタカナ) 訓読 (ひらがな)	뜻 음 (韓國漢字)	교과서체	主要単語
905	骨 N3	コツ ほね	뼈 골	骨	こっし 骨子　こっせつ 骨折　てっこつ 鉄骨・ほね お 骨折り　ほね く 骨組み
906	腹 N2	フク はら	배 복	腹	ふくあん 腹案　ふくしん 腹心　まんぷく 満腹　せっぷく 切腹・はらはち ぶ 腹八分
907	筋 N1	キン すじ	힘줄 근	筋	きんにく 筋肉　てっきん 鉄筋　ふっきん 腹筋・すじ が 筋書き　おおすじ 大筋
908	収 N2	シュウ おさめる おさまる	거둘 수 (收)	収	しゅうにゅう 収入　しゅうえき 収益　しゅうし 収支　しゅうよう 収容　りょうしゅうしょう 領収証
909	縮 N1	シュク ちぢむ・ちぢめる ちぢまる ちぢれる ちぢらす	줄일 축	縮	しゅくしょう 縮小　たんしゅく 短縮　あっしゅく 圧縮　しゅうしゅく 収縮・ちぢ げ 縮れ毛
910	否 N2	ヒ いな	아닐 부	否	ひ てい 否定　ひ にん 否認　ひ けつ 否決　あん ぴ 安否
911	認 N2	ニン みとめる	인정할 인 (認)	認	にんてい 認定　にん か 認可　こうにん 公認　しょうにん 承認　にんしき 認識　かくにん 確認
912	痛 N3	ツウ いたい・いたむ いためる	아플 통	痛	く つう 苦痛　ず つう 頭痛　ふくつう 腹痛　つうかん 痛感　つうかい 痛快
913	厳 N1	ゲン・ゴン おごそか きびしい	엄할 엄 (嚴)	厳	げんしゅ 厳守　げんきん 厳禁　げんじゅう 厳重　げんみつ 厳密・そうごん 荘厳
914	密 N1	ミツ	빽빽할 밀	密	か みつ 過密　みつやく 密約　みっかい 密会　みつ ゆ 密輸　しんみつ 親密

905　骨 : '뼈'라는 뜻이지만, '요체, 요령'이라는 뜻으로 자주 쓰이며, 강조하기 위해 가타카나 「コツ」라고 표기하는 경우도 있다.
　　　예 商売(しょうばい)のコツをおぼえる。 장사하는 요령을 터득하다.

906　腹 : 배는 정신이 깃든 곳이라 해서 일본어에는 관련 숙어가 많다.
　　　속 腹八分 : 「腹八分に医者要(いしゃい)らず」는 '식욕의 80%만 먹으면 병원에 갈 필요가 없다'는 뜻으로, 소식을 강조한
　　　말이다. 일본인은 결코 적게 먹는 것이 아니라 한 번에 많이 먹지 않는다. 간식도 즐긴다.

907　消息筋(しょうそくすじ) : 소식통, 정보통 (정보 제공자의 이름이나 기관을 밝힐 수 없는 경우에 씀)

번호	日本漢字	音読 (カタカナ) 訓読 (ひらがな)	뜻 음 (韓國漢字)	교과서체	主要単語
915	探 N2	タン さぐる・さがす	찾을 탐	探	探求(たんきゅう) 探究(たんきゅう) 探検(険)(たんけんけん) 探知(たんち) 探照灯(たんしょうとう)
916	訪 N2	ホウ おとずれる たずねる	찾을 방	訪	訪問(ほうもん) 来訪(らいほう) 探訪(たんぼう) 訪日(ほうにち)
917	警 N2	ケイ	경계할 경	警	警察(けいさつ) 警備(けいび) 警官(けいかん) 警報(けいほう) 警告(けいこく)
918	棒 N2	ボウ	몽둥이 봉	棒	綿棒(めんぼう) 鉄棒(てつぼう) 警棒(けいぼう) 金棒(かなぼう) 相棒(あいぼう)
919	私 N4	シ わたくし	사사로울 사	私	私用(しよう) 公私(こうし) 私有(しゆう) 私立・私事(しりつ・わたくしごと)
920	宅 N3	タク	집 택	宅	自宅(じたく) 私宅(したく) 宅地(たくち) 住宅(じゅうたく) 宅配(たくはい)
921	値 N2	チ ね・あたい	값 치	値	価値(かち) 数値(すうち) 平均値・値段(へいきんち・ねだん) 値打ち(ねうち)
922	段 N2	ダン	층계 단	段	段階(だんかい) 手段(しゅだん) 段落(だんらく) 有段者(ゆうだんしゃ)
923	貴 N1	キ たっとい とうとい たっとぶ とうとぶ	귀할 귀	貴	貴重(きちょう) 貴社(きしゃ) 貴族(きぞく) 貴金属(ききんぞく) 兄貴(あにき)
924	誌 N2	シ	기록할 지	誌	雑誌(ざっし) 日誌(にっし) 誌面(しめん) 誌上(しじょう) 貴誌(きし)

MP3 050

915~935

915 探検 : 일본 한자어에서는 「探検 탐검」「探険 탐험」의 두 가지 한자를 같이 쓰고 있다.

919 「私(わたくし)」를 「わたし」라고 표현하는 경우에는 한자로 쓰지 않는 것이 일반적이다.

　　　私立 : 일본어로는 발음이 「市立(しりつ)」와 같기 때문에 혼동을 피하기 위해서 「私立」의 경우에는 「わたくし
　　　りつ」라고 차별화 해서 발음하기도 한다.

923 兄貴 : 형님, 「兄」의 높임말. (깡패나 젊은이들 사이에서) 애칭으로 '선배' 또는 '형님'의 뜻으로도 쓴다.

번호	日本漢字	音読 (カタカナ) 訓読 (ひらがな)	뜻 음 (韓國漢字)	교과서체	主要単語
925	奮 N1	フン ふるう	떨칠 분	奮	こうふん 興奮　ふんぱつ 奮発　ふんき 奮起　ふんせん 奮戦
926	激 N1	ゲキ はげしい	과격할 격	激	かんげき 感激　げきぞう 激増　かげき 過激　きゅうげき 急激　げきどう 激動　げきせん 激戦
927	賃 N1	チン	품삯 임	賃	ちんぎん 賃金　うんちん 運賃　やちん 家賃　ちんたい 賃貸　ちんあ 賃上げ
928	砂 N2	サ・シャ すな	모래 사	砂	さとう 砂糖・どしゃ 土砂・じゃり 砂利・すなはま 砂浜
929	糖 N1	トウ	사탕 당	糖	とうぶん 糖分　せいとう 製糖　かとう 果糖
930	紅 N3	コウ・ク べに・くれない	붉을 홍	紅	こうはくせん 紅白戦　こうちゃ 紅茶　こういってん 紅一点　こうよう 紅葉・くちべに 口紅
931	潮 N1	チョウ しお	조수 조	潮	ちょうりゅう 潮流　ふうちょう 風潮　しちょう 思潮　こうちょう 紅潮・しおかぜ 潮風　しおどき 潮時
932	遺 N1	イ・ユイ	끼칠/남길 유 (遺)	遺	いさん 遺産　いぞく 遺族　いでん 遺伝　いしつぶつ 遺失物・ゆいごん 遺言
933	郵 N2	ユウ	우편 우	郵	ゆうびん 郵便　ゆうそう 郵送　ゆうびんきょく 郵便局
934	延 N2	エン のびる のばす・のべる	끌 연	延	えんき 延期　えんちょうせん 延長戦・の 延べ　じんいん 人員
935	誕 N1	タン	태어날 탄	誕	たんじょう 誕生　たんじょうび 誕生日

930　紅白 : 우리나라에서는 '청·백군'으로 나누어 '청백전(靑白戰) 시합'이라고 하는데, 일본에서는 '홍백전(紅白戰)'이라고 한다. 예컨대 NHK의 연말 인기프로그램인 '노래 시합'의 명칭도 「紅白歌合戦(こうはくうたがっせん)」이라고 한다.

　　　紅葉 : 「もみじ」 또는 「こうよう」라고 발음한다.

934　延べ人員 : 「延べ」는 예컨대 박람회 기간 중에 입장한 총 인원을 뜻하며, 연면적을 뜻하는 「延(の)べ面積(めんせき)」는 5층 건물인 경우 지하에서 5층까지 합한 면적을 뜻한다.

번호	日本漢字	音読 (カタカナ) 訓読 (ひらがな)	뜻 음 (韓國漢字)	교과서체	主要単語
936	灰 N3	カイ はい	재 회 (灰)	灰	<ruby>石灰<rt>せっかい</rt></ruby>・<ruby>火山灰<rt>かざんばい</rt></ruby>　<ruby>灰色<rt>はいいろ</rt></ruby>　<ruby>灰皿<rt>はいざら</rt></ruby>
937	拡 N1	カク	넓힐 외 (擴)	拡	<ruby>拡大<rt>かくだい</rt></ruby>　<ruby>拡張<rt>かくちょう</rt></ruby>　<ruby>拡散<rt>かくさん</rt></ruby>　<ruby>拡声器<rt>かくせいき</rt></ruby>
938	閣 N1	カク	누각 각	閣	<ruby>内閣<rt>ないかく</rt></ruby>　<ruby>入閣<rt>にゅうかく</rt></ruby>　<ruby>閣議<rt>かくぎ</rt></ruby>　<ruby>閣下<rt>かっか</rt></ruby>　<ruby>天守閣<rt>てんしゅかく</rt></ruby>
939	座 N3	ザ すわる	자리 좌	座	<ruby>座席<rt>ざせき</rt></ruby>　<ruby>正座<rt>せいざ</rt></ruby>　<ruby>上座<rt>かみざ</rt></ruby>　<ruby>座談会<rt>ざだんかい</rt></ruby>　<ruby>座長<rt>ざちょう</rt></ruby>
940	割 N3	カツ わる・わり われる・さく	나눌 할	割	<ruby>分割<rt>ぶんかつ</rt></ruby>　<ruby>割愛<rt>かつあい</rt></ruby>・<ruby>割合<rt>わりあい</rt></ruby>　<ruby>割引<rt>わりびき</rt></ruby>　<ruby>役割<rt>やくわり</rt></ruby>
941	補 N2	ホ おぎなう	기울 보	補	<ruby>補助金<rt>ほじょきん</rt></ruby>　<ruby>候補者<rt>こうほしゃ</rt></ruby>　<ruby>補修<rt>ほしゅう</rt></ruby>　<ruby>補強<rt>ほきょう</rt></ruby>
942	創 N1	ソウ	비롯할 창	創	<ruby>創立<rt>そうりつ</rt></ruby>　<ruby>創造<rt>そうぞう</rt></ruby>　<ruby>創作<rt>そうさく</rt></ruby>　<ruby>創意<rt>そうい</rt></ruby>　<ruby>独創<rt>どくそう</rt></ruby>
943	株 N1	かぶ	그루 주	株	<ruby>株式<rt>かぶしき</rt></ruby>　<ruby>株式会社<rt>かぶしきがいしゃ</rt></ruby>　<ruby>株主<rt>かぶぬし</rt></ruby>　<ruby>株価<rt>かぶか</rt></ruby>　<ruby>株券<rt>かぶけん</rt></ruby>
944	看 N1	カン	볼 간	看	<ruby>看板<rt>かんばん</rt></ruby>　<ruby>看過<rt>かんか</rt></ruby>　<ruby>看破<rt>かんぱ</rt></ruby>　<ruby>看護<rt>かんご</rt></ruby>　<ruby>看病<rt>かんびょう</rt></ruby>
945	簡 N2	カン	편지 간	簡	<ruby>簡単<rt>かんたん</rt></ruby>　<ruby>簡略<rt>かんりゃく</rt></ruby>　<ruby>簡易<rt>かんい</rt></ruby>　<ruby>簡便<rt>かんべん</rt></ruby>　<ruby>書簡文<rt>しょかんぶん</rt></ruby>

MP3 **051**

936~955

938　天守閣 : 하늘을 지킨다는 뜻에서 성의 꼭대기 층을 일컬으며, 영주의 권위를 상징했다.

939　正座 : 일본에서 정중하고 바르게 앉는 자세란 무릎을 꿇고 앉는 「正座」를 말한다. 우리나라에서처럼 책상다리로 앉는 「胡座(あぐら)」는 버릇없는 자세로 인식되고 있다.

940　割勘 : 「割勘(わりかん)」은 여럿이 음식을 먹은 후에 음식 값을 각자가 부담하는 것을 말하는데, 일본에서는 상대방에게 부담을 주지 않는다는 의미에서 자기가 먹은 것은 자기가 부담하는 것을 당연한 것으로 여겨 보편화되어 있다.

938　天守閣

번호	日本漢字	音読 (カタカナ) 訓読 (ひらがな)	뜻 음 (韓國漢字)	교과서체	主要単語
946	危 N2	キ あぶない あやうい あやぶむ	위태할 위	危	きけん 危険 きき 危機 きがい 危害
947	揮 N1	キ	휘두를 휘	揮	しき 指揮 はっき 発揮
948	拝 N2	ハイ おがむ	절 배 (拜)	拝	さんぱい 参拝 れいはい 礼拝 はいけん 拝見 はいしゃく 拝借
949	疑 N2	ギ うたがう	의심할 의	疑	ぎもん 疑問 しつぎおうとう 質疑応答 ようぎしゃ 容疑者 ぎじ 疑似
950	供 N2	キョウ・ク そなえる・とも	이바지할 공	供	ていきょう 提供 きょうきゅう 供給 じきょう 自供・くもつ 供物・こども 子供
951	胸 N2	キョウ むね・むな	가슴 흉	胸	きょうちゅう 胸中 きょうい 胸囲 きょうぶ 胸部 どきょう 度胸
952	勤 N2	キン・ゴン つとめる つとまる	부지런할 근 (勤)	勤	きんむ 勤務 しゅっきん 出勤 きんろう 勤労 きんべん 勤勉・つとさき 勤め先
953	系 N1	ケイ	이을 계	系	けいれつ 系列 けいとう 系統 たいけい 体系 かけい 家系 ちょっけい 直系
954	穴 N1	ケツ あな	구멍 혈	穴	ぼけつ 墓穴・あなば 穴場 おとあな 落し穴
955	権 N2	ケン・ゴン	권세 권 (權)	権	じんけん 人権 しゅけん 主権 けんり 権利 けんげん 権限・ごんげ 権化

---

950 供物 : 신불(神仏)에게 바치는 공양물

951 度胸 : 배짱
　　　㈜男(おとこ)は度胸(どきょう)、女(おんな)は愛嬌(あいきょう) 남자는 배짱, 여자는 애교

954 穴場 : 널리 알려지지 않은 좋은 곳 (음식점 · 행락지 · 낚시터 등)

955 権化 : 화신　㉠ 美(び)の〜 미의 화신　•悪徳商人(あくとくしょうにん)の〜 악덕상인의 화신

938 供物

번호	日本漢字	音読 (カタカナ) 訓読 (ひらがな)	뜻 음 (韓國漢字)	교과서체	主要単語
956	憲 N1	ケン	법 헌	憲	けんぽう 憲法　ごうけん 合憲　けんしょう 憲章
957	律 N2	リツ・リチ	법 률	律	ほうりつ 法律　きりつ 規律　ふぶんりつ 不文律　いちりつ 一律・りちぎ 律儀
958	庁 N3	チョウ	관청 청 (廳)	庁	かんちょう 官庁　ちょうしゃ 庁舎　けいしちょう 警視庁　とちょう 都庁
959	署 N2	ショ	관청 서 (署)	署	けいさつしょ 警察署　ぜいむしょ 税務署　しょちょう 署長　ぶしょ 部署　しょめい 署名
960	仁 N1	ジン・ニ	어질 인	仁	じんぎ 仁義　じんあい 仁愛　じんしゃ 仁者・におう 仁王
961	孝 N1	コウ	효도 효	孝	こうこう 孝行　おやこうこう 親孝行　ふこう 不孝
962	鋼 N1	コウ はがね	강철 강	鋼	てっこう 鉄鋼　こうざい 鋼材　せいこう 製鋼
963	刻 N2	コク きざむ	새길 각	刻	じこく 時刻　しんこく 深刻　ていこく 定刻・こきざ 小刻み
964	穀 N1	コク	곡식 곡 (穀)	穀	こくもつ 穀物　べいこく 米穀　ざっこく 雑穀
965	済 N2	サイ すむ・すます	건널 제 (濟)	済	けいざい 経済　きゅうさい 救済　へんさい 返済　けっさい 決済・よやくず 予約済み

MP3 052

956~975

♣ 関東 VS 関西

간토(関東)는 동쪽의 도쿄 주변을 일컬으며 간사이(関西)는 서쪽의 오사카와 교토 일대를 일컫는데, 기후·풍토·기질·음식은 물론 언어의 차이도 많으며 라이벌 의식도 유별나다. 두 지역은 예로부터 각기 정치·경제·문화의 중심지로 발달해 왔다. 특히 도쿄(東京)는 정치 도시, 오사카(大阪)는 상업 도시, 이웃해 있는 교토(京都)는 문화 도시로 유명하다.

번호	日本漢字	音読 (カタカナ) 訓読 (ひらがな)	뜻 음 (韓國漢字)	교과서체	主要単語
966	裁 N1	サイ たつ・さばく	마를 재	裁	さいばん 裁判　どくさい 独裁　ていさい 体裁　さいだん 裁断
967	巻 N2	カン まく・まき	책/감을 권 (卷)	巻	じょうかん 上巻　げかん 下巻　かんまつ 巻末　あっかん 圧巻
968	冊 N3	サツ・サク	책 책	冊	べっさつ 別冊　しょうさっし 小冊子　いっさつ 一冊
969	著 N2	チョ あらわす いちじるしい	나타날 저 (著)	著	ちょしゃ 著者　ちょさく 著作　ちょめい 著名　ちょしょ 著書
970	恩 N1	オン	은혜 은	恩	おんじん 恩人　しゃおん 謝恩　おんし 恩師　おんがえし 恩返し
971	券 N2	ケン	문서 권 (券)	券	りょけん 旅券　じょうしゃけん 乗車券　しょうひんけん 商品券　しょうけん 証券　しょっけん 食券
972	承 N2	ショウ うけたまわる	이을/받들 승	承	しょうち 承知　しょうふく 承服　でんしょう 伝承
973	舌 N1	ゼツ した	혀 설	舌	ぜっせん 舌戦　どくぜつ 毒舌　ひつぜつ 筆舌
974	銭 N1	セン ぜに	돈 전 (錢)	銭	きんせん 金銭　せんとう 銭湯・こぜに 小銭
975	退 N2	タイ しりぞく しりぞける	물러날 퇴 (退)	退	たいいん 退院　たいがく 退学　しんたい 進退　たいしょく 退職　じたい 辞退

966 **体裁** : 외관, 겉모양 체면, 남의 이목, 갖추어야 할 형식, 빈말

970 **恩返し** : 은혜를 갚음, 보은

971 **旅券** : 일본 여권의 겉표지에는 천황가의 상징인 국화 문양이 들어 있다.

972 **承知** : (형편을) 알고 있음, 승낙함, 용서함

974 **銭湯** : 돈을 내고 들어가는 목욕탕이라는 뜻에서 '돈 전(錢)'자가 들어가 있으며, 목욕료는 300円 정도로 다른 물가에 비해서는 값이 싼 편이다.

번호	日本漢字	音読 (カタカナ) 訓読 (ひらがな)	뜻 음 (韓國漢字)	교과서체	主要単語
976	詞 N3	シ	말 사	詞	歌詞 作詞 品詞 動詞
977	机 N3	キ つくえ	책상 궤	机	勉強机 事務机 作業机
978	視 N1	シ	볼 시 (視)	視	視察 重視 無視 視野 視点
979	磁 N1	ジ	자석 자	磁	磁石 磁針 磁器
980	針 N3	シン はり	바늘 침	針	方針 指針 秒針・針金
981	捨 N2	シャ すてる	버릴 사	捨	喜捨 四捨五入・呼び捨て
982	尺 N1	シャク	자 척	尺	尺度 一尺
983	樹 N1	ジュ	나무 수	樹	樹立 樹木 果樹園 街路樹
984	就 N1	シュウ・ジュ つく・つける	이룰/나갈 취	就	就職 就任 就業 去就・成就
985	衆 N1	シュウ・シュ	무리 중 (衆)	衆	民衆 公衆 群衆 観衆・衆生

MP3 053

976~995

981　呼び捨て : 경칭을 붙이지 않고 부름(존칭 생략), 성이나 이름만 부름

982　一尺 : 길이의 단위로 약 30.3cm이다.

989　傷口 : ① 상처, 흠집, 생채기 ② 과거의 허물

번호	日本漢字	音読 (カタカナ) 訓読 (ひらがな)	뜻 음 (韓國漢字)	교과서체	主要単語
986	従 N1	ジュウ・ショウ ジュ したがう したがえる	따를 종 (從)	従	じゅうぎょういん 従業員　じゅうじ 従事　じゅうらい 従来　ふくじゅう 服従・しょうよう 従容
987	熟 N1	ジュク うれる	익을 숙	熟	じゅくご 熟語　じゅくれん 熟練　せいじゅく 成熟　えんじゅく 円熟　みじゅく 未熟
988	除 N2	ジョ・ジ のぞく	덜 제	除	じょがい 除外　じょきょ 除去　じょめい 除名　かいじょ 解除・そうじ 掃除
989	傷 N1	ショウ きず・いたむ いためる	상처 상	傷	ふしょう 負傷　しょうがい 傷害　じゅうしょう 重傷　ししょうしゃ 死傷者・きずぐち 傷口
990	障 N1	ショウ さわる	막힐 장	障	こしょう 故障　ほしょう 保障　ししょう 支障　しょうがい 障害　しょうじ 障子・めざわ 目障り
991	敵 N1	テキ かたき	대적할 적	敵	てきしゅ 敵手　てきい 敵意　しゅくてき 宿敵　むてき 無敵　てきち 敵地
992	蒸 N2	ジョウ むれる・むらす むす	찔 증	蒸	じょうき 蒸気　じょうはつ 蒸発　すいじょうき 水蒸気
993	垂 N1	スイ たれる・たらす	드리울 수	垂	すいちょく 垂直・たまく 垂れ幕
994	推 N1	スイ おす	밀 추	推	すいしん 推進　すいそく 推測　すいり 推理　すいい 推移　すいてい 推定
995	専 N2	セン もっぱら	오로지 전 (專)	専	せんもん 専門　せんよう 専用　せんぞく 専属　せんねん 専念　せんにん 専任

990　**目障り** : ① 방해물 ② 눈에 거슬림

993　**垂れ幕** : 위에서 아래로 늘어뜨린 현수막, 플래카드
　　　　　　☞ 가로로 거는 현수막은 「横断幕(おうだんまく)」라고 한다.

번호	日本漢字	音読 (カタカナ) 訓読 (ひらがな)	뜻 음 (韓國漢字)	교과서체	主要単語
996	宣 N1	セン	베풀 선	宣	せんげん 宣言　せんでん 宣伝　せんきょう 宣教　せんこく 宣告
997	染 N1	セン そめる・そまる しみる・しみ	물들일 염	染	せんしょく 染色　せんりょう 染料　かんせん 感染　でんせんびょう 伝染病
998	洗 N3	セン あらう	씻을 세	洗	せんめん 洗面　せんれん 洗練　せんれい 洗礼　せんがん 洗顔・て あら お手洗い
999	奏 N1	ソウ かなでる	아뢸 주	奏	えんそう 演奏　がっそう 合奏　どくそう 独奏　そうこう 奏効
1000	層 N2	ソウ	층 층 (層)	層	かいそう 階層　こうそう 高層　だんそう 断層　ちそう 地層　ちゅうかんそう 中間層
1001	窓 N2	ソウ まど	창 창	窓	どうそうかい 同窓会　しゃそう 車窓・まどぐち 窓口　まどぎわぞく 窓際族
1002	暖 N2	ダン あたたか あたたかい あたためる あたたまる	따뜻할 난	暖	おんだん 温暖　だんりゅう 暖流
1003	頂 N2	チョウ いただく いただき	정수리 정	頂	ちょうじょう 頂上　ちょうてん 頂点　ぜっちょう 絶頂　さんちょう 山頂　うちょうてん 有頂天
1004	己 N1	コ・キ おのれ	자기 기	己	じこ 自己　りこしゅぎ 利己主義・ちき 知己

MP3 054

996~1014

997　染 : 한국어 발음이 '염'이라서 「えん」으로 발음하기 쉬우니 주의할 것!

1001　窓際族 : (회사 등에서) 한직으로 밀려난 나이 많은 사원을 뜻한다. 외국어・컴퓨터・전문
기술 등에서 젊은 사원에게 뒤쳐져 일을 맡길 수도 없고 그렇다고 마구 해고를
시킬 수도 없는 경우, 그 사람을 다른 사람의 일에 방해되지 않도록 자리를
창가(窓際)에 배치한데서 연유한 조직 사회의 유행어다.

1002　暖 : 한국어 발음 '난'을 연상하여 「なん」으로 발음하지 않도록!

1003　有頂天 : 기쁨의 절정, 너무 기뻐서 어쩔 줄을 모름

お手洗い
RESTROOM

998　お手洗い

번호	日本漢字	音読 (カタカナ) 訓読 (ひらがな)	뜻 음 (韓國漢字)	교과서체	主要単語
1005	担 N2	タン かつぐ・になう	멜 담 (擔)	担	たんとう 担当　たんにん 担任　ふ たん 負担　ぶんたん 分担　たん ぼ 担保
1006	届 N2	とどく・とどける	이를 계 (屆)	届	けっせきとどけ 欠席届　しゅっしょうとどけ 出生届　とど さき 届け先
1007	班 N1	ハン	나눌 반	班	かくはん 各班　はんちょう 班長　きゅう ご はん 救護班　り か はん 理科班
1008	党 N2	トウ	무리 당 (黨)	党	せいとう 政党　や とう 野党　とうしゅ 党首　あくとう 悪党　と とう 徒党
1009	納 N1	ノウ・ナッ・ナ ナン・トウ おさめる おさまる	들일 납 (納)	納	のうひん 納品　のう き 納期　のうぜい なっとく 納税・納得　なっとう すいとう 納豆・出納
1010	蔵 N2	ゾウ くら	곳집 장 (藏)	蔵	ちょぞう 貯蔵　ぞうしょ 蔵書　しょぞうひん 所蔵品　れいぞう こ 冷蔵庫
1011	枚 N3	マイ	낱 매	枚	まいすう 枚数　いちまい 一枚
1012	並 N3	ヘイ なみ・ならべる ならぶ・ならびに	나란할 병 (竝)	並	へいこう 並行　へいれつ なみ き 並列・並木　ひとな 人並み
1013	片 N2	ヘン かた	조각 편	片	は へん 破片　だんぺん かたみち 断片・片道　かたおも 片思い
1014	暮 N2	ボ くれる・くらす	저물 모	暮	ぼ しゅう ひ ぐ 暮秋・日暮れ　ゆうぐ 夕暮れ　とし く 年の暮れ

1009　納豆 : 낫토, 메주콩을 발효시킨 반찬　☞ 関東 지방에서는 많은 사람들이 즐기는 음식이지만, 関西 지방에서는 싫어하는 사람이 많다.

1012　並木 : 가로수

　　　人並み : 남들만큼, 남이 하는 정도

1009　納豆

번호	日本 漢字	音読 (カタカナ) 訓読 (ひらがな)	뜻 음 (韓國漢字)	교과서체	主要単語
1015	宝 N3	ホウ たから	보배 보 (寶)	宝	ほうせき こくほう か ほう ほうこ ちょうほう たからもの 宝石　国宝　家宝　宝庫　重宝・宝物
1016	盟 N1	メイ	맹세할 맹	盟	どうめい か めい れんめい めいゆう めいしゅ 同盟　加盟　連盟　盟友　盟主
1017	模 N1	モ・ボ	법 모	模	も よう も けい も ぞうひん き ぼ 模様　模型　模造品・規模
1018	幼 N2	ヨウ おさない	어릴 유	幼	よう じ ようねん ようちゅう おさなともだち 幼児　幼年　幼虫・幼友達
1019	乳 N2	ニュウ ちち・ち	젖 유	乳	にゅう じ ぎゅうにゅう ぼ にゅう にゅうせいひん う ば 乳児　牛乳　母乳　乳製品・乳母
1020	卵 N3	ラン たまご	알 란	卵	らんおう らんぱく さんらん なまたまご たまご や 卵黄　卵白　産卵・生卵　卵焼き
1021	欲 N2	ヨク ほっする・ほしい	욕심낼 욕	欲	よくぼう よっきゅう い よく きんよく む よく しょくよく 欲望　欲求　意欲　禁欲　無欲　食欲
1022	絹 N1	ケン きぬ	비단 견	絹	けん し じんけん きぬおりもの 絹糸　人絹・絹織物
1023	蚕 N1	サン かいこ	누에 잠 (蠶)	蚕	さん し さんぎょう さんしつ 蚕糸　蚕業　蚕室
1024	朗 N1	ロウ ほがらか	밝을 랑	朗	めいろう ろうほう ろうどく 明朗　朗報　朗読

MP3 055

1015~1026

1015　重宝 : ① 소중히 여김, 아낌 ② 쓸모가 있어 편리함, 편리하여 유용함

1025　土俵 : 일본 씨름 「相撲(すもう)」의 씨름판으로 직경 4.55m (한국의 씨름판은 9m)

번호	日本漢字	音読 (カタカナ)訓読 (ひらがな)	뜻 음(韓國漢字)	교과서체	主要単語
1025	俵 N1	ヒョウたわら	흩을 표	俵	土俵 一俵・米俵
1026	預 N2	ヨあずけるあずかる	미리 예	預	預金

♣ 우리나라의 '개'와 일본의 '고양이'는 언어생활 속의 감초

일본어에는 개를 소재로 한 숙어가 거의 없고, 그 대신에 고양이를 인용한 숙어가 발달했다. 똑같은 의미의 말이라도 한국어에서는 개를 인용하는 데에 비해, 일본어에서는 고양이를 인용한다. 예를 들면, '어중이떠중이가 다 모였다'는 표현을 한국어로는 '개나 걸이나'로, 일본어에서는 고양이를 끌어 들여 「猫も杓子も」라고 말한다. 또한 '분수에 어울리지 않는 과분한 호사스러움'을 비유하는 속담에서도 우리나라에서는 '개 발에 편자'라고 말하는데, 일본어에서는 「猫に小判」 즉, '고양이에게 금화'라고 표현한다.

한국어에서는 '개판 5분 전 / 개차반 / 오뉴월에 개 패듯 / 개똥도 약에⋯ / 개 눈에는 똥만⋯ / 개같이 벌어서 정승같이⋯ / 개만도 못한 놈 / 개도 주인을 알아보는데⋯ / 개밥에 도토리 / 개나발 / 개망신 / 개구멍 / 개망나니 / 개떡같다' 등 개에 관한 숙어가 열거할 수 없을 정도로 많을 뿐만 아니라, 아무런 부담 없이 친숙하게 쓰고 있을 뿐만 아니라 '개'가 들어가지 않으면, 말에 감칠맛이 없을 정도다. 반면, 일본어에는 개 대신 고양이를 인용한 숙어가 발달했다. 예를 들면, 「猫舌 뜨거운 것을 못 먹는 사람 / 猫要らず 쥐약 / 猫の額 아주 좁음 / 猫を被る 내숭 떨다 / 猫可愛がり 맹목적으로 귀여워 함 / 猫背 새우등 / 猫糞 시치미를 뗌 / 猫の手も借りたい 매우 바쁘다」 등 부지기수로 많다.

인간의 언어생활 가운데는 친근한 동물을 소재로 한 숙어가 많기 마련인데, 이처럼 한일 양국 간에는 대조적인 차이가 있다. 의식주 문화와 더불어 언어문화도 역사적인 배경과 무관치 않은 것 같다. 일본에서는 에도시대 초기에 통치자인 쇼군의 명령으로 1685년부터 1709년까지 25년 동안이나 개의 목숨을 사람의 목숨보다 소중히 여기고 극진히 보호했다. 개를 죽이거나 학대한 사람을 사형시키거나 엄벌을 내려 사람들을 공포에 떨게 했다. 그래서 개는 두려운 존재로 가까이 하지 못하는 대신 고양이를 귀여워하게 되었다고 한다. 위의 역사적 배경으로 일상 언어생활에서 감히(?) 개를 쓸 수 없었던 것이다.

교육한자 이외의 상용한자

1110자

2010년 11월 일본 문부과학성이 발표한 '신 상용한자'에서 제시한
전체 상용한자 2136자 중에서 교육한자 1026자를 제외한
상용한자 1110자를 정리하였다.

주요 상용한자 (908자)

추가 상용한자 (185자)

잘 사용되지 않는 상용한자 (17자)

+

표외자 (53자)

상용한자는 아니지만 자주 쓰는 한자 53자를 정리하였다.

주요 상용한자

번호	日本漢字	音読 (カタカナ) 訓読 (ひらがな)	뜻 음 (韓國漢字)	교과서체	主要単語
1027	亜 N1	ア	버금 아 (亞)	亜	亜細亜(アジア)　亜熱帯(あねったい)　亜流(ありゅう)
1028	哀 N1	アイ あわれ あわれむ	슬플 애	哀	悲哀(ひあい)　喜怒哀楽(きどあいらく)　哀愁(あいしゅう)　哀願(あいがん)
1029	握 N1	アク にぎる	잡을 악	握	握手(あくしゅ)　掌握(しょうあく)・お握り(おにぎり)　握り飯(にぎりめし)
1030	扱 N1	あつかう	미칠 급	扱	取扱い(とりあつかい)　客扱い(きゃくあつかい)　子供扱い(こどもあつかい)
1031	依 N2	イ・エ	의지할 의	依	依存(いそん)　依頼(いらい)　依然(いぜん)・帰依(きえ)
1032	威 N1	イ	위엄 위	威	威力(いりょく)　威圧(いあつ)　威厳(いげん)　示威(じい)
1033	為 N1	イ	할 위 (為)	為	行為(こうい)　無為(むい)　人為(じんい)　為政者(いせいしゃ)

MP3 056

1027~1043

1029　お握り : 예로부터 내전이 많았던 일본에서는 전쟁 식품으로 주먹밥이 발달했다. 주먹밥은 쌀밥에 소금 또는 간장과 식초를 버무려서 손쉽게 만들 수 있었기 때문에 간편한 전투 식품으로 적당했다. 또한 소금과 식초 등이 천연 방부제 역할을 하여 오랫동안 보존할 수 있기 때문에 습기가 많은 일본의 기후와 풍토에 맞아 오늘날에도 전통적인 음식으로 사랑받고 있다.

1029　お握り

번호	日本漢字	音読 (カタカナ) 訓読 (ひらがな)	뜻 음 (韓國漢字)	교과서체	主要単語
1034	尉 N1	イ	벼슬 위	尉	大尉（たいい）　中尉（ちゅうい）　尉官（いかん）
1035	偉 -	イ えらい	위대할 위	偉	偉人（いじん）　偉大（いだい）　偉容（いよう）　偉業（いぎょう）・お偉方（えらがた）
1036	違 N3	イ ちがう ちがえる	어길/다를 위 (違)	違	違反（いはん）　違法（いほう）　違和感（いわかん）　相違（そうい）・大間違い（おおまちがい）
1037	維 N1	イ	맬 유	維	維持（いじ）　維新（いしん）
1038	慰 N1	イ なぐさめる なぐさむ	위로할 위	慰	慰労（いろう）　慰問（いもん）　慰安（いあん）
1039	緯 N1	イ	씨줄 위	緯	緯度（いど）　経緯（けいい）　北緯（ほくい）
1040	壱 N1	イチ	한 일 (壹)	壱	壱万円（いちまんえん）
1041	逸 N1	イツ	편안할 일 (逸)	逸	逸話（いつわ）　逸脱（いつだつ）　逸品（いっぴん）
1042	芋 N1	いも	토란 우	芋	ジャガ芋（いも）　焼き芋（やきいも）
1043	姻 N1	イン	혼인 인	姻	婚姻（こんいん）

1036 　相違 : 이력서를 작성할 때 다 쓰고 나서, 맨 끝에 위의 사항은 사실과 '다름이 없다'는 뜻으로 「相違ありません」으로 쓴다. 「相異」라고 잘못 쓰기 쉬우니 조심할 것!

1042 　ジャガ芋 : 인도네시아의 자카르타에서 전래되었기 때문에 이러한 명칭이 붙여졌으며, '고구마'는 「さつまいも」라고 한다. 한편 '호박'은 캄보디아에서 전래되어 「カボチャ」라고 한다. 단어 중에서도 외래어는 カタカナ로 표기한다.

번호	日本漢字	音読 (カタカナ) 訓読 (ひらがな)	뜻 음 (韓國漢字)	교과서체	主要単語
1044	陰 N1	イン かげ・かげる	그늘 음	陰	いんぼう 陰謀　いんよう 陰陽　いんせい 陰性・かげさま お陰様　こ かげ 木陰
1045	隠 N1	イン かくす かくれる	숨을 은 (隱)	隠	いんたい 隠退　いんきょ 隠居　いんご 隠語・かく げい 隠し芸
1046	韻 N1	イン	운 운	韻	いんりつ 韻律　よ いん 余韻　いんぶん 韻文
1047	影 N1	エイ かげ	그림자 영	影	えいきょう 影響　いんえい 陰影・ひとかげ 人影　おもかげ 面影　かげ むしゃ 影武者
1048	詠 N1	エイ よむ	읊을 영	詠	えいたん 詠嘆　えいか 詠歌
1049	鋭 N2	エイ するどい	날카로울 에 (銳)	鋭	えいり 鋭利　えいびん 鋭敏　せいえい 精鋭　しんえい 新鋭
1050	疫 N1	エキ・ヤク	병들 역	疫	めんえき 免疫　けんえき 検疫　ぼうえき 防疫・やくびょうがみ 疫病神
1051	悦 N1	エツ	기쁠 열 (悅)	悦	えつらく 悦楽　きえつ 喜悦
1052	越 N3	エツ こす・こえる	넘을 월	越	ちょうえつ 超越　えっきょう 越境　えっけん 越権・としこ 年越し　ひ こ 引っ越し
1053	謁 N1	エツ	아뢸 알 (謁)	謁	えっけん 謁見　はいえつ 拝謁

MP3 **057**

1044~1062

1045　隠退 : 속세를 등지고 숨어 사는 것을 말하며, 현역에서 은퇴하는 경우에는 「引退(いんたい)」라고 한자를 구분해서 쓴다.

1047　影武者 : (적을 속이거나 유사시에 대비하기 위해) 대장으로 가장해 놓은 무사를 뜻하는데, 다른 의미로는 배후 조종자나 막후 실력자를 지칭하는 뜻으로 쓰인다.

　　　面影 : (옛날의) 모습, 흔적, (닮은) 얼굴 모습, 용모

번호	日本漢字	音読(カタカナ) 訓読(ひらがな)	뜻 음 (韓國漢字)	교과서체	主要単語
1054	閲 N1	エツ	볼 열 (閱)	閲	えつらん 閲覧　こうえつ 校閲　けんえつ 検閲
1055	炎 N1	エン ほのお	불꽃 염	炎	はいえん 肺炎　かえん 火炎　えんじょう 炎上・こい 恋の炎
1056	宴 N1	エン	잔치 연	宴	えんかい 宴会　えんせき 宴席　しゅえん 酒宴　しゅくえん 祝宴
1057	援 N1	エン	도울 원	援	えんじょ 援助　しえん 支援　おうえん 応援　こうえん 後援　せいえん 声援
1058	煙 N3	エン けむり けむい・けむる	연기 연	煙	えんとつ 煙突　えんまく 煙幕　きんえん 禁煙　えん ばい煙
1059	猿 N1	エン さる	원숭이 원	猿	えんじん 猿人　けんえん　なか 犬猿の仲・さるぢえ 猿知恵
1060	鉛 N1	エン なまり	납 연 (鉛)	鉛	えんぴつ 鉛筆　あえん 亜鉛・なまりいろ 鉛色
1061	縁 N1	エン ふち	인연 연 (緣)	縁	えんぎ 縁起　えんだん 縁談　えんがわ 縁側・いんねん 因縁・がくぶち 額縁
1062	汚 N2	オ けがす・けがれる けがらわしい よごす・よごれる きたない	더러울 오	汚	おせん 汚染　おしょく 汚職　おすい 汚水　おてん 汚点　おめい 汚名

1059 ㊙ 猿(さる)も木(き)から落(お)ちる。
원숭이도 나무에서 떨어진다. 원래 잘하던 사람도 실수할 때가 있다.

1061 縁起 : 운수 또는 재수를 뜻하는 말인데, 불교 문화의 영향을 많이 받은 탓인지 일본에서는
의외로 길흉을 따지는 경우가 많다. 재수나 복을 비는 물건을 「縁起物(えんぎもの)」라고
한다.

1059 猿

1062 汚職 : 업무상 부정을 저질러 '직책을 더럽혔다'는 뜻이다. 우리나라에서는 '독직(瀆職)'이라고 표현한다.

번호	日本漢字	音読 (カタカナ) 訓読 (ひらがな)	뜻 음 (韓國漢字)	교과서체	主要単語
1063	凹 N1	オウ	오목할 요	凹	<ruby>凹凸<rt>おうとつ</rt></ruby> <ruby>凹版<rt>おうはん</rt></ruby> <ruby>凹<rt>おう</rt></ruby>レンズ
1064	押 N3	オウ おす・おさえる	밀 압	押	<ruby>押収<rt>おうしゅう</rt></ruby> <ruby>押印<rt>おういん</rt></ruby>・<ruby>押<rt>お</rt></ruby>し<ruby>売<rt>う</rt></ruby>り <ruby>押<rt>お</rt></ruby>し<ruby>入<rt>い</rt></ruby>れ
1065	欧 N2	オウ	토할 구 (歐)	欧	<ruby>欧米<rt>おうべい</rt></ruby> <ruby>欧州<rt>おうしゅう</rt></ruby> <ruby>西欧<rt>せいおう</rt></ruby> <ruby>欧文<rt>おうぶん</rt></ruby>
1066	殴 N1	オウ なぐる	때릴 구 (毆)	殴	<ruby>殴打<rt>おうだ</rt></ruby>・<ruby>殴<rt>なぐ</rt></ruby>り<ruby>合<rt>あ</rt></ruby>い
1067	奥 N2	オウ おく	속 오 (奧)	奥	<ruby>深奥<rt>しんおう</rt></ruby>・<ruby>奥様<rt>おくさま</rt></ruby> <ruby>奥歯<rt>おくば</rt></ruby> <ruby>奥地<rt>おくち</rt></ruby> <ruby>奥行<rt>おくゆ</rt></ruby>き
1068	憶 N1	オク	생각할 억	憶	<ruby>記憶<rt>きおく</rt></ruby> <ruby>追憶<rt>ついおく</rt></ruby> <ruby>憶測<rt>おくそく</rt></ruby>
1069	乙 N1	オツ おと	새 을	乙	<ruby>甲乙<rt>こうおつ</rt></ruby>・<ruby>乙女<rt>おとめ</rt></ruby>
1070	卸 N1	おろし・おろす	짐부릴/풀 사	卸	<ruby>卸屋<rt>おろしや</rt></ruby> <ruby>卸売<rt>おろしう</rt></ruby>り <ruby>棚卸<rt>たなおろ</rt></ruby>し
1071	穏 N1	オン おだやか	온화할 온 (穩)	穏	<ruby>平穏<rt>へいおん</rt></ruby> <ruby>穏和<rt>おんわ</rt></ruby> <ruby>穏当<rt>おんとう</rt></ruby>・<ruby>安穏<rt>あんのん</rt></ruby>
1072	佳 N1	カ	아름다울 가	佳	<ruby>佳境<rt>かきょう</rt></ruby> <ruby>佳作<rt>かさく</rt></ruby>

1065 欧米 : 1800년대 중엽 일본인이 유럽을 뜻하는 한자 명칭을 붙이는 과정에서 당시에는 유럽을 극도로 싫어하는 소위 '양이사상(攘夷思想)'이 팽배했기 때문에 '역겹다'고 해서 '토할 구(欧)'자를 붙였다.
참 ・프랑스 (仏蘭西) ・독일 (独逸) ・네덜란드 (和蘭) ・스페인 (西班牙)

번호	日本漢字	音読 (カタカナ) 訓読 (ひらがな)	뜻 음 (韓國漢字)	교과서체	主要単語
1073	架 N1	カ かける・かかる	걸칠 가	架	架設_{かせつ} 架空_{かくう} 書架_{しょか} 担架_{たんか}・架け橋_{かはし}
1074	華 N1	カ・ケ はな	화려할 화	華	華麗_{かれい} 栄華_{えいが} 中華料理_{ちゅうかりょうり}・散華_{さんげ}
1075	菓 N2	カ	과자 과	菓	菓子_{かし} 製菓_{せいか} 和菓子_{わがし} 茶菓_{ちゃか}
1076	渦 N1	カ うず	소용돌이 와	渦	渦中_{かちゅう}・渦巻き_{うずまき}
1077	嫁 N1	カ よめ・とつぐ	시집갈 가	嫁	転嫁_{てんか}・嫁入り_{よめいり} 花嫁_{はなよめ}・嫁ぎ先_{とつさき}・許嫁_{いいなずけ}
1078	暇 N1	カ ひま	한가할 가	暇	休暇_{きゅうか} 余暇_{よか}
1079	禍 N1	カ	재화 화 (禍)	禍	輪禍_{りんか} 惨禍_{さんか} 災禍_{さいか} 禍福_{かふく}
1080	靴 N3	カ くつ	구두 화	靴	軍靴_{ぐんか} 製靴_{せいか}・運動靴_{うんどうぐつ} 長靴_{ながぐつ} 靴下_{くつした}
1081	寡 N1	カ	적을 과	寡	寡占_{かせん} 寡聞_{かぶん} 寡黙_{かもく} 寡婦_{かふ}
1082	箇 N1	カ	낱 개	箇	箇条書_{かじょうがき} 箇所_{かしょ}

1077 花嫁 : (결혼식의) 새색시, 신부

1080 運動靴 : 발음에 주의! ☞ うんどうか (×)

1077 花嫁

번호	日本漢字	音読 (カタカナ)訓読 (ひらがな)	뜻 음(韓國漢字)	교과서체	主要単語
1083	稼 N1	カ かせぐ	심을 가	稼	稼働(かどう)・出稼ぎ(でかせぎ) 共稼ぎ(ともかせぎ)
1084	蚊 N1	か	모기 문	蚊	蚊屋(かや)(蚊帳(かや)) 蚊取り線香(かとりせんこう)
1085	雅 N1	ガ	아담할 아	雅	優雅(ゆうが) 雅趣(がしゅ) 雅量(がりょう)
1086	餓 N1	ガ	굶주릴 아(餓)	餓	餓死(がし) 餓鬼(がき)
1087	介 N2	カイ	끼일 개	介	介入(かいにゅう) 介在(かいざい) 仲介(ちゅうかい) 一介(いっかい) 介護保険(かいごほけん)
1088	戒 N1	カイ いましめる	경계할 계	戒	警戒(けいかい) 戒律(かいりつ) 戒告(かいこく) 破戒(はかい)
1089	怪 N1	カイ あやしい あやしむ	괴이할 괴	怪	怪物(かいぶつ) 怪力(かいりき) 怪奇(かいき) 怪談(かいだん)・怪我(けが)
1090	拐 N1	カイ	유인할 괴	拐	誘拐(ゆうかい)
1091	悔 N1	カイ くいる・くやむ くやしい	뉘우칠 회(悔)	悔	後悔(こうかい) 悔恨(かいこん)
1092	皆 N3	カイ みな	모두 개	皆	皆無(かいむ) 皆勤(かいきん)・皆様(みなさま) 皆殺し(みなごろし)

1083 共稼ぎ : 맞벌이 [동] 共働(ともばたら)き [예] ～の夫婦(ふうふ) 맞벌이 부부

1087 介護 : 재택 환자에 대한 병구완 · 방문 진료 현대 일본 사회의 중요한 키워드로 회자되고 있으니 꼭 기억해 두기 바란다. 고령화 사회와 더불어 관절염 · 뇌졸증 · 치매 등의 노인성 질병 환자가 급증함에 따라 사회 복지 문제로 대두되어 2000년부터 「介護保険(かいごほけん)」을 적용하고 있다.

1084 蚊取り線香

번호	日本 漢字	音読 (カタカナ) 訓読 (ひらがな)	뜻 음 (韓國漢字)	교과서체	主要単語
1093	塊 N1	カイ かたまり	덩어리 괴	塊	<ruby>金塊<rt>きんかい</rt></ruby> <ruby>団塊<rt>だんかい</rt></ruby>の<ruby>世代<rt>せだい</rt></ruby>
1094	壊 N1	カイ こわす・こわれる	무너질 괴 (壞)	壊	<ruby>破壊<rt>はかい</rt></ruby> <ruby>崩壊<rt>ほうかい</rt></ruby> <ruby>壊滅<rt>かいめつ</rt></ruby>
1095	懐 N1	カイ ふところ なつかしい なつかしむ なつく・なつける	품을 회 (懷)	懐	<ruby>懐疑<rt>かいぎ</rt></ruby> <ruby>述懐<rt>じゅっかい</rt></ruby> <ruby>懐古<rt>かいこ</rt></ruby> <ruby>懐妊<rt>かいにん</rt></ruby>・<ruby>懐手<rt>ふところで</rt></ruby>
1096	劾 N1	ガイ	캐물을 핵	劾	<ruby>弾劾<rt>だんがい</rt></ruby>
1097	涯 N1	ガイ	물가 애	涯	<ruby>生涯<rt>しょうがい</rt></ruby> <ruby>天涯<rt>てんがい</rt></ruby>
1098	慨 N1	ガイ	슬퍼할 개 (慨)	慨	<ruby>感慨<rt>かんがい</rt></ruby> <ruby>憤慨<rt>ふんがい</rt></ruby> <ruby>慨嘆<rt>がいたん</rt></ruby>
1099	概 N1	ガイ	대개 개 (概)	概	<ruby>概要<rt>がいよう</rt></ruby> <ruby>概論<rt>がいろん</rt></ruby> <ruby>概略<rt>がいりゃく</rt></ruby> <ruby>概念<rt>がいねん</rt></ruby> <ruby>一概<rt>いちがい</rt></ruby>に
1100	該 N1	ガイ	그 해	該	<ruby>該当<rt>がいとう</rt></ruby> <ruby>該博<rt>がいはく</rt></ruby> <ruby>当該<rt>とうがい</rt></ruby>
1101	垣 N1	かき	담 원	垣	<ruby>垣根<rt>かきね</rt></ruby> <ruby>人垣<rt>ひとがき</rt></ruby> <ruby>石垣<rt>いしがき</rt></ruby>

1093 団塊の世代 : 베이비붐 시대에 태어난 불운의 세대. 1945년 태평양 전쟁이 끝나고 해외에서 수백만 명이 귀국하면서 가족이 재회하고 정상적인 가정 생활을 하게 되었다. 그 결과 약 5년 동안 베이비붐(Baby Boom) 속에서 많은 신생아들이 태어났다. 그 후 출산의 열기가 식어 이들 세대에 한하여 일시적으로 집중적이고 기형적인 인구 분포를 초래했다. 그래서 이들 세대를 일컬어 '덩어리졌다(塊)'는 의미에서 「団塊の世代」라고 한다. 이들은 입시·취업·승진 등에서 같은 세대끼리의 경쟁이 치열하기 때문에 '불운의 세대'라고도 한다. 한편 「団塊の世代」의 결혼 시기인 1971~74년에는 일본의 고도성장기와 맞물려 또 한 차례 베이비붐이 일어났는데, 이 시기에 태어난 2세들을 일컬어 「団塊ジュニア」라고 한다. 이들 역시 아버지들의 세대와 흡사한 환경을 맞이하고 있다.

번호	日本 漢字	音読(カタカナ) 訓読(ひらがな)	뜻 음 (韓國漢字)	교과서체	主要単語
1102	核 N1	カク	씨 핵	核	核心 各家族 核兵器 結核
1103	殻 N1	カク から	껍질 각 (殼)	殻	甲殻類 地殻・貝殻 吸い殻
1104	郭 N1	カク	외성 곽	郭	輪郭 城郭 外郭
1105	較 N1	カク	비교할 교	較	比較
1106	隔 N1	カク へだたる へだてる	사이뜰 격	隔	間隔 遠隔 隔離 隔週 隔日
1107	獲 N1	カク える	얻을 획	獲	獲得 捕獲 漁獲高・獲物
1108	穫 N1	カク	거둘 확	穫	収穫
1109	岳 N1	ガク たけ	큰산 악	岳	山岳・岳
1110	掛 N3	かかり・かける かかる	걸 괘	掛	売掛け 手掛り
1111	括 N1	カツ	묶을/쌀 괄	括	一括 総括 統括 包括

MP3 060

1102~1120

1103 吸い殻 : 담배꽁초, 담뱃재 (보통 「かな」로 표기한다.)
ⓧ 吸い殻は灰皿(はいざら)に! 담배꽁초는 재떨이에!

1104 輪郭 : 한국 한자는 「郭」을 「廓」으로 쓰는데, 일본에서는 상용 한자로 대체해서 쓰고 있다. 마찬가지로 한국 한자의 「城廓・外廓」을 「城郭・外郭」으로 쓴다.

1103 吸い殻

번호	日本漢字	音読 (カタカナ) 訓読 (ひらがな)	뜻 음 (韓國漢字)	교과서체	主要単語
1112	喝 N1	カツ	꾸짖을 갈 (喝)	喝	一喝(いっかつ)　喝破(かっぱ)　恐喝(きょうかつ)
1113	渇 N1	カツ かわく	목마를 갈 (渴)	渇	渇望(かつぼう)　渇水(かっすい)　枯渇(こかつ)
1114	褐 N1	カツ	베옷 갈 (褐)	褐	褐色(かっしょく)　茶褐色(ちゃかっしょく)
1115	滑 N1	カツ すべる・なめらか	미끄러울 활	滑	円滑(えんかつ)　潤滑油(じゅんかつゆ)　滑走路(かっそうろ)　滑降(かっこう)
1116	轄 N1	カツ	다스릴 할	轄	管轄(かんかつ)　直轄(ちょっかつ)　総轄(そうかつ)　統轄(とうかつ)
1117	刈 N1	かる	벨 예	刈	草刈(くさか)り　丸刈(まるが)り
1118	甘 N2	カン あまい・あまえる あまやかす	달 감	甘	甘受(かんじゅ)　甘味(かんみ)　甘言(かんげん)・甘酒(あまざけ)　甘口(あまくち)
1119	汗 N2	カン あせ	땀 한	汗	発刊(はっかん)・冷汗(ひやあせ)
1120	缶 N2	カン	두레박 관 (罐)	缶	空(あ)き缶(かん)　ドラム缶(かん)　缶切(かんきり)

1109　～岳 : 우리나라에서 높은 산을 '향로봉 · 대청봉 …'이라고 하는 것처럼 높고 큰 산을 일컫는 말이다.

1110　売掛け : 외상으로 파는 것 반 買掛(かいか)け 외상으로 사는 것

번호	日本漢字	音読 (カタカナ) 訓読 (ひらがな)	뜻 음 (韓國漢字)	교과서체	主要単語
1121	肝 N1	カン きも	간 간	肝	肝心 肝要 肝臓 肝胆・肝試し
1122	冠 N1	カン かんむり	갓 관	冠	王冠 弱冠 冠婚葬祭 冠省
1123	陥 N1	カン おちいる おとしいれる	빠질 함 (陷)	陥	欠陥 陥没 陥落
1124	乾 N2	カン かわく かわかす	마를/하늘 건	乾	乾燥 乾電池 乾物
1125	勘 N1	カン	헤아릴 감	勘	勘定 割り勘 勘弁 勘案 勘違い
1126	堪 N1	カン・タン たえる	견딜 감	堪	堪忍 堪忍袋・堪能
1127	患 N2	カン わずらう	근심 환	患	患者 患部 急患 外患
1128	貫 N1	カン つらぬく	꿸 관	貫	貫通 貫徹 一貫 尺貫法
1129	喚 N1	カン	부를 환	喚	喚問 喚起 喚声
1130	換 N2	カン かえる・かわる	바꿀 환	換	交換 転換 換気 換算・乗り換え

1122 冠 : 원래 머리에 쓰는 '갓' 즉 '모자'를 말한다. 그래서 「京・冗・家・草」와 같이 한자 변이 머리 위에 있다 하여 '갓머리 변'이라 하고, 일본에서는 「かんむり변」이라고 한다.

번호	日本漢字	音読 (カタカナ) 訓読 (ひらがな)	뜻 음 (韓國漢字)	교과서체	主要単語
1131	敢 N2	カン	감히 감	敢	勇敢 (ゆうかん) 果敢 (かかん) 敢闘 (かんとう) 敢行 (かんこう)
1132	棺 N1	カン	널 관	棺	石棺 (せっかん) 納棺 (のうかん)
1133	款 N1	カン	정성 관	款	定款 (ていかん) 借款 (しゃっかん) 落款 (らっかん)
1134	閑 N1	カン	한가할 한	閑	閑散 (かんさん) 農閑期 (のうかんき) 有閑マダム (ゆうかん) 閑古鳥 (かんこどり)
1135	勧 N1	カン すすめる	권할 권 (勸)	勧	勧告 (かんこく) 勧誘 (かんゆう) 勧奨 (かんしょう)
1136	歓 N1	カン	기뻐할 환 (歡)	歓	歓迎 (かんげい) 歓声 (かんせい) 哀歓 (あいかん) 歓喜 (かんき) 歓待 (かんたい)
1137	寛 N1	カン	너그러울 관 (寬)	寛	寛容 (かんよう) 寛大 (かんだい)
1138	監 N1	カン	볼 감	監	監視 (かんし) 監査 (かんさ) 監禁 (かんきん) 監修 (かんしゅう)
1139	緩 N1	カン ゆるい ゆるやか ゆるむ・ゆるめる	느릴 완 (緩)	緩	緩和 (かんわ) 緩慢 (かんまん) 緩急 (かんきゅう)
1140	憾 N1	カン	한할 감	憾	遺憾 (いかん)

1134 閑古鳥 : '불경기 등으로 손님이 뚝 끊겨 장사가 안 되는 것'을 「閑古鳥が鳴(な)く」라고 한다.
　　　　우리말의 장사가 안 돼서 '파리를 날리고 있다'에 상응하는 말이다.

번호	日本漢字	音読 (カタカナ) 訓読 (ひらがな)	뜻 음 (韓國漢字)	교과서체	主要単語
1141	還 N1	カン	돌아올 환 (還)	還	返還(へんかん) 還元(かんげん) 生還(せいかん) 帰還(きかん) 奪還(だっかん)
1142	環 N1	カン	고리 환	環	環境(かんきょう) 環状(かんじょう) 循環(じゅんかん)バス
1143	艦 N1	カン	싸움배 함	艦	艦隊(かんたい) 軍艦(ぐんかん) 潜水艦(せんすいかん) 艦長(かんちょう)
1144	鑑 N1	カン	거울 감	鑑	鑑定(かんてい) 鑑賞(かんしょう) 印鑑(いんかん) 年鑑(ねんかん)
1145	含 N2	ガン ふくむ・ふくめる	머금을 함	含	包含(ほうがん) 含有(がんゆう) 含蓄(がんちく)
1146	頑 N1	ガン	완고할 완	頑	頑固(がんこ) 頑強(がんきょう) 頑張(がんば)れ
1147	企 N1	キ くわだてる	꾀할 기	企	企業(きぎょう) 企画(きかく) 企図(きと)
1148	忌 N1	キ いむ・いまわしい	꺼릴 기	忌	忌避(きひ) 禁忌(きんき) 一周忌(いっしゅうき) 忌中(きちゅう)
1149	奇 N1	キ	기이할 기	奇	奇妙(きみょう) 好奇心(こうきしん) 奇襲(きしゅう) 奇数(きすう) 奇異(きい)
1150	祈 N2	キ いのる	빌 기 (祈)	祈	祈願(きがん) 祈念(きねん)

MP3 062

1141~1159

1150　祈願: 「神道(しんとう)」와 「仏教(ぶっきょう)」 신자가 많은 일본인들은 종교적인 영향을 받아 「神仏(しんぶつ)」에게 소원을 비는 경우가 많다. 결혼・출산・입학시험 등 특별히 기원할 일이 있거나 시간이 나면 「神社(じんじゃ)」의 「神様(かみさま)」 또는 「お寺(てら)」의 「仏様(ほとけさま)」에게 찾아가서 가족의 건강과 소원 성취 등을 빈다.

1154　鬼ごっこ: 숨바꼭질, 술래잡이 놀이

　　　鬼: 귀신, 도깨비

　　　� 鬼(おに)に金棒(かなぼう) 호랑이에게 날개, 도깨비에게 쇠방망이

번호	日本漢字	音読(カタカナ) 訓読(ひらがな)	뜻 음 (韓國漢字)	교과서체	主要単語
1151	軌 N1	キ	길 궤	軌	軌道(きどう) 無軌道(むきどう) 狭軌(きょうき) 常軌(じょうき)
1152	既 N1	キ すでに	이미 기 (既)	既	既婚(きこん) 既存(きそん) 既成(きせい) 既知(きち)
1153	飢 N1	キ うえる	굶주릴 기 (飢)	飢	飢餓(きが)
1154	鬼 N1	キ おに	귀신 귀	鬼	鬼才(きさい)・鬼(おに)ごっこ 仕事(しごと)の鬼(おに)
1155	幾 N3	キ いく	몇 기	幾	幾何(きか)・幾(いく)つ 幾(いく)ら 幾度(いくど)
1156	棋 N1	キ	바둑 기	棋	将棋(しょうぎ) 棋士(きし) 棋譜(きふ)
1157	棄 N1	キ	버릴 기	棄	棄権(きけん) 放棄(ほうき) 廃棄(はいき) 破棄(はき) 自暴自棄(じぼうじき)
1158	輝 N1	キ かがやく	빛날 휘	輝	光輝(こうき)
1159	騎 N1	キ	말탈 기	騎	騎馬(きば) 騎士(きし) 騎兵(きへい) 騎手(きしゅ) 一騎当千(いっきとうせん)

1156 将棋 : '장기를 두다'는 「将棋を差(さ)す」, '바둑을 두다'는 「囲碁(いご)を打(う)つ」라고 한다.

1157 放棄 : 한국 한자로는 「포기(抛棄)」라고 표기한다. 일본어의 뜻은 '포기'한다는 뜻 외에 함부로 '방치'한다는 뜻으로도 쓴다.
   참 自棄酒(やけざけ) 홧김에 마시는 술, 홧술

1154 鬼

번호	日本漢字	音読 (カタカナ) 訓読 (ひらがな)	뜻 음 (韓國漢字)	교과서체	主要単語
1160	宜 N1	ギ	마땅할 의	宜	便宜 適宜 時宜
1161	偽 N1	ギ にせ・いつわる	거짓 위 (僞)	偽	偽造 真偽 偽証・偽札 偽物
1162	欺 N1	ギ あざむく	속일 기	欺	詐欺
1163	儀 N1	ギ	거동 의	儀	儀式 礼儀 行儀 律儀 お辞儀
1164	戯 N1	ギ たわむれる	희롱할 희 (戲)	戯	戯曲 遊戯・悪戯
1165	擬 N1	ギ	비길 의	擬	擬音 擬態語 模擬試験
1166	犠 -	ギ	희생 희 (犧)	犠	犠牲者 犠打
1167	菊 N1	キク	국화 국	菊	菊の花 野菊
1168	吉 N1	キチ・キツ	길할 길	吉	吉日 大吉 吉兆 吉報 不吉
1169	喫 N2	キツ	마실 끽	喫	喫煙 喫茶店 満喫

MP3 063

1160~1179

1163 お辞儀 : 머리를 숙이고 허리를 굽혀 정중하게 인사하는 것

1169 喫茶店 : 우리나라의 '다방(茶房)'과 같은 뜻

1169 喫茶店

번호	日本漢字	音読 (カタカナ) 訓読 (ひらがな)	뜻 음 (韓國漢字)	교과서체	主要単語
1170	詰 N2	キツ つめる・つまる つむ・なじる	힐난할/물을 힐	詰	きつもん 詰問　なんきつ つ ばら 難詰・詰め腹　かんづめ 缶詰
1171	却 N1	キャク	물리칠 각	却	きゃっか 却下　たいきゃく 退却　へんきゃく 返却　ばいきゃく 売却　れいきゃく 冷却　ぼうきゃく 忘却
1172	脚 N1	キャク・キャ あし	다리 각	脚	きゃくほん 脚本　きゃっこう 脚光　しっきゃく 失脚・あんぎゃ 行脚・つくえ あし 机の脚
1173	虐 N1	ギャク しいたげる	사나울 학 (虐)	虐	ぎゃくさつ 虐殺　ざんぎゃく 残虐　ぎゃくたい 虐待
1174	及 N1	キュウ および・およぶ およぼす	미칠 급	及	ふきゅう 普及　げんきゅう 言及　はきゅう 波及・およ ごし 及び腰
1175	丘 N1	キュウ おか	언덕 구	丘	さきゅう 砂丘
1176	朽 N1	キュウ くちる	썩을 후	朽	ふきゅう 不朽　ろうきゅう 老朽
1177	糾 N1	キュウ	맺힐 규	糾	きゅうめい 糾明　ふんきゅう 紛糾　きゅうだん 糾弾
1178	窮 N1	キュウ きわめる きわまる	궁할 궁	窮	きゅうち 窮地　きゅうくつ 窮屈　こんきゅう 困窮
1179	巨 N2	キョ	클 거	巨	きょじん 巨人　きょだい 巨大　きょがく 巨額　きょしょう 巨匠　きょとう 巨頭

1170　詰め腹 : 본인의 의사와 관계없이 할복 자살을 했던 것에서 비유하여 '억지로 강제 사직을 당하는 것'을 뜻한다.

1171　返却 : 반환　☞ 자판기의 거스름돈이 나오는 곳을 「返却口」라고 한다.

1178　窮屈 : ① 비좁음, 답답함　② 거북함, 부자유스러움　③ 구차함, 옹색함, 궁핍함

번호	日本漢字	音読 (カタカナ)訓読 (ひらがな)	뜻 음(韓國漢字)	교과서체	主要単語
1180	拒 N1	キョこばむ	막을 기	拒	きょぜつ拒絶　きょ ひ拒否　こうきょ抗拒
1181	拠 N1	キョ・コ	의지할 기(據)	拠	こんきょ根拠　きょてん拠点　ほんきょち本拠地　じゅんきょ準拠・しょうこ証拠
1182	虚 N1	キョ・コ	빌 허(虛)	虚	きょむ虚無　きょえい虚栄　きょぎ虚偽　きょぞう虚像・こくう虚空
1183	距 N1	キョ	떨어질 기	距	きょり距離　ちょうきょり長距離
1184	御 N3	ギョ・ゴおん	어거할 어	御	せいぎょ制御　ぼうぎょ防御・ごめん御免　ごはん御飯・おんちゅう御中
1185	凶 N1	キョウ	흉할 흉	凶	きょうあく凶悪　きょうさく凶作　きょう き凶器　きっきょう吉凶　げんきょう元凶
1186	叫 N2	キョウさけぶ	부르짖을 규	叫	ぜっきょう絶叫
1187	狂 N1	キョウくるうくるおしい	미칠 광	狂	きょうげん狂言　ねっきょう熱狂　きょう き狂気　きょうしん狂信　きょうらん狂乱
1188	享 N1	キョウ	누릴 향	享	きょうじゅ享受　きょうねん享年　きょうらく享楽　きょうゆう享有
1189	況 N2	キョウ	하물며 황	況	じょうきょう状況　じっきょう実況　ふ きょう不況　せいきょう盛況

MP3 064

1180~1199

1184 御中 : 귀중(貴中)　☞ 편지를 보낼 때 수신인이 단체(기관, 회사 등)일 경우
「○○大学 御中、○○会社御中」 등 단체명의 뒤에 붙이는 말이다.
※ 일본에서는 「貴中」이라고 하지 않는다.

1185 吉凶 : 신사(神社)나 절에서는 참배객이 길흉(吉凶)의 운세를 점쳐 보는
「제비(おみくじ)」를 뽑고 나서 나쁘게 나온 점괘는 종이를 접어서
나뭇가지에 매달아 놓는 풍습이 있다.

1185 おみくじ

번호	日本漢字	音読 (カタカナ) 訓読 (ひらがな)	뜻 음 (韓國漢字)	교과서체	主要単語
1190	峡 N1	キョウ	골짜기 협 (峽)	峡	海峡^{かいきょう} 峡谷^{きょうこく}
1191	挟 N2	キョウ はさむ・はさまる	낄 협 (挾)	挟	挟撃^{きょうげき}・挟打^{はさみう}ち
1192	狭 N1	キョウ せまい・せばめる せばまる	좁을 협 (狹)	狭	狭義^{きょうぎ} 偏狭^{へんきょう} 狭心症^{きょうしんしょう}
1193	恐 N3	キョウ おそれる おそろしい	두려울 공	恐	恐縮^{きょうしゅく}
1194	恭 N1	キョウ うやうやしい	공손할 공	恭	恭順^{きょうじゅん}
1195	脅 N1	キョウ おびやかす おどす・おどかす	으를 협	脅	脅迫^{きょうはく} 脅威^{きょうい}
1196	矯 N1	キョウ ためる	바로잡을 교	矯	矯正^{きょうせい}
1197	響 N1	キョウ ひびく	울릴 향 (響)	響	反響^{はんきょう} 音響^{おんきょう} 交響曲^{こうきょうきょく}
1198	驚 N1	キョウ おどろく おどろかす	놀랄 경	驚	驚異^{きょうい} 驚嘆^{きょうたん}
1199	仰 N1	ギョウ・<u>コウ</u> あおぐ・おおせ	우러를 앙	仰	仰天^{ぎょうてん}・信仰^{しんこう}

1195 脅威 : 같은 한자라도 일본 한자 「脅威」와 한국 한자 「威脅」의 순서가 다른 점에 유의할 것!

1198 驚(놀랄 경) : 비슷한 한자인 警(경계할 경)과 혼동하지 않도록 주의할 것!
　　　 [경탄] 驚嘆 (일본 한자) 驚歎 (한국 한자)

번호	日本漢字	音読 (カタカナ) 訓読 (ひらがな)	뜻 음 (韓國漢字)	교과서체	主要単語
1200	暁 N1	ギョウ あかつき	새벽 효 (曉)	暁	暁星（ぎょうせい）　暁天（ぎょうてん）
1201	凝 N1	ギョウ こる・こらす	엉길 응	凝	凝固（ぎょうこ）　凝血（ぎょうけつ）　凝結（ぎょうけつ）　凝縮（ぎょうしゅく）　凝視（ぎょうし）
1202	斤 N1	キン	근 근	斤	斤量（きんりょう）
1203	菌 N1	キン	버섯 균	菌	細菌（さいきん）　殺菌（さっきん）　保菌（ほきん）　病原菌（びょうげんきん）
1204	琴 N1	キン こと	거문고 금	琴	琴線（きんせん）　木琴（もっきん）
1205	緊 N1	キン	요긴할 긴	緊	緊張（きんちょう）　緊急（きんきゅう）　緊密（きんみつ）　緊迫（きんぱく）　緊縮（きんしゅく）
1206	謹 N1	キン つつしむ	삼갈 근 (謹)	謹	謹賀新年（きんがしんねん）　謹呈（きんてい）　謹啓（きんけい）　謹聴（きんちょう）
1207	襟 N1	キン えり	옷섶 금	襟	胸襟（きょうきん）　襟度（きんど）・襟巻（えりまき）
1208	吟 N1	ギン	읊을 음	吟	吟味（ぎんみ）
1209	駆 N1	ク かる・かける	몰 구 (驅)	駆	駆使（くし）　先駆（せんく）・駆け足（かけあし）　駆出し（かけだし）

MP3 065

1200~1219

1209 駆け足 : 구보, 뛰어감, (비유적으로) 임박함
　　　駆出し : 신출내기, 신참, 초심자
　　　(속) 駆(か)けつけ三杯(さんばい) 후래자 삼배

1211 偶数 : 짝수 (반) 奇数(きすう) 홀수

1213 一隅 : 한 구석, 한쪽 구석 (동) 片隅

1204 琴

156

번호	日本漢字	音読(カタカナ)訓読(ひらがな)	뜻 음(韓國漢字)	교과서체	主要単語
1210	愚 N1	グ おろか	어리석을 우	愚	愚問（ぐもん）　愚鈍（ぐどん）
1211	偶 N3	グウ	짝 우	偶	偶数（ぐうすう）　偶然（ぐうぜん）　偶像（ぐうぞう）　配偶者（はいぐうしゃ）　偶発（ぐうはつ）
1212	遇 N1	グウ	만날 우 (遇)	遇	待遇（たいぐう）　境遇（きょうぐう）　優遇（ゆうぐう）
1213	隅 N2	グウ すみ	모퉁이 우	隅	一隅（いちぐう）・片隅（かたすみ）　隅々（すみずみ）
1214	屈 N1	クツ	굽을 굴	屈	退屈（たいくつ）　屈服（くっぷく）　屈指（くっし）　理屈（りくつ）　屈折（くっせつ）
1215	掘 N2	クツ ほる	팔 굴	掘	発掘（はっくつ）　採掘（さいくつ）　掘削（くっさく）
1216	繰 N1	くる	고치켤 조	繰	繰返し（くりかえし）　繰上げ（くりあげ）
1217	勲 N1	クン	공훈 훈 (勳)	勲	勲章（くんしょう）　殊勲（しゅくん）　武勲（ぶくん）　叙勲（じょくん）
1218	薫 N1	クン かおる	향기 훈 (薰)	薫	薫風（くんぷう）　魚の薫製（さかなのくんせい）
1219	刑 N1	ケイ	형벌 형	刑	刑事（けいじ）　刑罰（けいばつ）　刑法（けいほう）　処刑（しょけい）　死刑（しけい）

1214　退屈 : 심심함, 무료함, 할 일이 없어 따분함

理屈 : ① 이치, 도리, 사리　② 구실, 핑계, 억지 이론

1215　掘削 : 한국 한자로는 「掘鑿」으로 쓴다. 일본 한자는 상용 한자 「削」로 대체했다.

1216　繰上げ : 차를 위 또는 앞으로 올림. 예컨대 스케줄의 일정을 앞으로 끌어올림.
　　　　⑱ 繰下(くりさ)げ 끌어내림

번호	日本漢字	音読 (カタカナ) 訓読 (ひらがな)	뜻 음 (韓國漢字)	교과서체	主要単語
1220	茎 N1	ケイ くき	줄기 경 (莖)	茎	地下茎(ち か けい)・歯茎(は ぐき)
1221	契 N1	ケイ ちぎる	맺을 계	契	契約(けいやく) 契機(けい き) 黙契(もっけい)
1222	恵 N1	ケイ・エ めぐむ	은혜 혜 (惠)	恵	恩恵(おんけい)・知恵(ち え) 恵比寿(え び す)
1223	啓 N1	ケイ	열 계	啓	啓示(けい じ) 啓発(けいはつ) 拝啓(はいけい)
1224	掲 N1	ケイ かかげる	들 게 (揭)	掲	掲示(けい じ) 掲載(けいさい) 掲揚(けいよう) 前掲(ぜんけい)
1225	渓 N1	ケイ	시내 계 (溪)	渓	渓谷(けいこく) 渓流(けいりゅう)
1226	蛍 N1	ケイ ほたる	개똥벌레 형 (螢)	蛍	蛍光灯(けいこうとう) 蛍雪の功(けいせつ の こう)・蛍族(ほたるぞく)
1227	傾 N2	ケイ かたむく かたむける	기울 경	傾	傾向(けいこう) 傾斜(けいしゃ) 傾聴(けいちょう) 傾倒(けいとう)
1228	携 N1	ケイ たずさえる たずさわる	가질 휴	携	携帯電話(けいたいでん わ) 必携(ひっけい) 提携(ていけい) 連携(れんけい)
1229	継 N1	ケイ つぐ	이을 계 (繼)	継	継続(けいぞく) 後継者(こうけいしゃ) 中継(ちゅうけい) 継承(けいしょう) 継母(けい ぼ)

MP3 066

1220~1239

1226 **ほたる族** : 아파트 베란다로 내몰린 흡연족 건강과 환경 문제를 둘러싸고 애연가들이 설 자리가 없는 것은 일본도 마찬가지다. 집안에서 담배를 피워대는 아빠들이 엄마와 자녀들의 성화에 못이겨 집 밖으로 쫓겨난 것이다. 밤중에 아파트마다 베란다에 나와서 담배를 뻐끔뻐끔 피우는 모습이 마치 반딧불이가 빛을 발하는 것과 같다 하여 「~族(ぞく)」라는 신조어를 붙이기를 좋아하는 일본인들이 「ほたる族(반딧불족)」이라는 유행어를 만들어냈다.

1228 **携帯電話** : 일본에서는 휴대폰이라는 용어를 쓰지 않고 '휴대전화'라고 한다.

번호	日本漢字	音読 (カタカナ) 訓読 (ひらがな)	뜻 음 (韓國漢字)	교과서체	主要単語
1230	慶 N1	ケイ	경사 경	慶	けいが 慶賀　けいじ 慶事　けいちょう 慶弔　けいしゅく 慶祝
1231	憩 N1	ケイ いこう・いこい	쉴 게	憩	きゅうけいしつ 休憩室・いこ 憩の場
1232	鶏 N1	ケイ にわとり	닭 계 (鷄)	鶏	けいらん 鶏卵　ようけい 養鶏　けいにく 鶏肉
1233	迎 N3	ゲイ むかえる	맞을 영 (迎)	迎	そうげい 送迎　げいごう 迎合・でむか 出迎え
1234	鯨 N1	ゲイ くじら	고래 경	鯨	ほげい 捕鯨　げいゆ 鯨油
1235	撃 N1	ゲキ うつ	칠 격 (擊)	撃	げきたい 撃退　だげき 打撃　はんげき 反撃　しゃげき 射撃　もくげきしゃ 目撃者
1236	傑 N1	ケツ	뛰어날 걸	傑	けっさく 傑作　けっしゅつ 傑出　ごうけつ 豪傑　じょけつ 女傑
1237	肩 N2	ケン かた	어깨 견	肩	けんしょう 肩章　ひけん 比肩　きょうけん 強肩・かたが 肩書き　かたがわ 肩代り
1238	兼 N1	ケン かねる	겸할 겸 (兼)	兼	けんよう 兼用　けんにん 兼任　けんしょく 兼職　さいしょくけんび 才色兼備・きが 気兼ね
1239	倹 N1	ケン	검소할 검 (儉)	倹	けんやく 倹約　きんけんせつやく 勤倹節約

1233　迎 : 「辶_변」 안의 글자를 '앙(卬)'으로 쓸 것. 「卯(묘)」로 틀리게 쓰는 경우가 많으니 주의할 것!

1237　肩書き : 직위, 계급

　　　　肩代り : (부담, 빚, 계약 등을) 대신해서 떠맡음

번호	日本 漢字	音読 (カタカナ) 訓読 (ひらがな)	뜻 음 (韓國漢字)	교과서체	主要単語
1240	剣 N1	ケン つるぎ	칼 검 (劍)	剣	けんどう けん し しんけん とうけん 剣道 剣士 真剣 刀剣
1241	軒 N2	ケン のき	처마 헌	軒	けんすう いっけん のきさき のき な 軒数 一軒・軒先 軒並み
1242	圏 N1	ケン	우리 권 (圈)	圏	けんがい しゅ と けん たい き けん せいりょくけん 圏外 首都圏 大気圏 勢力圏
1243	堅 N1	ケン かたい	굳을 견	堅	けん ご けん じ けん じつ ちゅうけん 堅固 堅持 堅実 中堅
1244	嫌 N1	ケン・ゲン きらう・いや	싫어할 혐 (嫌)	嫌	けん お けん ぎ き げん いや け す きら 嫌悪 嫌疑・機嫌・嫌気・好き嫌い
1245	献 N1	ケン・コン	드릴 헌 (獻)	献	けんきん けんけつ けんしん ぶんけん こんだてひょう 献金 献血 献身 文献・献立表
1246	遣 N1	ケン つかう・つかわす	보낼 견 (遣)	遣	は けん こころづか こ づか 派遣・心遣い 小遣い
1247	賢 N2	ケン かしこい	어질 현	賢	けんめい けんじん せんけん 賢明 賢人 先賢
1248	謙 N1	ケン	겸손할 겸 (謙)	謙	けんきょ けんじょう 謙虚 謙譲
1249	顕 N1	ケン	나타날 현 (顯)	顕	けんちょ けん び きょう 顕著 顕微鏡

MP3 067

1240~1259

1240 真剣勝負(しんけんしょうぶ) : 진짜 승부, 진짜 칼로 싸워 승부를 가림

1244 機嫌 : 기분, 심기, (「ご〜」의 형태로) 기분이 좋음

嫌気 : 싫은 마음(생각), 싫증 ☞ 「いやけ」라고도 함.

好き嫌い : 좋아함과 싫어함

㉠ 〜が激(はげ)しい 기호가 까다롭다, 가리는 것이 많다

1240 真剣勝負

번호	日本漢字	音読 (カタカナ) 訓読 (ひらがな)	뜻 음 (韓國漢字)	교과서체	主要単語
1250	懸 N1	ケン・ケ かける・かかる	매달 현	懸	懸賞 懸案 懸命・懸念・命懸け
1251	幻 N1	ゲン まぼろし	허깨비 환	幻	幻覚 幻想 幻滅 夢幻 幻惑
1252	玄 N1	ゲン	검을 현	玄	玄関 玄米・玄人
1253	弦 N1	ゲン つる	활시위 현	弦	弦楽器 管弦 上弦の月
1254	孤 N1	コ	외로울 고	孤	孤児 孤立 孤独 孤島
1255	弧 N1	コ	나무활 호	弧	括弧
1256	枯 N2	コ かれる・からす	마를 고	枯	枯死・枯れ木・木枯らし
1257	雇 N2	コ やとう	품살 고	雇	雇用 解雇・日雇い 雇い主
1258	誇 N1	コ ほこる	자랑할 과	誇	誇張 誇示 誇大
1259	鼓 N1	コ つづみ	북 고	鼓	鼓動 鼓舞 鼓吹 太鼓

1246 小遣い : '용돈'이라는 뜻으로 일본의 어린이들이 곧잘 쓰는 말이기도 하다. 꼬마가 어머니에게 손을 내밀면서 「ママ、小遣い頂戴(ちょうだい)。엄마 용돈 주세요」라고 말하곤 한다.

1250 懸念 : 발음에 주의할 것! けんねん(×)

1252 玄人 : 전문가, 프로, 도사 (반)素人(しろうと)

玄関 : 현관

번호	日本漢字	音読(カタカナ)訓読(ひらがな)	뜻 음(韓國漢字)	교과서체	主要単語
1260	顧 N1	コ かえりみる	돌아볼 고	顧	顧客　顧問　回顧　愛顧
1261	互 N3	ゴ たがい	서로 호	互	相互　互角　交互　互選・互い違い
1262	呉 N1	ゴ	오나라 오 (吳)	呉	呉服　呉音
1263	娯 N1	ゴ	즐거워할 오 (娛)	娯	娯楽
1264	悟 N1	ゴ さとる	깨달을 오	悟	覚悟
1265	碁 N1	ゴ	바둑 기	碁	囲碁　碁石　碁盤
1266	孔 N1	コウ	구멍 공	孔	気孔　瞳孔　鼻孔
1267	巧 N1	コウ たくみ	재주 교	巧	巧妙　技巧　精巧
1268	甲 N1	コウ・カン	갑옷 갑	甲	甲乙　装甲車・船の甲板　手の甲
1269	江 N1	コウ え	강 강	江	長江　江湖・入り江・江戸

MP3 068

1260~1279

1261　互い違い : 서로 엇갈림, 번갈아서

1262　呉服 : 일본 옷의 옷감, 주로 견직물　관 呉服屋(ごふくや) 포목전

1265　囲碁

162

番号	日本漢字	音読 (カタカナ) 訓読 (ひらがな)	뜻 음 (韓國漢字)	교과서체	主要単語
1270	坑 N1	コウ	구덩이 갱	坑	坑道 炭坑
1271	抗 N1	コウ	대항할 항	抗	抗議 反抗 抗争 対抗
1272	攻 N1	コウ せめる	칠 공	攻	攻撃 侵攻 攻略 速攻 専攻
1273	更 N3	コウ さら・ふける ふかす	고칠 갱 고칠 경	更	変更 更新 更迭・今更・夜更け
1274	拘 N1	コウ	거리낄 구	拘	拘束 勾留 拘置 拘禁
1275	肯 N2	コウ	즐길 긍	肯	肯定 首肯
1276	恒 N1	コウ	항상 항	恒	恒例 恒久 恒温恒湿
1277	洪 N1	コウ	넓을 홍	洪	洪水
1278	荒 N2	コウ あらい・あれる あらす	거칠 황	荒	荒廃 荒野・荒波・荒れ地
1279	郊 N2	コウ	들 교	郊	郊外 近郊

1268 甲乙 : 비즈니스 사회에서는 주로 계약서 등에서 자주 쓴다. 예컨대 「甲は○○産業株式会社とし、乙は○○工業株式会社とする。」라는 식으로 회사의 명칭이 긴 것을 줄여서 알기 쉽게 「甲」과 「乙」로 지칭한다.

手の甲 : 손등 ⮂ 手の平 손바닥

1269 江戸 : 江戸幕府(1603~1867)의 소재지였는데, 오늘날에는 「東京(とうきょう)」로 지명이 바뀌었다.

번호	日本漢字	音読(カタカナ) 訓読(ひらがな)	뜻 음 (韓國漢字)	교과서체	主要単語
1280	貢 N1	コウ・ク みつぐ	바칠 공	貢	こうけん ねんぐ みつ もの 貢献・年貢・貢ぎ物
1281	控 N1	コウ ひかえる	당길 공	控	こうじょ こうそ ひか しつ ひか め 控除 控訴・控え室 控え目
1282	慌 -	コウ あわてる あわただしい	다급할 황	慌	きょうこう おおあわ 恐慌・大慌て
1283	硬 N2	コウ かたい	굳을 경	硬	こうか こうか こうど きょうこう 硬貨 硬化 硬度 強硬
1284	絞 N1	コウ しぼる・しめる しまる	목맬 교	絞	こうしゅけい こうさつ しぼ 絞首刑 絞殺・お絞り
1285	項 N1	コウ	조목 항	項	こうもく じこう じょうこう 項目 事項 条項
1286	溝 N1	コウ みぞ	도랑 구	溝	かいこう はいすいこう げすいこう 海溝 排水溝 下水溝
1287	綱 N1	コウ つな	벼리 강	綱	ようこう たいこう こうりょう よこづな つな ひ 要綱 大綱 綱領・横綱 綱引き
1288	酵 N1	コウ	술괼 효	酵	はっこう こうそ 発酵 酵素
1289	稿 N1	コウ	볏짚 고	稿	げんこう そうこう とうこう きこう 原稿 草稿 投稿 寄稿

MP3 069

1280~1298

1281 控え目 : 사양하는 태도, 조심스러워 함, 소극적, 좀 적은 듯한 편

1283 硬貨 : 일본에서는 '동전(銅銭)'이라고 하지 않고, 「硬貨(こうか)」 또는 「~円玉(えんだま)」라고 한다.

1283 硬貨

번호	日本漢字	音読 (カタカナ) 訓読 (ひらがな)	뜻 음 (韓國漢字)	교과서체	主要単語
1290	衡 N1	コウ	저울 형	衡	均衡（きんこう）　平衡（へいこう）
1291	購 N1	コウ	살 구	購	購入（こうにゅう）　購買（こうばい）　購読（こうどく）
1292	拷 N1	ゴウ	매때릴 고	拷	拷問（ごうもん）
1293	剛 N1	ゴウ	굳셀 강	剛	剛直（ごうちょく）　剛健（ごうけん）
1294	豪 N1	ゴウ	호걸 호	豪	強豪（きょうごう）　豪雨（ごうう）　文豪（ぶんごう）　豪快（ごうかい）　豪気（ごうき）　豪華（ごうか）
1295	克 N1	コク	이길 극	克	克服（こくふく）　克己（こっき）　克明（こくめい）
1296	酷 N1	コク	혹독할 혹	酷	酷使（こくし）　冷酷（れいこく）　酷評（こくひょう）　残酷（ざんこく）　過酷（かこく）　酷暑（こくしょ）
1297	獄 N1	ゴク	옥 옥	獄	監獄（かんごく）　投獄（とうごく）　獄死（ごくし）　地獄（じごく）
1298	込 N3	こむ・こめる	담을 입	込	人込み（ひとごみ）　吹込み（ふきこみ）　差込み（さしこみ）

1287 横綱 : 일본 씨름 「相撲(すもう)」에서 우리나라의 '천하장사'에 해당하는 최고위의 「力士(りきし)」를 일컫는다. 비유적으로 어느 분야의 제 1인자를 뜻하기도 한다. 「横綱 → 大関(おおぜき) → 関脇(せきわけ) → 小結(こむすび)」 순이다.

1297 監獄 : 「韓国」과 구분해서 정확히 발음해야 한다.
「韓国(かんこく)から参りました金と申します。」라고 정중하게 말했다 해도, 「かんごく」라고 발음하면 '감옥에서 온 김(金)이라고 합니다.'의 뜻이 되고 만다.

1287 相撲

번호	日本漢字	音読 (カタカナ) 訓読 (ひらがな)	뜻 음 (韓國漢字)	교과서체	主要単語
1299	昆 N1	コン	맏 곤	昆	昆虫 昆布
1300	恨 N1	コン うらむ うらめしい	한할 한	恨	痛恨 遺恨
1301	婚 N3	コン	혼인할 혼	婚	婚約 結婚 新婚 婚期 再婚
1302	紺 N1	コン	감색 감	紺	紺青 紺の洋服 紺屋
1303	魂 N1	コン たましい	넋 혼	魂	闘魂 霊魂 商魂 大和魂
1304	墾 N1	コン	갈 간	墾	開墾
1305	懇 N1	コン ねんごろ	간절할 간	懇	懇親会 懇談 懇切 懇願
1306	唆 N1	サ そそのかす	부추길 사	唆	示唆 教唆
1307	詐 N1	サ	속일 사	詐	詐取 詐称 詐術
1308	鎖 N1	サ くさり	쇠사슬 쇄 (鎖)	鎖	鎖国 連鎖 封鎖 閉鎖

MP3 070

1299~1317

1303　大和魂 : 일본적 정신 또는 투혼
　　　숙三(み)つ子(ご)の魂(たましい)百(ひゃく)まで : 세 살 버릇 백 살까지 (잘못된 버릇은 평생 고쳐지지 않는다.)
　　　☞ 우리나라에서는 '여든 살까지'라고 하는데, 일본에서는 '백 살까지'라고 한다.

1308　鎖国 : 「鎖」의 일본어 발음에 주의할 것! ☞ さい (×) / せ (×)

번호	日本漢字	音読 (カタカナ) 訓読 (ひらがな)	뜻 음 (韓國漢字)	교과서체	主要単語
1309	砕 N1	サイ くだく・くだける	부서질 쇄 (碎)	砕	ふんさい 粉砕　さいひょう 砕氷　はさい 破砕　ぎょくさい 玉砕
1310	宰 N1	サイ	재상 재	宰	さいしょう 宰相　しゅさい 主宰
1311	栽 N1	サイ	심을 재	栽	さいばい 栽培　ぼんさい 盆栽
1312	彩 N1	サイ いろどる	채색 채	彩	さいしょく 彩色　しきさい 色彩　すいさいが 水彩画
1313	斎 N1	サイ	집 재 (齋)	斎	しょさい 書斎
1314	債 N1	サイ	빚 채	債	さいむ 債務　さいけん 債券　さいけん 債権　ふさい 負債　こくさい 国債
1315	催 N1	サイ もよおす	재촉할 최	催	かいさい 開催　しゅさい 主催　さいみん 催眠　さいるい 催涙
1316	歳 N3	サイ・<u>セイ</u>	해 세 (歲)	歳	さいげつ 歳月　さいまつ 歳末　ばんざい 万歳・さいぼ 歳暮
1317	載 N1	サイ のせる・のる	실을 재	載	けいさい 掲載　きさい 記載　れんさい 連載　まんさい 満載　せきさい 積載

1309 玉砕 : 전장에서 옥(玉)이 부서지듯이 '고결하고 아름답게 산화한다'는 뜻이다.

1316 '나이(年齢)'를 표기하는 경우에 「19才(さい)」 등으로 「才」를 쓰기도 하지만, 원래는 「歳(さい)」로 표기하는 것이 원칙이다.
㈜歳月(さいげつ)人(ひと)を待(ま)たず。 세월은 사람을 기다리지 않는다.
歳暮 : お歳暮(せいぼ) 연말 선물

1311 盆栽

번호	日本漢字	音読(カタカナ)訓読(ひらがな)	뜻 음(韓國漢字)	교과서체	主要単語
1318	剤 N1	ザイ	약지을 제 (劑)	剤	薬剤(やくざい) 洗剤(せんざい) 消化剤(しょうかざい) 調剤(ちょうざい)
1319	削 N1	サク けずる	깎을 삭 (削)	削	削除(さくじょ) 削減(さくげん) 添削(てんさく)
1320	索 N1	サク	찾을 색	索	索引(さくいん) 模索(もさく) 思索(しさく) 探索(たんさく)
1321	酢 N1	サク す	초 초	酢	酢酸(さくさん)・酢(す)の物(もの)
1322	搾 N1	サク しぼる	짤 착	搾	搾取(さくしゅ) 圧搾(あっさく)
1323	錯 N1	サク	섞일 착	錯	錯誤(さくご) 錯覚(さっかく) 錯乱(さくらん) 交錯(こうさく)
1324	咲 N2	さく	꽃필 소	咲	早咲(はやざ)き
1325	撮 N1	サツ とる	찍을 촬	撮	撮影(さつえい) 特撮(とくさつ)
1326	擦 N1	サツ する・すれる	문지를 찰	擦	摩擦(まさつ)・擦(す)り傷(きず)
1327	桟 N1	サン	비계 잔 (棧)	桟	桟橋(さんばし) 桟道(さんどう)

MP3 071

1318~1336

♥ 인간관계 유지를 위한 문안 편지와 선물 풍습

일본인들은 거래처·친지 또는 평소에 신세를 진 사람에게 1년에 두 번에 걸쳐 인사를 하는 관습이 있는데, 친소관계 또는 신세를 진 정도에 따라 문안 편지나 선물을 보낸다. 여름철에 간단히 엽서로 보내는 문안 인사를 「暑中見舞(しょちゅうみま)い」라고 하고, 선물은 「お中元」이라고 한다. 또한 연말에 보내는 문안 인사장을 「年賀状(ねんがじょう)」라 하고, 선물은 「お歳暮(せいぼ)」라고 한다. 그러나 일본인은 서로 부담을 갖지 않기 위해서 지나친 고가품 선물을 하지 않는다. 주로 먹을 것으로, 예를 들면 식품류나 맥주·과일·과자 등 간단한 선물로 마음의 정을 표시한다.

お中元

번호	日本漢字	音読 (カタカナ) 訓読 (ひらがな)	뜻 음 (韓國漢字)	교과서체	主要単語
1328 N1	惨	サン・ザン みじめ	참혹할 참 (慘)	惨	悲惨(ひさん) 惨劇(さんげき) 惨事(さんじ) 惨状(さんじょう)・惨殺(ざんさつ) 惨敗(ざんぱい)
1329 N1	傘	サン かさ	우산 산	傘	傘下(さんか) 落下傘(らっかさん)・雨傘(あまがさ) 日傘(ひがさ)
1330 N1	暫	ザン	잠깐 잠	暫	暫時(ざんじ) 暫定(ざんてい)
1331 N1	旨	シ むね	뜻 지	旨	趣旨(しゅし) 主旨(しゅし) 要旨(ようし) 論旨(ろんし)
1332 N1	伺	シ うかがう	엿볼 사	伺	伺候(しこう)
1333 N2	刺	シ さす・ささる	찌를 사	刺	刺激(しげき) 刺客(しきゃく) 風刺(ふうし) 名刺(めいし)・差し身(さみ)
1334 N1	祉	シ	복 지 (祉)	祉	福祉(ふくし)
1335 N1	肢	シ	팔다리 지	肢	肢体(したい) 下肢(かし) 四肢(しし) 選択肢(せんたくし)
1336 N1	施	シ・セ ほどこす	베풀 시	施	施行(しこう) 施工(しこう) 施策(しさく) 実施(じっし) 施設(しせつ)・布施(ふせ)

1333 刺激 : 원래의 한자는 「刺戟」인데, 상용한자 범위의 한자인 「激」로 바꾸었다.
　　 名刺 : 우리나라에서는 '명함(名啣 · 名銜)'이라고 하며, 일본인과 명함을 교환
　　　　 할 때는 한자의 읽는 방법이 다양하기 때문에 그 자리에서 확인하는 것
　　　　 이 좋다. 상대방에게 묻는 것이 실례가 아니다.
　　 刺客 : 「しかく」라고도 발음한다.
1336 布施 : 중에게 재물 등을 시주하는 것. 가난한 사람에게 동정을 베품

1333　名刺　　　　1329　日傘

번호	日本漢字	音読 (カタカナ) 訓読 (ひらがな)	뜻 음 (韓國漢字)	교과서체	主要単語
1337	脂 N2	シ あぶら	비계 지	脂	脂肪 油脂 樹脂 脱脂
1338	紫 N1	シ むらさき	자주빛 자	紫	紫外線・紫色
1339	嗣 N1	シ	이을 사	嗣	嗣子 継嗣 後嗣
1340	雌 N1	シ め・めす	암컷 자	雌	雌雄・雌牛・雌犬
1341	賜 N1	シ たまわる	받을 사	賜	恩賜 下賜・賜物
1342	諮 N1	シ はかる	물을 사	諮	諮問
1343	侍 N1	ジ さむらい	모실 시	侍	侍従 侍女 侍医 侍気質
1344	慈 N1	ジ いつくしむ	사랑 자	慈	慈悲 慈愛 慈善
1345	軸 N1	ジク	굴대 축	軸	車軸 中軸 地軸・掛け軸
1346	疾 N1	シツ	병 질	疾	疾患 疾病 疾走 疾風

MP3 072

1337~1355

1343 侍 : 무사(武士)와 같은 뜻으로 귀인의 곁에서 시중을 든다는 뜻에서 유래한 말이다.

1345 掛け軸

번호	日本漢字	音読(カタカナ) 訓読(ひらがな)	뜻 음 (韓國漢字)	교과서체	主要単語
1347	執 N1	シツ・シュウ とる	잡을 집	執	執行 しっこう　執筆 しっぴつ　執務 しつむ・執着 しゅうちゃく　執念 しゅうねん
1348	湿 N2	シツ しめる・しめす	젖을 습(濕)	湿	湿気 しっけ　湿度 しつど　湿地 しっち　多湿 たしつ
1349	漆 N1	シツ うるし	옻 칠	漆	漆器 しっき　漆黒 しっこく・漆塗り うるしぬり
1350	芝 N1	しば	지초 지	芝	芝居 しばい　芝生 しばふ
1351	赦 N1	シャ	용서할 사	赦	赦免 しゃめん　特赦 とくしゃ　恩赦 おんしゃ
1352	斜 N1	シャ ななめ	비낄 사	斜	斜面 しゃめん　傾斜 けいしゃ　斜線 しゃせん
1353	煮 N1	シャ にる・にえる にやす	삶을 자(煮)	煮	煮沸 しゃふつ・雑煮 ぞうに　煮出し にだし
1354	遮 N1	シャ さえぎる	가릴 자(遮)	遮	遮断 しゃだん
1355	邪 N1	ジャ	간사할 사	邪	邪悪 じゃあく　邪推 じゃすい・風邪 かぜ

1350　芝居 : 연극(가부키·인형극·신극 따위의 총칭), 남을 속이기 위해 꾸민 것

1350　芝居

번호	日本漢字	音読 (カタカナ) 訓読 (ひらがな)	뜻 음 (韓國漢字)	교과서체	主要単語
1356	蛇 N1	ジャ・ダ へび	뱀 사	蛇	じゃぐち 蛇口　じゃばら 蛇腹・だそく 蛇足　ちょうだ 長蛇の列 れつ
1357	酌 N1	シャク くむ	따를 작	酌	ばんしゃく 晩酌　しゃくりょう 酌量
1358	釈 N1	シャク	풀 석 (釋)	釈	かいしゃく 解釈　しゃくめい 釈明　しゃくほう 釈放　ちゅうしゃく 注釈　えしゃく 会釈　しゃか 釈迦
1359	寂 N1	ジャク・セキ さび・さびしい さびれる	고요할 적	寂	せいじゃく 静寂　かんじゃく 閑寂・せきばく 寂寞
1360	朱 N1	シュ	붉을 주	朱	しゅにく 朱肉　しゅぬ 朱塗り
1361	狩 N1	シュ かる・かり	사냥할 수	狩	しゅりょう 狩猟
1362	殊 N1	シュ こと	다를 수	殊	とくしゅ 特殊　しゅくん 殊勲・ことさら 殊更
1363	珠 N1	シュ	구슬 주	珠	しゅざん 珠算　しゅぎょく 珠玉　しんじゅ 真珠　じゅず 数珠
1364	趣 N1	シュ おもむき	뜻 취	趣	しゅみ 趣味　しゅこう 趣向　しゅし 趣旨　きょうしゅ 興趣
1365	寿 -	ジュ ことぶき	목숨 수 (壽)	寿	じゅみょう 寿命　ちょうじゅ 長寿　べいじゅ 米寿　すし 寿司

MP3 073

1356~1375

1356　長蛇の列 : 물건을 사거나 표를 구입하기 위해 뱀처럼 길게 열을 짓고 늘어 선 것을 우리나라에서는
'장사진(長蛇陣)'을 쳤다고 하는데, 일본에서는 「長蛇の列」라고 한다.

1357　情状酌量(じょうじょうしゃくりょう) : 정상을 참작함, 우리말로는 '정상 참작(情狀參酌)'이라고 한다.
같은 뜻이라도 일본어와 표현방법이 다르다.
晩酌 : 저녁 반주 ☞ 일본에서는 흔히 저녁식사와 더불어 반주를 마시는 풍습이 있다.

1358　お釈迦 : 「釈迦(しゃか) 석가모니」에 「お」를 붙이면 '파치・불량품・못쓰게 된 것'을 일컫는 엉뚱한 뜻이 된다.

1363　㈑豚(ぶた)に真珠(しんじゅ) 돼지 목에 진주

번호	日本漢字	音読(カタカナ)訓読(ひらがな)	뜻 음(韓國漢字)	교과서체	主要単語
1366	需 N1	ジュ	구할 수	需	じゅよう 需要　じゅきゅう 需給　ないじゅ 内需　ひつじゅひん 必需品
1367	儒 N1	ジュ	선비 유	儒	じゅきょう 儒教　じゅがく 儒学　じゅしゃ 儒者
1368	囚 N1	シュウ	가둘 수	囚	しゅうじん 囚人　しけいしゅう 死刑囚
1369	舟 N2	シュウ ふね・ふな	배 주	舟	しゅうてい 舟艇・こぶね 小舟　わた ぶね 渡し舟・ふなうた 舟歌
1370	秀 N1	シュウ ひいでる	빼어날 수	秀	ゆうしゅう 優秀　しゅんしゅう 俊秀　しゅうさい 秀才
1371	臭 N1	シュウ くさい	냄새 취(臭)	臭	あくしゅう 悪臭　しゅうき 臭気　たいしゅう 体臭
1372	愁 N1	シュウ うれい・うれえる	근심 수	愁	きょうしゅう 郷愁　しゅうしょう 愁傷　りょしゅう 旅愁
1373	酬 N1	シュウ	갚을 수	酬	ほうしゅう 報酬　おうしゅう 応酬
1374	醜 N1	シュウ みにくい	미울 추	醜	しゅうあく 醜悪　しゅうたい 醜態　しゅうぶん 醜聞　びしゅう 美醜
1375	襲 N1	シュウ おそう	엄습할 습	襲	しゅうげき 襲撃　しゅうらい 襲来　せしゅう 世襲　しゅうめい 襲名　くうしゅう 空襲

1365　米寿 : 88세 또는 장수를 축하하는 잔치를 뜻하며, 米자를 분해하면 八十八이 되는 것에서 유래한 말
　　　　寿司 : 식초(酢)와 소금(塩)을 섞어서 맛을 낸 밥에 조개·생선·김·야채 등을 얹어서 만든 일본
　　　　고유의 음식으로 우리나라에서는 '(생선) 초밥'이라고 한다.
　　　　관 回転寿司(かいてんずし) 회전 초밥

1365　寿司

1371　悪臭 : 일본에서는 노동자가 기피하는 일, 즉 '위험하고(危険)', '더럽고(汚い)', '고된(きつい)' 일을
　　　　일본어 발음의 앞 문자를 따서 '3K'라고 한다. 최근에는 환경 문제와 더불어 '악취 나는
　　　　(臭い)'을 추가하여 '4K'라고 한다.

번호	日本漢字	音読 (カタカナ) 訓読 (ひらがな)	뜻 음 (韓國漢字)	교과서체	主要単語
1376	汁 N1	ジュウ しる	즙 즙	汁	果汁(かじゅう)・みそ汁(しる)
1377	充 N1	ジュウ あてる	가득할 충	充	充実(じゅうじつ) 充分(じゅうぶん) 充満(じゅうまん) 補充(ほじゅう) 充電(じゅうでん)
1378	柔 N2	ジュウ・ニュウ やわらか やわらかい	부드러울 유	柔	柔道(じゅうどう) 懐柔(かいじゅう)・柔和(にゅうわ) 柔弱(にゅうじゃく)
1379	渋 N1	ジュウ しぶ・しぶい しぶる	떫을 삽 (澁)	渋	渋滞(じゅうたい) 難渋(なんじゅう)・渋(しぶ)っ面(つら) 渋味(しぶみ)
1380	銃 N1	ジュウ	총 총	銃	銃砲(じゅうほう) 銃弾(じゅうだん) 小銃(しょうじゅう) 銃声(じゅうせい)
1381	獣 N1	ジュウ けもの	짐승 수 (獸)	獣	獣医(じゅうい) 怪獣(かいじゅう) 猛獣(もうじゅう)
1382	叔 N1	シュク	아제비 숙	叔	叔父(しゅくふ) 叔母(しゅくぼ)・叔父(おじ) 叔母(おば)
1383	淑 N1	シュク	맑을 숙	淑	淑女(しゅくじょ) 貞淑(ていしゅく) 私淑(ししゅく)
1384	粛 N1	シュク	엄숙할 숙 (肅)	粛	静粛(せいしゅく) 厳粛(げんしゅく) 自粛(じしゅく) 粛正(しゅくせい) 粛然(しゅくぜん)
1385	塾 N1	ジュク	글방 숙	塾	私塾(しじゅく) 学習塾(がくしゅうじゅく) 塾生(じゅくせい)

MP3 074

1376~1395

1379 渋滞 : 걸림이 많아 일의 진행이 더딘 것을 뜻하지만, 주로 도로에서 길이 막히는 것을 말한다. 예컨대 일본에 가면 고속도로 전광판에 「この先(さき)から10km渋滞 : 여기서부터 10km 정체」와 같이 도로 정체 상황을 운전자에게 안내하는 전광판을 쉽게 목격할 수 있다.

1378 柔道

번호	日本漢字	音読 (カタカナ) 訓読 (ひらがな)	뜻 음 (韓國漢字)	교과서체	主要単語
1386	俊 N1	シュン	뛰어날 준	俊	しゅんさい 俊才 しゅんそく 俊足
1387	瞬 N1	シュン またたく	눈깜짝할 순	瞬	しゅんかん 瞬間 いっしゅん 一瞬 しゅんじ 瞬時
1388	旬 N1	ジュン	열흘 순	旬	しょじゅん 初旬 じょうじゅん 上旬 ちゅうじゅん 中旬 げじゅん 下旬
1389	巡 N1	ジュン めぐる	돌 순 (巡)	巡	じゅんし 巡視 じゅんかい 巡回 いちじゅん 一巡 じゅんれい 巡礼・お巡りさん
1390	盾 N1	ジュン たて	방패 순	盾	むじゅん 矛盾・後ろ盾
1391	准 N1	ジュン	승인할 준	准	ひじゅん 批准 じゅんしょう 准将
1392	殉 N1	ジュン	따라죽을 순	殉	じゅんし 殉死 じゅんしょく 殉職 じゅんなん 殉難 じゅんきょう 殉教
1393	循 N1	ジュン	돌 순	循	じゅんかん 循環
1394	潤 N1	ジュン うるおう うるおす・うるむ	윤택할 윤	潤	りじゅん 利潤 じゅんたく 潤沢 じゅんしょく 潤色
1395	遵 N1	ジュン	따를 준 (遵)	遵	じゅんしゅ 遵守 じゅんぼう 遵法

1389 お巡りさん : 경찰관 ㉰パトカー 순찰차(패트롤 카)

1392 殉死 : (충절을 지키기 위해) 섬기던 주군이 사망하면 뒤를 따라 자살하는 것
☞ 무가시대 일본에서는 극단적으로 충성심을 표시하기 위해 경쟁적으로 순사를 하는 풍습이 있었는데, 한꺼번에 19명이 덩달아 죽은 경우도 있었다. 인재의 손실이 컸기 때문에 에도시대 초기 이를 법으로 금지시켰으나 근절되지 않았다.

번호	日本漢字	音読 (カタカナ) 訓読 (ひらがな)	뜻 음 (韓國漢字)	교과서체	主要単語
1396	庶 N1	ショ	여러 서	庶	しょみん 庶民　しょむ 庶務
1397	緒 N3	ショ・チョ お	실마리 서 (緒)	緒	いっしょ 一緒　たんしょ 端緒　しょせん 緒戦　じょうちょ 情緒・はおり 羽織の緒
1398	如 N1	ジョ・ニョ	같을 여	如	けつじょ 欠如　とつじょ 突如・にょじつ 如実　にょらい 如来
1399	叙 N1	ジョ	필 서 (敍)	叙	じょじゅつ 叙述　じょじょう 叙情　じょじし 叙事詩　じじょでん 自叙伝
1400	徐 N1	ジョ	천천히할 서	徐	じょこう 徐行　じょじょ 徐々に
1401	升 N1	ショウ ます	되 승	升	いっしょうびん 一升瓶
1402	召 N2	ショウ めす	부를 소	召	しょうかん 召喚　しょうしゅう 召集
1403	匠 N1	ショウ	장인 장	匠	ししょう 師匠　きょしょう 巨匠　めいしょう 名匠　いしょう 意匠
1404	床 N2	ショウ とこ・ゆか	평상 상	床	びょうしょう 病床　おんしょう 温床　きしょう 起床・とこ 床の間・ゆかした 床下
1405	抄 N1	ショウ	베낄 초	抄	しょうほん 抄本　しょうろく 抄録　しょうやく 抄訳

MP3 075

1396~1415

1398 ㉖百聞(ひゃくぶん)は一見(いっけん)に如(し)かず 백문이 불여일견

1401 1升 = 10合 (1.8ℓ)

1403 師匠 : 스승, 선생, 사범 ☞ 예컨대, 「すもう(相撲)」의 도장(道場)을 「○○べや(部屋)」라고 하며, 그 사범을 「ししょう」라고 한다.

번호	日本 漢字	音読 (カタカナ) 訓読 (ひらがな)	뜻 음 (韓國漢字)	교과서체	主要単語
1406	肖 N1	ショウ	같을 초 (肖)	肖	しょうぞう 肖像　不肖
1407	尚 N1	ショウ	오히려 상	尚	こうしょう しょうぞう お しょう 高尚　尚早　和尚
1408	昇 N2	ショウ のぼる	오를 승	昇	じょうしょう しょうしん しょうかく しょうこう 上昇　昇進　昇格　昇降
1409	沼 N1	ショウ ぬま	늪 소	沼	しょうたく どろぬま 沼沢・泥沼
1410	宵 N1	ショウ よい	밤 소 (宵)	宵	よい ご よい くち 宵越し　宵の口
1411	症 N1	ショウ	병세 증	症	しょうじょう じゅうしょう えんしょう 症状　重症　炎症
1412	祥 N1	ショウ	상서로울 상 (祥)	祥	はっしょう ち ふ しょう じ 発祥地　不祥事
1413	称 N1	ショウ	일컬을 칭 (稱)	称	しょうさん あいしょう じ しょう けいしょう りゃくしょう 称賛　愛称　自称　敬称　略称
1414	渉 N1	ショウ	건널 섭 (涉)	渉	こうしょう しょうがい かんしょう 交渉　渉外　干渉
1415	紹 N2	ショウ	이을 소	紹	しょうかい 紹介

1404　床の間 : 벽 쪽에 방바닥보다 약간 높은 문이 없는 벽장을 만들어 놓고, 안쪽 벽에는 족자를 걸고
바닥에는 꽃꽂이나 일본도 등을 놓아 장식하는 일본 특유의 가옥구조로서, 방안에서는
이곳을 가장 상석으로 여기기 때문에 손님을 앉혀 예우하는 자리이기도 하다.

1413　称賛 :「賞賛(しょうさん)」이라고도 한다. 한국 한자로는 「稱讚」이라고 쓴다.

1404　床の間

번호	日本漢字	音読 (カタカナ) 訓読 (ひらがな)	뜻 음 (韓國漢字)	교과서체	主要単語
1416	訟 N1	ショウ	송사할 송	訟	訴訟
1417	掌 N1	ショウ	손바닥 장	掌	車掌　合掌　掌中
1418	晶 N1	ショウ	맑을 정	晶	結晶　水晶
1419	焦 N1	ショウ こげる・こがす こがれる・あせる	그을릴 초	焦	焦点
1420	硝 N1	ショウ	초석 초 (硝)	硝	硝酸
1421	粧 -	ショウ	단장할 장	粧	化粧品
1422	詔 N1	ショウ みことのり	고할 조	詔	詔書　詔勅
1423	奨 N1	ショウ	권할 장 (奬)	奨	奨励　奨学金　推奨
1424	詳 N1	ショウ くわしい	자세할 상	詳	詳細　詳述　詳報　未詳
1425	彰 N1	ショウ	밝을 장	彰	表彰

MP3 076

1416~1434

1417 合掌 : 일본에서는 오랜 불교 문화의 영향으로 '합장'하는 모습을 자주 볼 수 있다. 신사나 절에서 참배를 할 때는 두 번 허리 숙여 절하고 손뼉을 두 번 마주친 다음 합장을 하며 기도를 한 뒤, 다시 한 번 허리 굽혀 절을 한다. 이러한 일련의 동작을 「二礼二拍手一礼(にれいにはくしゅいちれい)」라고 한다.

1425 表彰 : 일본의 가정집에는 가족들이 받은 각종 표창장을 액자에 담아 안방(床の間)의 벽 위쪽에 사방으로 빽빽하게 걸어 놓고, 가문에 대한 긍지를 갖게 하여 자녀 교육에 활용하고 있다.

번호	日本漢字	音読 (カタカナ) 訓読 (ひらがな)	뜻 음 (韓國漢字)	교과서체	主要単語
1426	衝 N1	ショウ	부딪힐 충	衝	しょうげき 衝撃　しょうとつ 衝突　せっしょう 折衝　しょうどう 衝動　ようしょう 要衝
1427	償 N1	ショウ つぐなう	보상할 상	償	ほしょう 補償　しょうきゃく 償却　べんしょう 弁償　むしょう 無償
1428	礁 N1	ショウ	암초 초	礁	あんしょう 暗礁　ざしょう 坐礁　しょう さんご礁
1429	鐘 N1	ショウ かね	쇠북 종	鐘	けいしょう 警鐘　しょうろう 鐘楼
1430	丈 -	ジョウ たけ	어른 장 (丈)	丈	だいじょうぶ 大丈夫　じょうぶ 丈夫・せたけ 背丈
1431	冗 N1	ジョウ	쓸데없을 용	冗	じょうだん 冗談
1432	浄 N1	ジョウ	깨끗할 정 (淨)	浄	じょうか 浄化　せいじょう 清浄　せんじょう 洗浄　じょうすいじょう 浄水場
1433	剰 N1	ジョウ	남을 잉 (剩)	剰	じょうよ 剰余　よじょう 余剰　かじょう 過剰
1434	畳 N2	ジョウ たたみ・たたむ	거듭 첩 (疊)	畳	じょうご 畳語　ちょうじょう 重畳　よじょうはん 四畳半・たたみ ま 畳の間

1434　畳 : 다다미의 넓이는 보통 180cm×90cm로 정형화되어 있다. 말하자면 다다미 한 장 위에 한 사람이 누울 수 있는 크기이니 한 사람의 주거 공간이 되는 셈이다. 그리고 「四畳半(よじょうはん)」, 「六畳(ろくじょう)」 등으로 일본인들은 방의 크기를 다다미의 매수로 계산한다. 습기가 많고 온돌 난방이 아닌 일본에서는 기후 풍토에 딱 어울리는 생활용품이라고 할 수 있다.

1434　畳

번호	日本漢字	音読(カタカナ)訓読(ひらがな)	뜻 음 (韓國漢字)	교과서체	主要単語
1435	壌 N1	ジョウ	흙 양 (壤)	壌	土壌
1436	嬢 N1	ジョウ	계집애 양 (孃)	嬢	令嬢 お嬢さん
1437	錠 N1	ジョウ	덩어리 정	錠	錠剤 糖衣錠 錠前 手錠
1438	譲 N1	ジョウ ゆずる	사양할 양 (讓)	譲	譲歩 譲渡 委譲 敬譲語
1439	醸 N1	ジョウ かもす	술빚을 양 (釀)	醸	醸造
1440	殖 N1	ショク ふえる・ふやす	번식할 식	殖	殖産 増殖 繁殖 養殖
1441	飾 N1	ショク かざる	꾸밀 식 (飾)	飾	装飾 服飾 修飾・首飾り
1442	触 N2	ショク ふれる・さわる	닿을 촉 (觸)	触	接触 感触 触角 触手 触発
1443	嘱 N1	ショク	부탁할 촉 (囑)	嘱	委嘱 嘱託
1444	辱 N1	ジョク はずかしめる	욕 욕	辱	屈辱 雪辱

MP3 077

1435~1454

1436 お嬢さん : 남의 딸을 높여 부르는 말, 따님

1437 錠 : 흔히 알약의 단위로도 쓰인다.
㈜ 一回(いっかい)三錠(さんじょう)ずつ飲(の)んでください。 한 번에 세 알씩 복용하세요.

번호	日本漢字	音読 (カタカナ) 訓読 (ひらがな)	뜻 음 (韓國漢字)	교과서체	主要単語
1445	伸 N2	シン のびる・のばす	펼 신	伸	伸縮 追伸・背伸び 伸び悩み
1446	辛 N2	シン からい	매울 신	辛	香辛科 辛勝・辛口 塩辛
1447	侵 N1	シン おかす	침범할 침	侵	侵略 侵入 侵害 侵犯
1448	津 N1	シン つ	나루 진	津	興味津々・津波
1449	唇 N1	シン くちびる	입술 순 (唇)	唇	口唇
1450	娠 N1	シン	아이밸 신	娠	姙娠
1451	振 N1	シン ふる・ふるう	떨칠 진	振	振興 振動 不振 三振・振る舞い
1452	浸 N1	シン ひたす・ひたる	적실 침	浸	浸透 浸水・水浸し
1453	紳 N1	シン	신사 신	紳	紳士
1454	診 N1	シン みる	진찰할 진	診	診察 診断 検診 誤診

1446 辛口 : 매운 것을 좋아하는 사람, 허끝에 닿는 술맛이 쌉쌀한 것 ⟨반⟩甘口(あまくち)

塩辛 : (생선・조개・생선・내장 등을 소금에 절인) 젓, 젓갈 ⟨예⟩いかの〜 오징어 젓갈

1448 津波 : 지진의 충격으로 갑자기 해안에 밀어닥쳐 육지를 뒤덮는 높은 물결, 지진해일

1451 振る舞い : 행동, 동작, 대접

三振 : 야구에서 헛스윙하는 것을 「空振(からぶ)り」라고 하는데, 일본의 아나운서들은 중계방송을 하면서 곧잘 「空振り三振アウット！」라고 힘차게 외친다.

번호	日本漢字	音読 (カタカナ) 訓読 (ひらがな)	뜻 음 (韓國漢字)	교과서체	主要単語
1455	寝 N3	シン ねる・ねかす	잘 침 (寢)	寝	寝台 寝室・昼寝 寝言 寝返り
1456	慎 N1	シン つつしむ	삼갈 신 (愼)	慎	慎重 謹慎
1457	審 N1	シン	살필 심	審	審判 主審 副審 審査 審議
1458	震 N2	シン ふるう・ふるえる	진동할 신	震	地震 震動 震度 震災・身震い
1459	刃 N1	ジン は	칼날 인 (刃)	刃	自刃・刃物
1460	尽 N1	ジン つくす・つきる つかす	다할 신 (盡)	尽	尽力 無尽蔵 一網打尽
1461	迅 N1	ジン	빠를 신 (迅)	迅	迅速
1462	甚 N1	ジン はなはだ はなはだしい	심할 심	甚	甚大 幸甚
1463	陣 N1	ジン	진칠 진	陣	報道陣 陣営 陣頭 敵陣 背水の陣
1464	尋 N1	ジン たずねる	찾을 심	尋	尋問 尋常

MP3 078

1455~1474

1455 寝言 : 잠꼬대, 조리가 서지 않는 말
寝返り : 배반, 약속을 깨뜨리는 것

1458 地震 : 일본은 화산 지대라서 지진과 화산 폭발이 잦고, 땅의 색깔도 한국에 비해 잿빛을 띠고 있다.

1459 自刃 : 자결, 칼로 스스로 목숨을 끊음

1460 尽(つ)くす : '최선을 다하다'를 일본어로는 「最善(ざいせん)を尽くす」라고 한다.

1445 地震

182

번호	日本 漢字	音読 (カタカナ) 訓読 (ひらがな)	뜻 음 (韓國漢字)	교과서체	主要単語
1465	吹 N3	スイ ふく	불 취	吹	すいそうがく いぶき ふぶき ふきこ 吹奏楽・息吹　吹雪　吹込み
1466	炊 N1	スイ たく	밥지을 취	炊	すいじ すいはんき じすい 炊事　炊飯器　自炊
1467	粋 N1	スイ	순수할 수 (粹)	粋	じゅんすい せいすい ばっすい 純粋　精粋　抜粋
1468	衰 N1	スイ おとろえる	쇠약할 쇠	衰	すいじゃく すいたい ろうすい せいすい 衰弱　衰退　老衰　盛衰
1469	酔 N1	スイ よう	취할 취 (醉)	酔	しんすい とうすい ふつか よ よ ばら 心酔　陶酔・二日酔い　酔っ払い
1470	遂 N1	スイ とげる	드디어 수 (遂)	遂	すいこう かんすい みすい 遂行　完遂　未遂
1471	睡 N1	スイ	잘 수	睡	すいみん じゅくすい ごすい 睡眠　熟睡　午睡
1472	穂 N1	スイ ほ	이삭 수 (穗)	穂	いなほ 稲穂
1473	随 N1	ズイ	따를 수 (隨)	随	ずいこういん ずいひつ ついずい ずいじ ずいい 随行員　随筆　追随　随時　随意
1474	髄 N1	ズイ	골수 수 (髓)	髄	こつずい しんずい せいずい 骨髄　神髄　精髄

1462 幸甚 : '아주 다행'이라는 뜻으로 편지에서 많이 쓴다.

1465 吹雪 : 눈보라 ☞ 일본어 발음이 특별하니 주의할 것 !

　　 吹込み : 노래나 음성 등을 레코드나 녹음기에 취입하는 것

1467 抜粋 : 한국한자로는 '발췌(抜萃)'라고 쓴다.

1472 穂 : 어려운 한자이지만, 일본인의 이름에서는 자주 쓰이는 한자이다.

번호	日本 漢字	音読(カタカナ) 訓読(ひらがな)	뜻 음 (韓國漢字)	교과서체	主要単語
1475	枢 N1	スウ	밑둥 추(樞)	枢	枢軸 中枢 枢機卿
1476	崇 N1	スウ	높일 숭	崇	崇拝 崇高
1477	据 N1	すえる・すわる	일할 거	据	据え置き
1478	杉 N1	すぎ	삼나무 삼	杉	杉林 杉並木
1479	瀬 N1	せ	여울 뢰(瀨)	瀬	浅瀬 瀬戸物 瀬戸内海
1480	是 N1	ゼ	옳을 시	是	是非 是認 是正 国是 社是
1481	征 N1	セイ	칠 정	征	征服 遠征 出征
1482	姓 N2	セイ・ショウ	성 성	姓	姓名 旧姓 改姓 夫婦別姓・百姓
1483	斉 N1	セイ	모두 제(齊)	斉	一斉に 斉唱
1484	牲 N1	セイ	희생 생	牲	犠牲

MP3 079

1475~1492

1479 瀬戸内外 : 일본의 혼슈(本州) 남쪽 해안선과 시코쿠(四国)의 북쪽 해안선 사이에 있는 해역으로 수심이 낮아 안전하고 양쪽의 육지가 평야 지대라서 예로부터 교통과 문화가 발달했다. 조선통신사도 이 해역을 따라 일본을 왕래했다.

瀬戸物 : 도자기
☞ 아이치(愛知)의 세토(瀬戸)市가 명산지였던 데서 유래되었다.

1479 瀬戸物

번호	日本漢字	音読 (カタカナ)訓読 (ひらがな)	뜻 음(韓國漢字)	교과서체	主要単語
1485	逝 N1	セイ ゆく	죽을 서 (逝)	逝	逝去(せいきょ) 急逝(きゅうせい)
1486	婿 N1	セイ むこ	사위 서	婿	女婿(じょせい)・娘婿(むすめむこ) 花婿(はなむこ)
1487	誓 N1	セイ ちかう	맹세할 서	誓	誓約(せいやく) 宣誓(せんせい)
1488	請 N1	セイ・シン こう・うける	청할 청 (請)	請	要請(ようせい) 請求(せいきゅう) 申請(しんせい)・普請(ふしん)・ 請負(うけおい) 下請け(したうけ)
1489	斥 N1	セキ	물리칠 척	斥	排斥(はいせき) 斥候(せっこう)
1490	析 N1	セキ	쪼갤 석	析	分析(ぶんせき) 解析(かいせき)
1491	隻 N2	セキ	외짝 척	隻	2隻(せき)の船(ふね)
1492	惜 N1	セキ おしい・おしむ	아낄 석	惜	惜別(せきべつ) 惜敗(せきはい) 哀惜(あいせき) 負け惜しみ(まけおしみ)

1482 **夫婦別姓** : 일본에서는 전통적으로 여자가 결혼하면 남편의 성을 따라서 쓴다. 그러나 최근 여권 신장 및 여성의 활발한 사회 진출과 더불어 부부가 따로따로 본래의 성을 쓰자는 운동이 활발히 전개되고 있다. 이혼하면 과거 친정 집의 성을 다시 쓰며, 결혼하기 전의 옛날 성을 「旧姓(きゅうせい)」라고 한다.

改姓 : 우리나라에서는 절대로 성을 갈지 않는다고 맹세하는 뜻에서 걸핏하면 '내가 성을 간다'라고 말하지만 일본에서는 예사로운 일이다. 결혼에 따른 개성은 물론이고, 예컨대 제자가 스승의 성을 물려 받는 것을 영광으로 생각한다.

百姓 : 농부를 뜻하는 말인데, 오늘날에는 농부를 차별하는 말이라 해서 이 말을 쓰지 않고 '농사 짓는 사람', '농업 경영자'라는 말로 대체해서 쓰고 있다.

번호	日本漢字	音読 (カタカナ) 訓読 (ひらがな)	뜻 음 (韓國漢字)	교과서체	主要単語
1493	跡 N2	セキ あと	발자취 적	跡	追跡（ついせき）　遺跡（いせき）　史跡（しせき）　足跡・足跡（そくせき・あしあと）
1494	籍 N2	セキ	서적 적	籍	国籍（こくせき）　戸籍（こせき）　本籍（ほんせき）　在籍（ざいせき）　書籍（しょせき）
1495	拙 N1	セツ	졸할 졸	拙	拙劣（せつれつ）　拙速（せっそく）　拙著（せっちょ）　拙文（せつぶん）
1496	窃 N1	セツ	도둑 절 (竊)	窃	窃盗（せっとう）　窃取（せっしゅ）
1497	摂 N1	セツ	당길 섭 (攝)	摂	摂取（せっしゅ）　摂生（せっせい）　摂政（せっしょう）　摂氏（せっし）
1498	仙 N1	セン	신선 선	仙	仙人（せんにん）　酒仙（しゅせん）
1499	占 N2	セン しめる・うらなう	점칠 점	占	占拠（せんきょ）　占領（せんりょう）　独占（どくせん）　占星術・買い占め（せんせいじゅつ・かし）め
1500	扇 N1	セン おうぎ	부채 선	扇	扇風機（せんぷうき）　扇子（せんす）　扇動（せんどう）
1501	栓 N1	セン	나무못 전	栓	消火栓（しょうかせん）　耳栓（みみせん）　栓抜き（せんぬ）き
1502	旋 N1	セン	돌 선	旋	旋風（せんぷう）　旋回（せんかい）　旋律（せんりつ）　周旋（しゅうせん）　斡旋（あっせん）

MP3 080

1493~1512

1495 拙者 : 일본 사극을 보면 「拙者(せっしゃ)」라는 말이 자주
나오는데 윗사람에 대해 자신을 낮추어 일컫는 말로
우리말의 '소인'과 같은 뜻이다.

1500 扇子 : 쥘부채를 뜻하며 넓은 부채는 「団扇(うちわ)」라고 한다.

　　扇動 : 한국 한자로는 「煽動」이다.

1502 斡旋 : 「斡」자는 상용한자는 아니지만 흔히 쓴다.

1500 団扇　　1500 扇子

번호	日本漢字	音読(カタカナ)訓読(ひらがな)	뜻 음(韓國漢字)	교과서체	主要単語
1503	践 N1	セン	밟을 천 (踐)	践	実践(じっせん)
1504	潜 N1	セン ひそむ・もぐる	잠길 잠 (潛)	潜	潜水(せんすい) 潜入(せんにゅう) 潜在(せんざい) 潜伏(せんぷく)
1505	遷 N1	セン	옮길 천 (遷)	遷	遷都(せんと) 変遷(へんせん) 左遷(させん)
1506	薦 N1	セン すすめる	천거할 천	薦	推薦(すいせん) 自薦(じせん) 他薦(たせん)
1507	繊 N1	セン	가늘 섬 (纖)	繊	繊維(せんい) 繊細(せんさい) 化繊(かせん)
1508	鮮 N1	セン あざやか	고을 선	鮮	新鮮(しんせん) 鮮魚(せんぎょ) 鮮度(せんど) 鮮明(せんめい) 鮮血(せんけつ)
1509	禅 N1	ゼン	고요할 선 (禪)	禅	座禅(ざぜん) 禅寺(ぜんでら)
1510	漸 N1	ゼン	차차 점	漸	漸次(ぜんじ) 漸進的(ぜんしんてき)
1511	繕 N1	ゼン つくろう	기울 선	繕	修繕(しゅうぜん) 営繕(えいぜん)
1512	阻 N1	ソ はばむ	험할 조	阻	阻止(そし) 阻害(そがい)

1508 鮮魚 : 해산물이 풍부한 일본에서는 예로부터 「冬は河豚(ふぐ)、夏は鰻(うなぎ)」라는 말이 있다. 실제로 일본인들은 겨울에는 복어를 기호 식품으로 즐겨 먹고, 여름에는 뱀장어를 보신 식품으로 애용하고 있다.

1512 阻止 : 한국 한자로는 「沮」를 써서 「沮止・沮害」로 쓴다.

1508 鰻

번호	日本漢字	音読 (カタカナ) 訓読 (ひらがな)	뜻 음 (韓國漢字)	교과서체	主要単語
1513	租 N1	ソ	세금 조	租	租税(そぜい) 租借(そしゃく)
1514	措 N1	ソ	둘 조	措	措置(そち)
1515	粗 N1	ソ あらい	거칠 조	粗	粗末(そまつ) 粗悪(そあく) 粗品(そしな) 粗雑(そざつ)
1516	疎 N1	ソ うとい・うとむ	트일 소	疎	疎通(そつう) 疎遠(そえん) 疎開(そかい) 疎外(そがい) 親疎(しんそ)
1517	訴 N1	ソ うったえる	하소연할 소	訴	告訴(こくそ) 起訴(きそ) 勝訴(しょうそ) 泣訴(きゅうそ) 訴状(そじょう)
1518	塑 N1	ソ	토우 소	塑	塑像(そぞう) 彫塑(ちょうそ)
1519	礎 N1	ソ いしずえ	주춧돌 초	礎	基礎(きそ) 礎石(そせき)
1520	双 N2	ソウ ふた	쌍 쌍 (雙)	双	双方(そうほう) 双眼鏡(そうがんきょう) 双生児(そうせいじ)・双子(ふたご) 双葉(ふたば)
1521	壮 N1	ソウ	씩씩할 장 (壯)	壮	壮大(そうだい) 壮観(そうかん) 壮快(そうかい) 壮絶(そうぜつ)
1522	荘 N1	ソウ	장중할 장 (莊)	荘	荘厳(そうごん) 荘重(そうちょう) 別荘(べっそう) 山荘(さんそう)

1515 粗品 : 남에게 선물을 할 때, '변변치 못한 것'이라는 뜻으로 겸손하게 말하는 표현이다.

1516 疎通 : 한국 한자로는 「疏」이라고 쓴다.

번호	日本漢字	音読 (カタカナ) 訓読 (ひらがな)	뜻 음 (韓國漢字)	교과서체	主要単語
1523	捜 N2	ソウ さがす	찾을 수(搜)	捜	捜査 捜索
1524	挿 N1	ソウ さす	꽂을 삽(揷)	挿	挿入・挿絵
1525	桑 N1	ソウ くわ	뽕나무 상	桑	桑園
1526	掃 N2	ソウ はく	쓸 소(掃)	掃	掃除 清掃 一掃
1527	曹 N1	ソウ	무리 조	曹	法曹界
1528	喪 N1	ソウ も	잃을 상	喪	喪失・喪服 喪主
1529	葬 N1	ソウ ほうむる	장사 장	葬	葬式 葬儀 社葬 火葬 埋葬
1530	僧 N1	ソウ	중 승(僧)	僧	高僧 僧院
1531	遭 N1	ソウ あう	만날 조(遭)	遭	遭難 遭遇
1532	槽 N1	ソウ	구유 조	槽	浴槽 水槽

1526 掃除 : '대청소'는 「だいそうじ」라고 하지 않고, 「おおそうじ」라고 한다.

1529 葬式 : 일본어로는 '장례식'의 '례'를 빼고 「葬式」라고 하며, 회사에서 주관해서 치르는 '회사장'도 줄여서 「社葬」라고 한다.

번호	日本漢字	音読 (カタカナ) 訓読 (ひらがな)	뜻 음 (韓國漢字)	교과서체	主要単語
1533	燥 N2	ソウ	마를 조	燥	しょうそう 焦燥　かんそう 乾燥
1534	霜 N1	ソウ しも	서리 상	霜	そうがい 霜害・はつしも 初霜　しもふ 霜降り
1535	騒 N1	ソウ さわぐ	시끄러울 소 (騷)	騒	そうおん 騒音　そうどう 騒動　ぶっそう 物騒・おおさわ 大騒ぎ
1536	藻 N1	ソウ も	말 조	藻	かいそう 海藻
1537	憎 N2	ゾウ にくむ・にくい にくらしい にくしみ	미워할 증 (憎)	憎	ぞうお 憎悪　あいぞう 愛憎
1538	贈 N2	ゾウ・<u>ソウ</u> おくる	보낼 증 (贈)	贈	きぞう 寄贈　ぞうよ 贈与・おく もの 贈り物
1539	即 N1	ソク	곧 즉 (即)	即	そくせき 即席　そくざ 即座　そっけつ 即決　そくし 即死　そくい 即位
1540	促 N2	ソク うながす	재촉할 촉	促	そくしん 促進　さいそく 催促　そくおん 促音
1541	俗 N1	ゾク	풍속 속	俗	みんぞく 民俗　ふうぞく 風俗　ていぞく 低俗　ぞくご 俗語　ぞくせつ 俗説
1542	賊 N1	ゾク	도둑 적	賊	かいぞく 海賊　さんぞく 山賊　とうぞく 盗賊　ぞくぐん 賊軍

1538　贈り物 : 선물　통 プレゼント

1541　風俗 : 일본에서는 '섹스 산업'을 「風俗産業(ふうぞくさんぎょう)」라고 한다.
의식주나 전통문화 산업으로 오해하지 않도록 할 것!

1539　即席食品

번호	日本漢字	音読 (カタカナ) 訓読 (ひらがな)	뜻 음 (韓國漢字)	교과서체	主要単語
1543	妥 N1	ダ	온당할 타 (妥)	妥	<ruby>妥当<rt>だとう</rt></ruby> <ruby>妥協<rt>だきょう</rt></ruby> <ruby>妥結<rt>だけつ</rt></ruby>
1544	堕 N1	ダ	떨어질 타 (隨)	堕	<ruby>堕落<rt>だらく</rt></ruby>
1545	惰 N1	ダ	게으를 타	惰	<ruby>惰性<rt>だせい</rt></ruby>
1546	駄 N1	ダ	짐실을 태	駄	<ruby>無駄<rt>むだ</rt></ruby> <ruby>駄菓子<rt>だがし</rt></ruby> <ruby>駄目<rt>だめ</rt></ruby> <ruby>駄目押し<rt>だめお</rt></ruby>
1547	耐 N1	タイ たえる	견딜 내	耐	<ruby>耐性<rt>たいせい</rt></ruby> <ruby>耐久<rt>たいきゅう</rt></ruby> <ruby>耐火<rt>たいか</rt></ruby> <ruby>耐熱<rt>たいねつ</rt></ruby> <ruby>耐寒<rt>たいかん</rt></ruby>
1548	怠 N1	タイ おこたる なまける	게으를 태	怠	<ruby>怠慢<rt>たいまん</rt></ruby> <ruby>怠業<rt>たいぎょう</rt></ruby>・<ruby>怠け者<rt>なまもの</rt></ruby>
1549	胎 N1	タイ	아이밸 태	胎	<ruby>胎児<rt>たいじ</rt></ruby> <ruby>母胎<rt>ぼたい</rt></ruby> <ruby>胎動<rt>たいどう</rt></ruby>
1550	泰 N1	タイ	클 태	泰	<ruby>泰然<rt>たいぜん</rt></ruby> <ruby>泰斗<rt>たいと</rt></ruby> <ruby>安泰<rt>あんたい</rt></ruby>
1551	袋 N2	タイ ふくろ	자루 대	袋	<ruby>郵袋<rt>ゆうたい</rt></ruby>・<ruby>手袋<rt>てぶくろ</rt></ruby> <ruby>紙袋<rt>かみぶくろ</rt></ruby> <ruby>福袋<rt>ふくぶくろ</rt></ruby>
1552	逮 N1	タイ	잡을 체 (逮)	逮	<ruby>逮捕<rt>たいほ</rt></ruby>

1546 **駄目押し** : 확인한 일을 확실히 하기 위해 다시 다짐하는 것 또는 확실하게 이기고 있는 시합에 점수를 다시 가산하는 것을 뜻한다. 바둑에서 메우지 않아도 될 공배를 메우는 것에서 유래.

1548 **怠け者** : 게으름뱅이 ㉧怠(なま)け者(もの)の節句(せっく)働(はたら)き 게으른 자, 남들 노는 단오날 일하기 (늦부지런 떨기)

1551 **福袋** : 매년 1월 초에 백화점 등 유통 업계에서 손님을 끌기 위해 복주머니 안에 여러 가지 물건을 넣고 봉하여 파격적으로 싸게 팔기 때문에 인기가 많다.

1551 福袋

번호	日本 漢字	音読(カタカナ) 訓読(ひらがな)	뜻 음 (韓國漢字)	교과서체	主要単語
1553	替 N2	タイ かえる・かわる	바꿀 체	替	交替(こうたい) 代替(だいたい)・両替(りょうがえ) 振替(ふりかえ)・為替(かわせ)
1554	滞 N1	タイ とどこおる	막힐 체 (滯)	滞	滞在(たいざい) 停滞(ていたい) 滞納(たいのう) 沈滞(ちんたい)
1555	滝 N1	たき	여울 롱 여울 랑 (瀧)	滝	滝壺(たきつぼ) 華厳(けごん)の滝(たき)
1556	択 N1	タク	가릴 택 (擇)	択	選択(せんたく) 採択(さいたく) 択一(たくいつ)
1557	沢 N1	タク さわ	못 택 (澤)	沢	光沢(こうたく) 潤沢(じゅんたく) 恵沢(けいたく)
1558	卓 N1	タク	높을 탁	卓	食卓(しょくたく) 円卓(えんたく) 卓上(たくじょう) 卓越(たくえつ) 卓見(たっけん)
1559	拓 N1	タク	열 척	拓	開拓(かいたく) 拓植(たくしょく) 干拓(かんたく) 拓本(たくほん)
1560	託 N1	タク	부탁할 탁	託	信託(しんたく) 委託(いたく) 結託(けったく) 託児所(たくじしょ) 預託(よたく)
1561	濯 N2	タク	씻을 탁 (濯)	濯	洗濯(せんたく)
1562	諾 N1	ダク	대답할 낙	諾	承諾(しょうだく) 応諾(おうだく) 許諾(きょだく) 快諾(かいだく) 内諾(ないだく)

MP3 083

1553~1572

1553 振替休日 : 일본에서는 국경일이 일요일과 겹치면 일요일에 이어서 다음 날인 월요일도 쉰다. 이렇게 대체해서 쉬는 휴일을 「振替休日」라고 한다.

為替 : 환(換) 관 • 外国為替(がいこくかわせ) : 외국환
• 為替(かわせ)レート : 환율

1555 滝壺 : 폭포의 물이 떨어져 내려 바닥이 항아리처럼 움푹 패인 곳

1557 贅沢 : '사치'라는 뜻인데, 「贅」자는 상용한자가 아니지만 실제로는 많이 쓰이니 기억해 둘 것! 예 贅沢(ぜいたく)な生活(せいかつ) 사치스런 생활

1555 滝壺

192

번호	日本 漢字	音読 (カタカナ) 訓読 (ひらがな)	뜻 음 (韓國漢字)	교과서체	主要単語
1563	濁 N1	ダク にごる・にごす	흐릴 탁	濁	だくおん 濁音　だくりゅう 濁流　せいだく 清濁・にご 濁り酒
1564	脱 N1	ダツ ぬぐ・ぬげる	벗을 탈 (脫)	脱	だっせん 脱線　だつらく 脱落　だったい 脱退　だっそう 脱走　だっぴ 脱皮　だつぜい 脱税
1565	奪 N1	ダツ うばう	빼앗을 탈	奪	だっしゅ 奪取　そうだつ 争奪　だっかい 奪回　りゃくだつ 略奪　ごうだつ 強奪
1566	棚 N1	たな	선반 붕	棚	ほんだな 本棚　あみだな 網棚　たいりくだな 大陸棚　かみだな 神棚　たな あ 棚上げ
1567	丹 N1	タン	붉을 단	丹	たんねん 丹念　たんせい 丹精　たんでん 丹田
1568	胆 N1	タン	쓸개 담 (膽)	胆	たんりょく 胆力　だいたん 大胆　らくたん 落胆
1569	淡 N1	タン あわい	묽을 담	淡	たんぱく 淡白　れいたん 冷淡　たんすい 淡水・あわゆき 淡雪
1570	嘆 N1	タン なげく なげかわしい	탄식할 탄 (嘆)	嘆	かんたん 感嘆　たんせい 嘆声　ひ たん 悲嘆　たんがん 嘆願
1571	端 N1	タン はし・は・はた	끝 단	端	せんたん 先端　まったん 末端　ほったん 発端　きょくたん 極端　たん ご 端午・みちばた 道端
1572	鍛 N1	タン きたえる	단련할 단	鍛	たんれん 鍛練・かじ や 鍛冶屋

1566　神棚：「神様(かみさま)」를 모시는 신단　☞ 일본에서는 서로 다른 종교인 「神道(しんどう)」의
　　　「神棚(かみだな)」와 불교의 「仏壇(ぶつだん)」을 같은 방의 같은 벽면에 모시고 있다.

　　　棚上げ：일시 보류 또는 출고 정지

1571　端午：일본의 단옷날인 5월 5일은 어린이날이기도 하지만, 남자아이의 성장을 축하하여 천이나
　　　종이로 잉어 모양을 만들어 장대에 높이 매달아 하늘에 띄우는 풍습이 있다. 시골에 가면
　　　그 모습이 장관을 이룬다.

1571　端午

번호	日本漢字	音読 (カタカナ) 訓読 (ひらがな)	뜻 음 (韓國漢字)	교과서체	主要単語
1573	弾 N1	ダン たま・ひく はずむ	탄알 탄 (彈)	弾	だんあつ 弾圧　だんりょく 弾力　だんせい 弾性　だんやく 弾薬　ほうだん 砲弾
1574	壇 N1	ダン・<u>タン</u>	단 단	壇	だんじょう 壇上　えんだん 演壇　がだん 画壇　ろんだん 論壇・どたんば 土壇場
1575	恥 N3	チ はじ・はずかしい はじる・はじらう	부끄러울 치	恥	ちじょく 恥辱　はれんち 破廉恥
1576	致 N1	チ いたす	이를 치	致	いっち 一致　がっち 合致　ゆうち 誘致　ちし 致死　ちめいてき 致命的
1577	遅 N3	チ おそい・おくれる おくらす	더딜 지 (遲)	遅	ちえん 遅延　ちこく 遅刻　ちたい 遅滞
1578	痴 N1	チ	어리석을 치 (癡)	痴	ちかん 痴漢　はくち 白痴　ぐち 愚痴　おんち 音痴
1579	稚 N1	チ	어릴 치	稚	ようちえん 幼稚園　ちせつ 稚拙　ちぎょ 稚魚　ちき 稚気
1580	畜 N2	チク	가축 축	畜	かちく 家畜　ぼくちく 牧畜　ちくさん 畜産　ちくしょう 畜生
1581	逐 N1	チク	쫓을 축 (逐)	逐	ちくじ 逐次　ちくじょう 逐条　くちく かん 駆逐(艦)
1582	蓄 N1	チク たくわえる	쌓을 축	蓄	ちくせき 蓄積　ちょちく 貯蓄　びちく 備蓄　ちくざい 蓄財　ちくでんち 蓄電池

MP3 084

1573~1592

1574 土壇場 : 옛날에는 흙을 쌓아 올려 목을 베던 사형장을 일컬었으나, 오늘날에는 '마지막 순간' 또는 '막판'이라는 표현으로 쓰인다. 예컨대 야구에서 9회 말에 극적으로 역전되는 경우에 「巨人(ジャイアント)、九回裏(きゅうかいうら)、土壇場(どたんば)の逆転勝(ぎゃくてんが)ち！」와 같이 신문의 타이틀로 곧잘 표현한다.

1575 破廉恥 : 「ハレンチ」 또는 「破れん恥」라고 표기하는 경우도 많다.

1577 ❖ 一日(いちにち)の遅(おく)れは十日(とおか)の遅(おく)れ。하루가 늦어지면, 열흘이 늦어진다.

194

번호	日本漢字	音読 (カタカナ) 訓読 (ひらがな)	뜻 음 (韓國漢字)	교과서체	主要単語
1583	秩 N1	チツ	차례 질	秩	秩序（ちつじょ）
1584	窒 N1	チツ	막을 질	窒	窒息（ちっそく） 窒素（ちっそ）
1585	嫡 N1	チャク	정실 적	嫡	嫡子（ちゃくし） 嫡男（ちゃくなん）
1586	抽 N1	チュウ	뽑을 추	抽	抽選（ちゅうせん） 抽出（ちゅうしゅつ） 抽象（ちゅうしょう）
1587	衷 N1	チュウ	정성 충	衷	衷心（ちゅうしん） 苦衷（くちゅう） 折衷（せっちゅう）
1588	鋳 N1	チュウ いる	부어만들 주 (鑄)	鋳	鋳造（ちゅうぞう） 鋳鉄（ちゅうてつ）・鋳物（いもの） 鋳型（いがた）
1589	駐 N2	チュウ	머무를 주	駐	駐在（ちゅうざい） 駐車場（ちゅうしゃじょう） 進駐（しんちゅう）
1590	弔 N1	チョウ とむらう	조상할 조	弔	弔問（ちょうもん） 弔辞（ちょうじ） 慶弔（けいちょう） 弔電（ちょうでん）
1591	挑 N1	チョウ いどむ	돋을 도	挑	挑戦（ちょうせん） 挑発（ちょうはつ）
1592	彫 N1	チョウ ほる	새길 조	彫	彫刻（ちょうこく） 木彫（もくちょう）・浮彫り（うきぼり）

1578 愚痴 : 예 愚痴をこぼす。 푸념을 늘어 놓다.
　　　音痴 : 노래에만 쓰는 것이 아니라 다른 경우에도 곧잘 쓴다. 예 味覚音痴(みかくおんち)

1580 畜生 : '젠장' 등으로 남을 욕하는 말. 그러나 일본에는 욕이 별로 없기 때문에 우리나라의 '젠장'보다는 정도가 세다.

1586 抽選 : 한국 한자로는 「抽籤」라고 쓴다.

1592 浮彫り : 어떤 사실이 뚜렷하게 드러난다는 뜻으로 흔히 쓰인다.

번호	日本漢字	音読 (カタカナ) 訓読 (ひらがな)	뜻 음 (韓國漢字)	교과서체	主要単語
1593	眺 N1	チョウ ながめる	바라볼 조	眺	<ruby>眺望<rt>ちょうぼう</rt></ruby>
1594	釣 N1	チョウ つる	낚을 조	釣	<ruby>釣銭<rt>つりせん</rt></ruby>　<ruby>お釣り<rt>つ</rt></ruby>
1595	超 N2	チョウ こえる・こす	뛰어넘을 초	超	<ruby>超過<rt>ちょうか</rt></ruby>　<ruby>超人的<rt>ちょうじんてき</rt></ruby>　<ruby>超満員<rt>ちょうまんいん</rt></ruby>　<ruby>超然<rt>ちょうぜん</rt></ruby>
1596	跳 N1	チョウ はねる・とぶ	뛸 도	跳	<ruby>跳躍<rt>ちょうやく</rt></ruby>・<ruby>縄跳び<rt>なわと</rt></ruby>
1597	徴 N1	チョウ	부를 징 (徵)	徴	<ruby>特徴<rt>とくちょう</rt></ruby>　<ruby>象徴<rt>しょうちょう</rt></ruby>　<ruby>徴候<rt>ちょうこう</rt></ruby>　<ruby>徴兵<rt>ちょうへい</rt></ruby>　<ruby>徴収<rt>ちょうしゅう</rt></ruby>
1598	澄 N1	チョウ すむ・すます	맑을 징	澄	<ruby>清澄<rt>せいちょう</rt></ruby>・<ruby>澄まし顔<rt>すがお</rt></ruby>
1599	聴 N1	チョウ きく	들을 청 (聽)	聴	<ruby>聴取<rt>ちょうしゅ</rt></ruby>　<ruby>聴覚<rt>ちょうかく</rt></ruby>　<ruby>視聴<rt>しちょう</rt></ruby>　<ruby>聴衆<rt>ちょうしゅう</rt></ruby>
1600	懲 N1	チョウ こりる・こらす こらしめる	징계할 징 (懲)	懲	<ruby>懲戒<rt>ちょうかい</rt></ruby>　<ruby>懲役<rt>ちょうえき</rt></ruby>　<ruby>懲罰<rt>ちょうばつ</rt></ruby>
1601	勅 N1	チョク	조서 칙	勅	<ruby>勅語<rt>ちょくご</rt></ruby>　<ruby>勅命<rt>ちょくめい</rt></ruby>　<ruby>勅使<rt>ちょくし</rt></ruby>
1602	沈 N2	チン しずむ・しずめる	잠길 침	沈	<ruby>沈没<rt>ちんぼつ</rt></ruby>　<ruby>浮沈<rt>ふちん</rt></ruby>　<ruby>撃沈<rt>げきちん</rt></ruby>　<ruby>沈着<rt>ちんちゃく</rt></ruby>　<ruby>沈痛<rt>ちんつう</rt></ruby>

MP3 085

1593~1612

1594　お釣り：「釣銭」의 공손한 표현

1595　超満員：러시아워의 지하철 모습은 도쿄나 서울이나 마찬가지다.

1601　勅：천황 관련 용어 외에는 별로 쓰이지 않는다.

1584　超満員

번호	日本漢字	音読 (カタカナ) 訓読 (ひらがな)	뜻 음 (韓國漢字)	교과서체	主要単語
1603	珍 N2	チン めずらしい	보배 진	珍	珍奇 (ちんき) 珍味 (ちんみ) 珍品 (ちんぴん) 珍客 (ちんきゃく)
1604	陳 N1	チン	베풀 진	陳	陳列 (ちんれつ) 陳述 (ちんじゅつ) 陳謝 (ちんしゃ) 陳情 (ちんじょう) 新陳代謝 (しんちんたいしゃ)
1605	鎮 N1	チン しずめる しずまる	진압할 진 (鎮)	鎮	鎮圧 (ちんあつ) 鎮静 (ちんせい) 鎮痛剤 (ちんつうざい) 鎮火 (ちんか) 重鎮 (じゅうちん)
1606	墜 N1	ツイ	떨어질 추 (墜)	墜	墜落 (ついらく) 撃墜 (げきつい)
1607	塚 N1	つか	무덤 총	塚	貝塚 (かいづか) 耳塚 (みみづか)
1608	漬 N1	つける・つかる	담글 시	漬	漬物 (つけもの) 一夜漬け (いちやづけ)
1609	坪 N1	つぼ	평평할 평	坪	建坪 (たてつぼ) 延坪 (のべつぼ) 坪数 (つぼすう)
1610	呈 N1	テイ	보일 정	呈	贈呈 (ぞうてい) 呈示 (ていじ) 進呈 (しんてい) 露呈 (ろてい)
1611	廷 N1	テイ	조정 정	廷	朝廷 (ちょうてい) 宮廷 (きゅうてい) 法廷 (ほうてい)
1612	抵 N1	テイ	막을 저	抵	抵抗 (ていこう) 抵当 (ていとう) 抵触 (ていしょく) 大抵 (たいてい)

1607 耳塚 : 교토(京都)의 「豊国神社(とよくにじんじゃ)」에 있는 귀무덤으로 임진왜란과 정유재란 당시 일본의 무장들이 도요토미 히데요시(豊臣秀吉)에게 조선에서 전과를 올린 증거로서 보고하기 위해 잘라간 조선인의 귀 또는 코를 묻은 곳으로 원혼을 달래기 위해 사당을 세웠다고 한다.

1608 漬物 : 일본식 채소 절임　예)一夜漬(いちやづ)けの勉強(べんきょう) 벼락치기 시험공부

1610 贈呈 : 일본에서는 선물을 증정할 때 격식을 갖추는 의미로 정사각형의 색종이를 기다란 육각형으로 접어서 봉투처럼 만든 「のし」라는 장식물을 붙여 선물하는 풍습이 있다.

1610 のし

번호	日本漢字	音読 (カタカナ) 訓読 (ひらがな)	뜻 음 (韓國漢字)	교과서체	主要単語
1613	邸 N1	テイ	집 저	邸	邸宅 (ていたく)　官邸 (かんてい)　私邸 (してい)
1614	亭 N1	テイ	정자 정	亭	料亭 (りょうてい)　亭主 (ていしゅ)
1615	貞 N1	テイ	곧을 정	貞	貞操 (ていそう)　不貞 (ふてい)　童貞 (どうてい)
1616	帝 N1	テイ	임금 제	帝	皇帝 (こうてい)　帝国 (ていこく)　帝王 (ていおう)
1617	訂 N1	テイ	바로잡을 정	訂	訂正 (ていせい)　改訂 (かいてい)　校訂 (こうてい)
1618	逓 N1	テイ	갈마들 체 (遞)	逓	逓信 (ていしん)　逓減 (ていげん)　逓増 (ていぞう)
1619	偵 N1	テイ	정탐할 정	偵	偵察 (ていさつ)　探偵 (たんてい)　密偵 (みってい)
1620	堤 N1	テイ つつみ	방죽 제	堤	堤防 (ていぼう)　防波堤 (ぼうはてい)
1621	艇 N1	テイ	거룻배 정	艇	艦艇 (かんてい)　巡視艇 (じゅんしてい)
1622	締 N1	テイ しまる・しめる	맺을 체	締	締結 (ていけつ)・取締役 (とりしまりやく)　締切り (しめきり)

MP3 086
1613~1634

1622　取締役 : 회사의 임원·중역을 「取締役」이라고 한다. 한국어의 '이사(理事)'라는 말도 쓰지만, 다른 뜻으로 쓰이니 주의할 것. 즉, 일본의 「理事(りじ)」는 협회·조합·학교 등 (비영리)단체의 임원을 뜻한다. 또한 한국어의 '임원(任員)'이라는 표현은 일본어에는 없으며, 같은 뜻을 「役員(やくいん)」이라고 표현한다.

1623　雲泥の差 : 하늘과 땅의 차이, 천양지차

1624　お摘み : '마른안주'라는 뜻으로, 마른 것이라서 젓가락으로 먹지 않고 손으로 집어먹기 때문에 동사 「摘(つま)む」에서 이런 명칭이 붙여졌다.

198

번호	日本漢字	音読 (カタカナ) 訓読 (ひらがな)	뜻 음 (韓國漢字)	교과서체	主要単語
1623 N2	泥	デイ どろ	진흙 니	泥	泥土 雲泥の差・泥棒
1624 N1	摘	テキ つむ	딸 적	摘	指摘 摘発 摘要・お摘み
1625 N2	滴	テキ しずく・したたる	물방울 적	滴	水滴 点滴 一滴
1626 N1	迭	テツ	바꿀 질 (迭)	迭	更迭
1627 N1	哲	テツ	밝을 철	哲	哲学 哲人
1628 N1	徹	テツ	뚫을 철	徹	徹夜 徹底 冷徹
1629 N1	撤	テツ	거둘 철	撤	撤回 撤去 撤退 撤収
1630 N1	添	テン そえる・そう	더할 첨	添	添加 添付
1631 N2	殿	テン・デン との・どの	대궐 전	殿	殿堂 神殿 殿下 御殿・殿様
1632 N1	斗	ト	말 두	斗	斗酒 北斗七星
1633 N1	吐	ト はく	토할 토	吐	吐血 吐息 吐露・吐き気
1634 N3	途	ト	길 도 (途)	途	前途 途中 帰途 別途 途方 途端

1625　点滴 : 병원에서 놔주는 '링거 주사'

1634　途方 : 방법, 수단, 도리, 방향

　　　　途端 : 바로 그 순간, 바로 그 다음

번호	日本漢字	音読 (カタカナ) 訓読 (ひらがな)	뜻 음 (韓國漢字)	교과서체	主要単語
1635	渡 N3	ト わたる・わたす	건널 도	渡	と べい 渡米　と こう 渡航　と らい 渡来　か と き 過渡期・わた どり 渡り鳥
1636	塗 N2	ト ぬる	바를 도	塗	と そう 塗装　と りょう 塗料　と ふ 塗布・ぬ ぐすり 塗り薬
1637	怒 N3	ド いかる・おこる	성낼 노	怒	ど き 怒気　げき ど 激怒
1638	到 N3	トウ	이를 도	到	とう ちゃく 到着　とう たつ 到達　さっ とう 殺到　とう てい 到底
1639	倒 N3	トウ たおれる・たおす	넘어질 도	倒	だ とう 打倒　そっ とう 卒倒　あっ とう 圧倒　とう さん 倒産・とも だお 共倒れ
1640	逃 N3	トウ にげる・にがす のがす・のがれる	달아날 도 (逃)	逃	とう ぼう 逃亡　とう そう 逃走・よ に 夜逃げ　み のが 見逃し
1641	凍 N2	トウ こおる・こごえる	얼 동	凍	れい とう 冷凍　かい とう 解凍　とう けつ 凍結　とう し 凍死　とう しょう 凍傷
1642	唐 -	トウ から	당나라 당	唐	とう とつ 唐突　けん とう し 遣唐使・から て 唐手
1643	桃 N1	トウ もも	복숭아 도	桃	はく とう 白桃・もも いろ 桃色　もも やま 桃山
1644	透 N1	トウ すく・すかす すける	통할 투 (透)	透	とう めい 透明　とう し 透視　とう てつ 透徹

MP3 087

1635~1654

1640 見逃し : 보고도 놓치는 것, 야구에서 타자가 볼을 보고도 못 치는 것

1642 遣唐使 : 중국의 당나라에 파견한 사신. 수(隋)에 파견한 사신은 「遣隋使(けんずいし)」
　　　　☞ 백제가 멸망한 후에는 중국에 유학승을 많이 파견해서 대륙 문화를 수입했다.

200

번호	日本漢字	音読 (カタカナ) 訓読 (ひらがな)	뜻 음 (韓國漢字)	교과서체	主要単語
1645	悼 N1	トウ いたむ	슬퍼할 도	悼	哀悼（あいとう）　追悼（ついとう）
1646	盗 N3	トウ ぬすむ	도둑 도(盜)	盗	盗難（とうなん）　強盗（ごうとう）　盗用（とうよう）　盗塁（とうるい）
1647	陶 N1	トウ	질그릇 도	陶	陶器（とうき）　陶磁器（とうじき）　陶工（とうこう）　陶芸（とうげい）
1648	塔 N2	トウ	탑 탑	塔	鉄塔（てっとう）　管制塔（かんせいとう）　石塔（せきとう）
1649	搭 N1	トウ	태울 탑	搭	搭乗（とうじょう）　搭載（とうさい）　搭乗券（とうじょうけん）
1650	棟 N1	トウ むね・むな	용마루 동	棟	病棟（びょうとう）・建物の一棟（たてもの）（ひとむね）　棟上げ（むねあ）
1651	痘 N1	トウ	마마 두	痘	天然痘（てんねんとう）　水痘（すいとう）
1652	筒 N2	トウ つつ	대롱 통	筒	封筒（ふうとう）　円筒（えんとう）　水筒・竹筒（すいとう）（たけづつ）
1653	稲 N1	トウ いね・いな	벼 도(稻)	稲	水稲・稲作（すいとう）（いなさく）　稲妻・稲刈り（いなずま）（いねか）
1654	踏 N1	トウ ふむ・ふまえる	밟을 답	踏	踏襲（とうしゅう）　踏査（とうさ）　未踏（みとう）　雑踏・踏み切り（ざっとう）（ふきき）

1643 桃太郎 : 「桃太郎(ももたろう)」는 일본 5대 동화의 하나로서 복숭아에서 태어난 주인공 모모타로가 개·원숭이·꿩을 거느리고 도깨비 섬에 가서 도깨비를 정벌하고 보물을 가지고 돌아온다는 이야기

1643 桃太郎

번호	日本漢字	音読 (カタカナ) 訓読 (ひらがな)	뜻 음 (韓國漢字)	교과서체	主要単語
1655	謄 N1	トウ	베낄 등 (謄)	謄	とうほん 謄本
1656	闘 N1	トウ たたかう	싸울 투 (鬪)	闘	せんとう 戦闘　とうそう 闘争　とうびょう 闘病　とうし 闘志　けんとう 健闘　しゅんとう 春闘
1657	騰 N1	トウ	오를 등 (騰)	騰	とうき 騰貴　ぼうとう 暴騰　きゅうとう 急騰　とうらく 騰落
1658	洞 N1	ドウ ほら	골 동	洞	どうけつ 洞穴　どうさつ 洞察　くうどうか 空洞化・ほらあな 洞穴
1659	胴 N1	ドウ	몸통 동	胴	どうたい 胴体　きゅうめいどうい 救命胴衣・どうあげ 胴上げ
1660	峠 N1	とうげ	고개 상 (和製漢字)	峠	とうげ ちゃや 峠の茶屋
1661	匿 N1	トク	숨길 익	匿	とくめい 匿名　いんとく 隠匿
1662	督 N1	トク	감독할 독	督	かんとく 監督　そうとく 総督　ていとく 提督　とくそく 督促
1663	篤 N1	トク	도타울 독	篤	きとく 危篤　とくじつ 篤実　こんとく 懇篤
1664	凸 N1	トツ	볼록할 철	凸	おうとつ 凹凸　とっぱん 凸版　とつ 凸レンズ・でこぼこ 凸凹

MP3 088

1655~1674

1656 春闘 : 「春季闘争」의 준말로 매년 봄 일본에서 회사의 노동조합이 임금 인상을 요구하면서 벌이는 투쟁. 최근에는 축제처럼 이루어지고 있다.

1659 胴上げ : 일본에서는 스포츠에서 우승하거나 대학입시에서 합격하면 주변에서 헹가래를 쳐서 축하해 주는 모습을 자주 볼 수 있다.

1660 峠 : 일본에서 만든 소위 「和製漢字」로 '산마루, 고개' 또는 '고비, 절정'을 뜻한다.

1661 匿 : 한국어 발음은 '익'인데, 일본어 발음은 특이하여 「とく」로 발음하니 주의할 것!

1659 胴上げ

번호	日本漢字	音読 (カタカナ) 訓読 (ひらがな)	뜻 음 (韓國漢字)	교과서체	主要単語
1665	突 N3	トツ つく	부딪칠 돌 (突)	突	とつぜん 突然　げきとつ 激突　とっぱ 突破　ついとつ 追突　とっぴ 突飛　オンドル 温突
1666	屯 N1	トン	모일 둔	屯	ちゅうとん 駐屯
1667	豚 N1	トン ぶた	돼지 돈	豚	ようとん 養豚　とん 豚カツ・豚肉 ぶたにく
1668	鈍 N2	ドン にぶい・にぶる	둔할 둔	鈍	どんかん 鈍感　どんさい 鈍才　どんき 鈍器
1669	曇 N2	ドン くもる	날흐릴 담	曇	どんてん 曇天・曇りガラス くも
1670	軟 N2	ナン やわらか やわらかい	연할 연	軟	じゅうなん 柔軟　なんじゃく 軟弱　なんきん 軟禁　なんこつ 軟骨
1671	尼 N1	ニ あま	여승 니	尼	にそう 尼僧・尼寺 あまでら
1672	弐 N1	ニ	두 이 (貳)	弐	に 弐
1673	尿 N1	ニョウ	오줌 뇨	尿	にょうい 尿意　にょうどう 尿道　にょうそ 尿素　とうにょうびょう 糖尿病
1674	妊 N1	ニン	아이밸 임 (姙)	妊	にんしん 妊娠　にんぷ 妊婦　ふにん 不妊　ひにん 避妊

1664 凸：凸レンズ 볼록렌즈

凹凸：「おうとつ」라고 하지만, 글자의 순서를 바꿔서 「凸凹」라고 쓰면 「でこぼこ」라고 발음한다.

1665 温突：'온돌'은 한국에서 전래된 외래어라서 「読み方」를 「カタカナ」로 표기한다. 마찬가지로 한국에서 건너간 말인 '총각(総角)'은 「チョンガー」로 표기한다.

1667 豚カツ：「豚(일본어)＋カツレツ(cutlet)」 ⇒ 「豚カツ」 즉, 일본어와 영어를 합성해서 만든 말이다.

1674 妊娠：한국 한자로는 「姙娠」으로 쓴다.

번호	日本 漢字	音読 (カタカナ) 訓読 (ひらがな)	뜻 음 (韓國漢字)	교과서체	主要単語
1675	忍 N1	ニン しのぶ しのばせる	참을 인 (忍)	忍	にんたい にんく ざんにん にんじゃ 忍耐　忍苦　残忍　忍者
1676	寧 N1	ネイ	편안할 녕 (寧)	寧	ていねい あんねい 丁寧　安寧
1677	粘 N1	ネン ねばる	끈끈할 점	粘	ねんど ねんえき ねんちゃく 粘土　粘液　粘着
1678	悩 N2	ノウ なやむ・なやます	번뇌할 뇌 (惱)	悩	のうさつ くのう なや たね 悩殺　苦悩・悩みの種
1679	濃 N2	ノウ こい	짙을 농	濃	のうど のうしゅく のうこう のうたん のうむ 濃度　濃縮　濃厚　濃淡　濃霧
1680	把 N1	ハ	잡을 파	把	は あく 把握
1681	覇 N1	ハ	으뜸 패	覇	は き せいは は しゃ は けん 覇気　制覇　覇者　覇権
1682	杯 N3	ハイ さかずき	잔 배	杯	いっぱい かんぱい しゅくはい し はい 一杯　乾杯　祝杯　賜杯
1683	排 N1	ハイ	물리칠 배	排	はいじょ はい き はいすい はいしゅつ はい た てき 排除　排気　排水　排出　排他的
1684	廃 N1	ハイ すたれる・すたる	폐할 폐 (廢)	廃	はい し てっぱい はい き ぶつ はいひん 廃止　撤廃　廃棄物　廃品

MP3 089

1675~1697

1675　忍者 : 둔갑술을 써서 은밀히 정탐 행위를 하는 사람

1678　悩みの種 : 골칫거리, 걱정거리

1688　媒酌 : 중매　☞ 媒妁 → 媒酌으로 상용한자 내의 글자(酌)로 대체했다.
　　　㉙ 중매인 : 媒酌人

1682　乾杯

番号	日本漢字	音読 (カタカナ) 訓読 (ひらがな)	뜻 음 (韓國漢字)	교과서체	主要単語
1685	輩 N1	ハイ	무리 배	輩	せんぱい 先輩　こうはい 後輩　はいしゅつ 輩出
1686	培 N1	バイ つちかう	북돋을 배	培	ばいよう 培養　さいばい 栽培
1687	陪 N1	バイ	도울 배	陪	ばいせき 陪席　ばいしん 陪審
1688	媒 N1	バイ	중매 배	媒	ばいたい 媒体　ばいかい 媒介　しょくばい 触媒　ばいしゃく 媒酌
1689	賠 N1	バイ	배상할 배	賠	ばいしょうきん 賠償金　そんがいばいしょう 損害賠償
1690	伯 N1	ハク	맏 백	伯	がはく 画伯　はくしゃく 伯爵・おじ 伯父　おば 伯母
1691	拍 N1	ハク・ヒョウ	칠 박	拍	はくしゅ 拍手　はくしゃ 拍車・ひょうし 拍子
1692	泊 N2	ハク とまる・とめる	배댈 박	泊	しゅくはく 宿泊　がいはく 外泊　ていはく 停泊
1693	迫 N1	ハク せまる	핍박할 박 (迫)	迫	あっぱく 圧迫　はくがい 迫害　せっぱく 切迫　はくしん 迫真　はくりょく 迫力
1694	舶 N1	ハク	큰배 박	舶	せんぱく 船舶　はくらいひん 舶来品
1695	薄 N2	ハク うすい・うすめる うすまる うすらぐ うすれる	얇을 박	薄	はくじょう 薄情　きはく 希薄　けいはく 軽薄　にくはく 肉薄・うすぎ 薄着
1696	漠 N1	バク	사막 막	漠	ばくぜん 漠然　さばく 砂漠　こうばく 広漠
1697	縛 N1	バク しばる	묶을 박 (縛)	縛	そくばく 束縛　ほばく 捕縛・かなしば 金縛り

번호	日本漢字	音読 (カタカナ) 訓読 (ひらがな)	뜻 음 (韓國漢字)	교과서체	主要単語
1698	爆 N2	バク	폭발할 폭	爆	ばくはつ 爆発　ばくおん 爆音　ばくげき 爆撃　ばくだん 爆弾　げんばく 原爆　ばくしょう 爆笑
1699	肌 N2	はだ	살 기	肌	はだいろ 肌色　はだ ぎ 肌着　しょくにんはだ 職人肌　はださむ 肌寒い
1700	鉢 N1	ハチ・ハツ	바리때 발	鉢	うえ き ばち 植木鉢　ひ ばち 火鉢　はちまき 鉢巻
1701	髪 N3	ハツ かみ	터럭 발 (髮)	髪	り はつ 理髪　もうはつ 毛髪　きんぱつ 金髪　せんぱつ 洗髪・しら が 白髪
1702	伐 N1	バツ	칠 벌	伐	せいばつ 征伐　とうばつ 討伐　さつばつ 殺伐　ばっさい 伐採
1703	抜 N3	バツ ぬく・ぬける ぬかす・ぬかる	뺄 발 (拔)	抜	せんばつ 選抜　ばつぐん 抜群　き ばつ 奇抜　かいばつ 海抜・ぬ う 抜き打ち
1704	罰 N1	バツ・バチ	벌줄 벌	罰	ばっきん 罰金　しょばつ 処罰　しょうばつ 賞罰　てんばつ 天罰・ばちあた 罰当り
1705	閥 N1	バツ	문벌 벌	閥	ざいばつ 財閥　がくばつ 学閥　は ばつ 派閥　ぐんばつ 軍閥　はんばつ 藩閥
1706	帆 N1	ハン ほ	돛 범	帆	はんせん 帆船　しゅっぱん 出帆・ほ ばしら 帆柱
1707	伴 N1	ハン・バン ともなう	짝 반 (伴)	伴	どうはん 同伴　ずいはん 随伴・ばんそう 伴奏

MP3 090

1698~1717

1699 肌 : 이 한자 대신에 흔히 '부(膚)' 자로도 쓴다.

1704 罰 : '벌줄 벌(罰)'과 '허물 죄(罪)'는 글자도 비슷하고 뜻도 혼동하기 쉽다.

1716 廃藩置県 : 明治 4년(1871년) 중앙 집권화를 위하여 潘(はん)을 폐하고 지방 행정을 府県(ふけん)으로 통일한 개혁

번호	日本漢字	音読 (カタカナ) 訓読 (ひらがな)	뜻 음 (韓國漢字)	교과서체	主要単語
1708	畔 N1	ハン	물가 반	畔	湖畔 こはん
1709	般 N1	ハン	옮길 반	般	一般 全般 諸般 先般 今般 いっぱん ぜんぱん しょはん せんぱん こんぱん
1710	販 N2	ハン	팔 판	販	販売 市販 販路 はんばい しはん はんろ
1711	搬 N1	ハン	운반할 반	搬	運搬 搬入 搬出 うんぱん はんにゅう はんしゅつ
1712	煩 N1	ハン・ボン わずらう わずらわす	번거로울 번	煩	煩悩 煩雑 ぼんのう はんざつ
1713	頒 N1	ハン	반포할 반	頒	頒布 はんぷ
1714	範 N1	ハン	본보기 범	範	模範 師範 規範 範囲 もはん しはん きはん はんい
1715	繁 N1	ハン	번성할 번 (繁)	繁	繁栄 繁盛 繁華街 はんえい はんじょう はんかがい
1716	藩 N1	ハン	울타리 번	藩	藩主 藩士 廃藩置県 はんしゅ はんし はいはんちけん
1717	蛮 N1	バン	오랑캐 만 (蠻)	蛮	蛮行 野蛮 蛮人 蛮勇 ばんこう やばん ばんじん ばんゆう

♣ 다용도 난방기구 : こたつ
일본의 가옥은 온돌방이 아니라서 춥다. 그러나 「こたつ」라는 난방 기구가 있는데, 책상처럼 넓은
상 밑에 열선을 장치하고 담요를 덮어 씌워 보온을 유지하는 구조다. 겨울에는 이 난방 기구가
다용도로 쓰이는데, 아이들이 공부하는 책상 · 밥 먹는 식탁 · 차 마시는 차탁 · 손님에게 과일을
대접하는 응접 탁자가 되는 등 다양하게 쓰인다.

こたつ

번호	日本漢字	音読 (カタカナ) 訓読 (ひらがな)	뜻 음 (韓國漢字)	교과서체	主要単語
1718	盤 N1	バン	쟁반 반	盤	基盤(きばん) 円盤(えんばん) 地盤(じばん) 水盤(すいばん) 磐石(ばんじゃく)
1719	妃 N1	ヒ	왕비 비	妃	王妃(おうひ) 皇太子妃(こうたいしひ) 妃殿下(ひでんか)
1720	彼 N3	ヒ かれ・かの	저 피	彼	彼岸(ひがん) 彼我(ひが)・彼女(かのじょ) 彼氏(かれし)
1721	披 N2	ヒ	펼 피	披	披露宴(ひろうえん)
1722	卑 N1	ヒ いやしい いやしむ いやしめる	낮을 비 (비)	卑	卑屈(ひくつ) 卑下(ひげ) 卑俗(ひぞく) 男尊女卑(だんそんじょひ)
1723	疲 N3	ヒ つかれる つからす	피곤할 피	疲	疲労(ひろう) 疲弊(ひへい)・旅疲(たびづか)れ
1724	被 N2	ヒ こうむる	입을 피	被	被害(ひがい) 被告(ひこく) 被服(ひふく) 被災(ひさい) 法被(はっぴ)
1725	扉 N1	ヒ とびら	문짝 비	扉	開扉(かいひ)・本(ほん)の扉(とびら)
1726	碑 N1	ヒ	비석 비	碑	石碑(せきひ) 碑銘(ひめい) 記念碑(きねんひ) 墓碑(ぼひ)
1727	罷 N1	ヒ	파할 파	罷	罷免(ひめん) 罷業(ひぎょう)

MP3 091

1718~1737

1724 法被 : 주로 상인들이 유니폼 또는 작업복처럼 입었던 윗도리 옷으로 양쪽 깃에 점포 이름을 써 넣고, 등에 점포를 상징하는 마크나 취급상품의 그림이 그려져 있다. 지금은 주로 마쓰리(祭り) 행렬이나 재래시장에서 흔히 볼 수 있다.

1724 法被

번호	日本漢字	音読 (カタカナ) 訓読 (ひらがな)	뜻 음 (韓國漢字)	교과서체	主要単語
1728	避 N1	ヒ さける	피할 피 (避)	避	避難 ひなん　避暑 ひしょ　回避 かいひ　逃避 とうひ　不可避 ふかひ
1729	尾 N1	ビ お	꼬리 미	尾	尾行 びこう　首尾 しゅび　末尾 まつび　語尾・尾根 ごび・おね
1730	微 N1	ビ	작을 미 (微)	微	微笑 びしょう　微細 びさい　微量 びりょう　軽微 けいび　微動 びどう　微力 びりょく
1731	匹 N2	ヒツ ひき	짝 필	匹	匹敵 ひってき　匹夫・3匹の犬 ひっぷ・びきいぬ
1732	泌 N1	ヒツ・ヒ	분비할 비	泌	分泌 ぶんぴ　泌尿器 ひにょうき
1733	姫 N1	ひめ	계집 희 (姫)	姫	舞姫 まいひめ　織り姫 おりひめ　一姫二太郎 いちひめにたろう　姫路城 ひめじじょう
1734	漂 N1	ヒョウ ただよう	뜰 표	漂	漂流 ひょうりゅう　漂着 ひょうちゃく　漂泊 ひょうはく
1735	苗 N1	ビョウ・ミョウ なえ・<u>なわ</u>	싹 묘	苗	種苗・苗字・苗木・苗代 しゅびょう・みょうじ・なえぎ・なわしろ
1736	描 N1	ビョウ えがく	그림 묘	描	描写 びょうしゃ　点描 てんびょう　素描 そびょう
1737	猫 N3	ビョウ ねこ	고양이 묘	猫	愛描・猫舌　猫被り　猫要らず あいびょう・ねこじた　ねこかぶり　ねこいらず

1731　匹 : 네 발 달린 동물을 세는 단위

1733　一姫二太郎 : 먼저 딸을 낳고, 두 번째 아이는 아들을 낳는 것이 가장 이상적인 순서라는 속설. 딸 하나에 아들 둘이라는 인원수 개념은 잘못 알려진 뜻이다.

姫路城 : 3대 명성의 하나로, 일본에서 가장 아름다운 성으로 손꼽힌다.

1737　猫舌 : 뜨거운 것을 먹지 못하는 사람　☞ 고양이가 뜨거운 것을 먹지 못하는 데서 유래함

1733　姫路城

번호	日本漢字	音読 (カタカナ) 訓読 (ひらがな)	뜻 음 (韓國漢字)	교과서체	主要単語
1738	浜 N1	ヒン はま	물가 빈 (濱)	浜	海浜・浜辺 砂浜
1739	賓 N1	ヒン	손 빈 (賓)	賓	来賓 主賓 国賓 賓客 貴賓
1740	頻 N1	ヒン	자주 빈 (頻)	頻	頻繁 頻度 頻発 頻出
1741	敏 N1	ビン	민첩할 민 (敏)	敏	敏感 過敏 機敏 敏腕
1742	瓶 N2	ビン	병 병 (瓶)	瓶	花瓶 瓶詰 大瓶 ガラス瓶
1743	扶 N1	フ	도울 부	扶	扶養 扶助
1744	怖 N3	フ こわい	무서워할 포	怖	恐怖
1745	附 N1	フ	붙일 부	附	附属 寄附
1746	赴 N1	フ おもむく	다다를 부	赴	赴任
1747	浮 N3	フ うく・うかれる うかぶ・うかべる	뜰 부 (浮)	浮	浮力 浮上 浮浪・浮世絵・浮気

MP3 092

1738~1757

1745 附 : 「付」자로 대체하거나 혼용해서 쓴다. 즉, 「附·付」를 같은 글자로 취급하고 있다.
따라서 「附属 → 付属」 「寄附 → 寄付」처럼 간단한 한자로 쓰고 있다.

1747 浮気 : 들뜬 마음, 변하기 쉬운 마음 ㉿ 浮気者(うわきもの) 바람둥이

浮世絵 : 「江戸時代」의 풍속화 ☞ 주로 화류계의 여성이나 연극 배우 등을 소재로 했다.

1747 浮世絵

번호	日本漢字	音読 (カタカナ) 訓読 (ひらがな)	뜻 음 (韓國漢字)	교과서체	主要単語
1748	符 N2	フ	부신 부	符	切符（きっぷ）　符号（ふごう）　音符（おんぷ）
1749	普 N2	フ	넓을 보	普	普通（ふつう）　普及（ふきゅう）　普遍（ふへん）　普段着（ふだんぎ）
1750	腐 N1	フ くさる・くされる くさらす	썩을 부	腐	腐敗（ふはい）　腐心（ふしん）　豆腐（とうふ）　防腐剤（ぼうふざい）　腐食（ふしょく）
1751	敷 N1	フ しく	펼 부 (敷)	敷	敷設・屋敷（ふせつ・やしき）　敷地（しきち）　敷物（しきもの）　風呂敷（ふろしき）
1752	膚 N2	フ	살갗 부	膚	皮膚（ひふ）
1753	賦 N1	フ	구실 부	賦	賦与（ふよ）　天賦（てんぷ）　月賦（げっぷ）　賦役（ふえき）
1754	譜 N1	フ	계보 보	譜	系譜（けいふ）　楽譜（がくふ）　年譜（ねんぷ）
1755	侮 N1	ブ あなどる	업신여길 보 (侮)	侮	侮辱（ぶじょく）　軽侮（けいぶ）
1756	舞 N3	ブ まう・まい	춤출 무	舞	舞台（ぶたい）　舞踏（ぶとう）　乱舞（らんぶ）　歌舞伎・見舞い（かぶき・みま）
1757	封 N2	フウ・ホウ	봉할 봉	封	封書（ふうしょ）　封印（ふういん）　封切り・封建的（ふうき・ほうけんてき）

1750　腐食 : 썩어서 모양이 망가지는 것, 부식　☞ 한국 한자는 「腐蝕」
　　　㈜ 腐（くさ）っても鯛（たい） 썩어도 도미 : 값진 것은 낡거나 헐었을망정 그래도 가치가 있다는 뜻인데, 우리나라 속담에서는 '썩어도 준치'라고 한다. 일본에서는 생선 중에서 도미가 대우를 받는다.

1756　舞踏会(ぶとうかい) : 원래는 「舞蹈会」라고 썼으나, 상용한자 범위 내의 한자로 바꿨다. 그래서 한자로 읽으면 '무답회'가 된다.
　　　見舞い : 문안　㈜ 病気見舞(びょうきみま)い 병문안 / 暑中見舞(しょちゅうみま)い 더위 문안
　　　歌舞伎 : 일본의 전통 연극으로 배우는 모두 남자만 출연하는 것이 특징이다.　☞ 「伎」는 허용된 한자는 아니나 실제로 흔히 쓴다.

번호	日本漢字	音読 (カタカナ) 訓読 (ひらがな)	뜻 음 (韓國漢字)	교과서체	主要単語
1758	伏 N1	フク ふせる・ふす	엎드릴 복	伏	伏線(ふくせん) 伏兵(ふくへい) 起伏(きふく) 降伏(こうふく)
1759	幅 N2	フク はば	폭 폭	幅	振幅(しんぷく) 全幅(ぜんぷく)・歩幅(ほはば) 値幅(ねはば) 幅跳び(はばと)
1760	覆 N1	フク おおう くつがえす くつがえる	뒤엎을 복	覆	覆面(ふくめん) 転覆(てんぷく)
1761	払 N3	フツ はらう	떨 불 (拂)	払	支払い(しはら) 月払い(つきばら) 前払い(まえばら) 後払い(あとばら)
1762	沸 N2	フツ わく・わかす	끓을 비	沸	沸騰(ふっとう) 沸点(ふってん)・沸かし湯(わゆ)
1763	紛 N1	フン まぎれる まぎらす まぎらわす まぎらわしい	어지러울 분	紛	紛争(ふんそう) 内紛(ないふん) 紛失(ふんしつ)
1764	雰 N1	フン	안개 분	雰	雰囲気(ふんいき)
1765	墳 N1	フン	무덤 분	墳	古墳(こふん) 墳墓(ふんぼ)
1766	憤 N1	フン いきどおる	분할 분	憤	義憤(ぎふん) 発憤(はっぷん) 憤激(ふんげき) 悲憤(ひふん)

MP3 093

1758~1778

1758 降伏 : '항복'의 '복' 자를 「服」로도 쓴다.

1760 転覆 : 한국한자로는 '전복(顚覆)'으로 쓴다.

1770 柄 : '몸집, 체격, 무늬, 빛깔, 성질, 신분, 품위, 어울리는 격, 손잡이(え)' 등 뜻이 많다.

　　　大柄 : 몸집이 큼, 무늬가 큼직함　⯅小柄(こがら)

번호	日本漢字	音読 (カタカナ) 訓読 (ひらがな)	뜻 음 (韓國漢字)	교과서체	主要単語
1767	噴 N1	フン ふく	뿜을 분	噴	ふん か 噴火　ふんすい 噴水　ふんしゃ 噴射　ふんしゅつ 噴出
1768	丙 N1	ヘイ	남녘 병	丙	こうおつへいてい 甲乙丙丁　へいしゅ 丙種
1769	併 N1	ヘイ あわせる	아우를 병 (倂)	併	へいごう 併合　へいよう 併用　へいせつ 併設　がっぺい 合併
1770	柄 N1	ヘイ がら・え	자루 병	柄	おうへい 横柄・いえがら 家柄　み がら 身柄　おおがら 大柄　ひとがら 人柄
1771	塀 N1	ヘイ	담 병 (塀)	塀	いたべい 板塀　ど べい 土塀
1772	幣 N1	ヘイ	비단 폐 (幣)	幣	か へい 貨幣　し へい 紙幣
1773	弊 N1	ヘイ	폐단 폐 (弊)	弊	へいしゃ 弊社　へいがい 弊害　ご へい 語弊　へいしゅう 弊習
1774	壁 N1	ヘキ かべ	벽 벽	壁	へきめん 壁面　へき が 壁画　じょうへき 城壁　がんぺき 岩壁・かべかみ 壁紙
1775	癖 N1	ヘキ くせ	버릇 벽	癖	しゅうへき 習癖　けっぺき 潔癖　とうへき 盗癖・くちぐせ 口癖　さけぐせ 酒癖
1776	偏 N1	ヘン かたよる	치우칠 편	偏	へんけん 偏見　へんこう 偏向　へんしょく 偏食　へんちょう 偏重
1777	遍 N1	ヘン	두루 편 (遍)	遍	ふ へんせい 普遍性　へんれき 遍歴
1778	捕 N3	ホ とる・とらえる とらわれる つかまえる つかまる	잡을 포	捕	ほしゅ 捕手　ほきゅう 捕球　ほりょ 捕虜・と もの 捕り物　い ど 生け捕り

번호	日本漢字	音読 (カタカナ) 訓読 (ひらがな)	뜻 음 (韓國漢字)	교과서체	主要単語
1779	浦 N1	ホ うら	물가 포	浦	きょくほ 曲浦 ・ つ つ うらうら 津々浦々
1780	舗 N1	ホ	펼 포 (鋪)	舗	ほ そう 舗装　てん ぼ 店舗　ほん ぽ 本舗 ・ しにせ 老舗
1781	募 N2	ボ つのる	모을 모	募	ぼ しゅう 募集　ぼ きん 募金　おう ぼ 応募　きゅう ぼ 急募　こう ぼ 公募
1782	慕 N1	ボ したう	사모할 모	慕	ぼ じょう 慕情　し ぼ 思慕　けい ぼ 敬慕　れん ぼ 恋慕
1783	簿 N1	ボ	장부 부	簿	めい ぼ 名簿　しゅっせき ぼ 出席簿　ちょう ぼ 帳簿　か けい ぼ 家計簿
1784	芳 N1	ホウ かんばしい	꽃다울 방	芳	ほうめいろく 芳名録　ほうこう 芳香　ほうじょう 芳情
1785	邦 N1	ホウ	나라 방	邦	ゆうほう 友邦　れんぽう 連邦　い ほうじん 異邦人　ほうじん 邦人
1786	奉 N1	ホウ・ブ たてまつる	받들 봉	奉	ほう し 奉仕　ほうかん 奉還　ほうこう 奉公　しんぼう 信奉　ほうのう 奉納
1787	抱 N3	ホウ だく・いだく かかえる	안을 포	抱	ほう ふ 抱負　ほうよう 抱擁 ・ ひとかか 一抱え
1788	泡 N1	ホウ あわ	거품 포	泡	き ほう 気泡　はっぽう 発砲　すいほう 水泡

MP3 094

1779~1798

1780　老舗 : (몇 대를 계속해서 같은 장사를 해 온 전통 · 신용 · 격식이 있는) 오래된 점포로 일본에는 200~300년 이상 된 점포가 헤아릴 수 없이 많다. ☞ 읽는 방법이 특이하니 주의할 것!

1780　老舗

번호	日本漢字	音読 (カタカナ) 訓読 (ひらがな)	뜻 음 (韓國漢字)	교과서체	主要単語
1789	胞 N1	ホウ	태보 포	胞	同胞（どうほう）　細胞（さいぼう）
1790	俸 N1	ホウ	녹봉 봉	俸	年俸（ねんぽう）　俸給（ほうきゅう）　本俸（ほんぽう）　減俸（げんぽう）
1791	倣 N1	ホウ ならう	본뜰 방	倣	模倣（もほう）
1792	峰 N1	ホウ みね	봉우리 봉	峰	高峰（こうほう）　連峰（れんぽう）　霊峰（れいほう）
1793	砲 N1	ホウ	대포 포	砲	砲撃（ほうげき）　鉄砲（てっぽう）　発砲（はっぽう）　砲火（ほうか）　大砲（たいほう）　空砲（くうほう）
1794	崩 N1	ホウ くずれる・くずす	무너질 붕	崩	崩落（ほうらく）　崩御（ほうぎょ）・山崩れ（やまくず）・雪崩（なだれ）
1795	飽 N1	ホウ あきる・あかす	배부를 포 (飽)	飽	飽食（ほうしょく）　飽和状態（ほうわじょうたい）
1796	褒 N1	ホウ ほめる	칭찬할 포	褒	褒章（ほうしょう）　褒賞（ほうしょう）　褒美（ほうび）
1797	縫 N1	ホウ ぬう	꿰맬 봉	縫	縫合（ほうごう）　縫製（ほうせい）　裁縫（さいほう）　仮縫い（かりぬ）
1798	乏 N1	ボウ とぼしい	가난할 핍	乏	貧乏（びんぼう）　欠乏（けつぼう）　窮乏（きゅうぼう）　耐乏（たいぼう）

1793　無鉄砲 : 1543년 일본 땅에 포르투갈 선원에 의해 서양식 총이 처음으로 전래되자 곧바로 복제품을 만들고, 총의 이름을 「鉄砲 (てっぽう)」라고 했다. 임진왜란 때는 이 총을 갖고 조선을 침략했는데, 우리나라에서는 '조총'이라고 불렀다. 재래식의 칼·창·활에 비해 신무기인 총의 성능이 우수해서 상대가 되지 않았기 때문에 당시 일본인들은 총을 갖지 않고 전쟁에 나가는 것이 무모하다는 뜻에서 「無鉄砲(むてっぽう)」라는 말을 만들어냈다. 지금 우리나라에서는 '무대뽀 같이(처럼)'라는 말을 쓰고 있는데, 이 말의 어원은 일본어.

1797　仮縫い : (옷을) 임시로 꿰맴. 옷을 완성하기 전에 몸에 맞춰 보기 위해 꿰맨 것

번호	日本漢字	音読 (カタカナ) 訓読 (ひらがな)	뜻 음 (韓國漢字)	교과서체	主要単語
1799	忙 N3	ボウ いそがしい	바쁠 망	忙	た ぼう ぼうさつ はんぼう 多忙　忙殺　繁忙
1800	坊 -	ボウ・ボツ	동네 방	坊	ぼう ず あさ ね ぼう あか ぼう ぼ 坊主　朝寝坊　赤ん坊　坊っちゃん ぼう 坊さん
1801	房 N1	ボウ ふさ	방 방	房	れいぼう だんぼう かんぼう ぶんぼう ぐ ち ふさ 冷房　暖房　官房　文房具・乳房
1802	妨 N1	ボウ さまたげる	방해할 방	妨	ぼうがい 妨害
1803	肪 N1	ボウ	기름 방	肪	し ぼう 脂肪
1804	某 N1	ボウ	아무 모	某	ぼう し ぼうしょ 某氏　某所
1805	冒 N1	ボウ おかす	무릅쓸 모	冒	ぼうけん ぼうとう 冒険　冒頭
1806	剖 N1	ボウ	쪼갤 부	剖	かいぼう 解剖
1807	紡 N1	ボウ つむぐ	길쌈 방	紡	ぼうせき こんぼう 紡績　混紡

MP3 095
1799~1817

1800　坊主 : 중(스님)
　　　㈜ 三日坊主(みっかぼうず) 우리말의 '작심삼일(作心三日)'이라는 뜻으로, 중이 되기로 결심하고 입산을 했으나
　　　　　　　3일을 견디지 못하고 내려오는 나약함을 비웃는 말
　　　赤ちゃん : 아기, 갓난아기, 어린애, 철부지　㈜ 赤(あか)ん坊(ぼう)

1801　官房 : 일본의 내각(内閣)·성(省)·청(庁) 등의 기관장에 직속되어 비서·총무 관련의 사무를 집행하는 부서

1810　膨脹 : 원래는 「膨脹」으로 썼으나 상용한자로 대체했다. 한국 한자로는 팽창(膨脹)

번호	日本漢字	音読 (カタカナ) 訓読 (ひらがな)	뜻 음 (韓國漢字)	교과서체	主要単語
1808	傍 N1	ボウ かたわら	곁 방	傍	ぼうかん 傍観　ぼうちょう 傍聴　ぼうけい 傍系　ぼうてん 傍点
1809	帽 N2	ボウ	모자 모	帽	ぼうし 帽子　だつぼう 脱帽
1810	膨 N1	ボウ ふくらむ ふくれる	부풀 팽	膨	ぼうだい 膨大　ぼうちょう 膨張
1811	謀 N1	ボウ・ム はかる	꾀할 모	謀	ぼうりゃく 謀略　ぼうぎ 謀議　むぼう 無謀　しゅぼうしゃ 首謀者・むほん 謀反
1812	朴 N1	ボク	순박할 박	朴	そぼく 素朴　じゅんぼく 淳朴　ぼくねんじん 朴念仁
1813	僕 N1	ボク	종 복	僕	こうぼく 公僕　ぼく 僕
1814	墨 N1	ボク すみ	먹 묵 (墨)	墨	はくぼく 白墨　ぼくじゅう 墨汁　すいぼくが 水墨画・すみえ 墨絵
1815	撲 N1	ボク	두드릴 박	撲	ぼくめつ 撲滅　だぼく 打撲　ぼくさつ 撲殺・すもう 相撲
1816	没 N1	ボツ	빠질 몰 (沒)	没	ぼつにゅう 没入　ぼっとう 没頭　ぼつらく 没落　ぼっしゅう 没収　しゅつぼつ 出没
1817	堀 N1	ほり	굴 굴	堀	うちぼり 内堀　そとぼり 外堀　つりぼり 釣り堀

1812 　淳朴 : 원래는 「純朴・醇朴」 등으로도 썼으나, 현재는 「淳朴」로 쓴다.

1813 　僕 : 남자 사회에서 동등하거나 손아래의 상대방에게 '나는, 나도, 내게' 등으로 친근감과 허물없는 뉘앙스의 인칭대명사인데, 일반적으로 많이 쓰이며, 대응어는 「君(きみ)」다.

1817 　堀 : 발음이 같은 다른 한자로는 「濠(ほり)」를 쓰기도 하며, 적을 방어할 목적으로 성(城) 주위에 땅을 파고 물을 채워놓은 못을 말한다. 도넛처럼 2중으로 팠는데, 성벽 둘레에 판 것은 「うちぼり(内堀・内濠)」라 하고, 외곽지대에 판 것을 「そとぼり(外堀・外濠)」라고 한다. 오늘날에는 도시화에 따라 거의 매립되어 시가지로 변했으며, 일부가 관광명소로 그 흔적이 남아 있다.

번호	日本 漢字	音読 (カタカナ) 訓読 (ひらがな)	뜻 음 (韓國漢字)	교과서체	主要単語
1818	奔 N1	ホン	달릴 분	奔	奔走 奔放 狂奔
1819	翻 N1	ホン ひるがえる ひるがえす	뒤집을 번 (飜)	翻	翻訳 翻意 翻案
1820	凡 N1	ボン・ハン	무릇 범	凡	平凡 凡打 凡人 非凡・凡例
1821	盆 N1	ボン	동이 분	盆	盆地 盆栽 お盆
1822	麻 N1	マ あさ	삼 마	麻	麻薬 大麻 麻酔
1823	摩 N1	マ	문지를 마	摩	摩擦
1824	魔 N1	マ	마귀 마	魔	魔法 魔力 魔女 魔手 悪魔 邪魔
1825	磨 N2	マ みがく	갈 마	磨	研磨 摩滅・歯磨き 靴磨き
1826	埋 N2	マイ うめる・うまる うもれる	묻을 매	埋	埋没 埋蔵 埋設・埋立て 穴埋め
1827	膜 N1	マク	막 막	膜	網膜 角膜 鼓膜 粘膜

MP3 096
1818~1837

1819 翻訳 : 한국 한자는 「飜譯」, 일본은 「翻訳」 ☞ '번' 자를 각각 다르게 쓰는 것에 주의!

1821 お盆 : 우리나라 추석과 같은 민속 명절로 양력 8월 15일 전후로 약 5~7일간의 연휴 기간 중에 고향에 성묘를 가거나 해외여행을 떠나기 때문에 육해공의 모든 교통편은 초만원이 되고, 대도시는 공동화(空洞化) 현상이 되는 것은 우리나라의 추석 모습과 마찬가지다. 그러나 달력에는 '휴일'이라는 표시(붉은 활자)가 없다.

1825 歯磨き : 일본에서는 이를 닦는 치약을 '이 광내기'라는 뜻으로 표현한다. 일본의 약국에 가서 치약을 달라고 하면, 이가 어떻게 아프냐고 묻는다. 즉 일본에서는 '치약(歯薬)'은 「はぐすり」, '이를 닦는 치약'은 「はみがき」라고 한다.

번호	日本漢字	音読(カタカナ) 訓読(ひらがな)	뜻 음 (韓國漢字)	교과서체	主要単語
1828	又 N1	また	또 우 (又)	又	又々 又聞き 又貸し 又は、
1829	抹 N1	マツ	바를 말	抹	一抹 抹殺 抹消 抹茶
1830	慢 N1	マン	거만할 만	慢	自慢 慢心 高慢 慢性 我慢
1831	漫 N1	マン	부질없을 만	漫	漫画 漫才 浪漫 漫然 散漫
1832	魅 N1	ミ	도깨비 매	魅	魅力 魅了 魅惑
1833	岬 N1	みさき	곶 갑	岬	～の岬 岬の灯台
1834	妙 N1	ミョウ	묘할 묘	妙	微妙 絶妙 神妙 妙技 妙案
1835	眠 N3	ミン ねむる・ねむい	잠잘 면	眠	冬眠 不眠 安眠・眠気 居眠り
1836	矛 N1	ム ほこ	창 모	矛	矛盾・矛先
1837	霧 N1	ム きり	안개 무	霧	霧散 濃霧 噴霧器・霧雨

1828 又は : '또는'이라는 접속어

又聞き : 간접적으로 들음, 한다리 건너 들음

1830 自慢 : 자랑 예 腕自慢(うでじまん) 솜씨 자랑 / のど自慢(じまん) 노래 자랑

我慢 : ① 참음, 견딤, 인내 ② 용서함, 봐 줌

1835 居眠り : (앉아서) 졸음 관 居眠(いねむ)り運転(うんてん) 졸음운전

1836 矛先 : 창끝 ☞ 흔히 '공격의 방향'이라는 뜻으로 쓰인다.

번호	日本漢字	音読 (カタカナ) 訓読 (ひらがな)	뜻 음 (韓國漢字)	교과서체	主要単語
1838	娘 N3	むすめ	아가씨 낭	娘	娘心(むすめごころ) 小娘(こむすめ) 一人娘(ひとりむすめ)
1839	銘 N1	メイ	새길 명	銘	銘記(めいき) 感銘(かんめい) 銘菓(めいか) 銘柄(めいがら) 座右の銘(ざゆうのめい)
1840	滅 N1	メツ ほろびる ほろぼす	멸망할 멸	滅	滅亡(めつぼう) 消滅(しょうめつ) 点滅(てんめつ) 滅私(めっし) 滅相(めっそう)
1841	免 N1	メン まぬかれる	면할 면	免	免除(めんじょ) 免許(めんきょ) 放免(ほうめん) 免職(めんしょく) 免税店(めんぜいてん)
1842	茂 N1	モ しげる	무성할 무	茂	繁茂(はんも)
1843	妄 N1	モウ・ボウ	망령될 망	妄	妄想(もうそう) 虚妄(きょもう) 妄動(もうどう) 妄言(もうげん)
1844	盲 N1	モウ	소경 맹	盲	文盲(もんもう) 盲点(もうてん) 盲目(もうもく) 色盲(しきもう) 盲導犬(もうどうけん)
1845	耗 N1	モウ・コウ	줄 모	耗	消耗品(しょうもうひん) 磨耗(まもう)
1846	猛 N1	モウ	사나울 맹	猛	猛烈(もうれつ) 勇猛(ゆうもう) 猛毒(もうどく) 猛威(もうい)
1847	網 N1	モウ あみ	그물 망	網	通信網(つうしんもう) 交通網(こうつうもう) 漁網(ぎょもう)・投網(とあみ)

MP3 097

1838~1857

1840 滅相 : 터무니없음, 당치도 않음

1844 盲 : 일본에서는 '맹인'을 소경·장님의 뜻으로 「めくら」, 그리고 '농자(聾者)'를 귀머거리라는 뜻의 「つんぼ」라고 일컬었는데, 오늘날에는 이러한 말이 장애인을 차별하거나 또는 업신여기는 말이기 때문에, 「目(め)の不自由 (ふじゆう)な人(ひと)」「耳(みみ)の不自由な人」라는 호칭으로 바꿔 쓰고 있다.

번호	日本漢字	音読 (カタカナ) 訓読 (ひらがな)	뜻 음 (韓國漢字)	교과서체	主要単語
1848	黙 N1	モク だまる	말없을 묵 (默)	黙	沈黙 ちんもく　黙認 もくにん　黙殺 もくさつ　黙秘 もくひ　暗黙 あんもく
1849	紋 N1	モン	무늬 문	紋	指紋 しもん　波紋 はもん　紋章 もんしょう　家紋 かもん　菊紋 きくもん　紋付き もんつき
1850	厄 N1	ヤク	재앙 액	厄	厄年 やくどし　厄日 やくび　災厄 さいやく　厄払い やくはら
1851	躍 N1	ヤク おどる	뛸 약 (躍)	躍	活躍 かつやく　飛躍 ひやく　躍進 やくしん　一躍 いちやく
1852	愉 N1	ユ	즐거울 유 (愉)	愉	愉快 ゆかい
1853	諭 N1	ユ さとす	깨우칠 유 (諭)	諭	諭旨 ゆし　教諭 きょうゆ
1854	癒 N1	ユ	병나을 유 (癒)	癒	快癒 かいゆ　治癒 ちゆ　癒着 ゆちゃく
1855	唯 N1	ユイ・イ	오직 유	唯	唯一 ゆいいつ　唯物論 ゆいぶつろん　唯心論 ゆいしんろん
1856	幽 N1	ユウ	깊을 유	幽	幽閉 ゆうへい　幽霊 ゆうれい　幽玄 ゆうげん
1857	悠 N1	ユウ	멀 유	悠	悠久 ゆうきゅう　悠々 ゆうゆう

1849　菊紋 : 국화꽃 문양의 일본 황실(皇室)을 상징하는 문양. 16개의 국화 꽃잎으로 이루어져 있다.

　　　家紋 : 일본에는 집안마다 족보는 없지만, 「家紋」이라는 「家門」을 상징하는 문장(紋章)은 집집마다 있으며,
　　　　　　옷에도 모양을 새겨 넣고 있다.

　　　紋付き : 「家紋」 표시를 넣은 일본 옷 또는 물건의 준말

1850　厄年 : 인간의 일생 중에서 운수가 사나워 재난을 맞기 쉽다는 나이. 남자는 24, 42, 60살, 여자는 19살, 33살,
　　　　　　49살을 지칭한다.

　　　厄払い : 액막이 또는 귀찮은 존재를 떨쳐 버린다는 뜻으로 쓰인다.

1849　家紋

번호	日本漢字	音読 (カタカナ) 訓読 (ひらがな)	뜻 음 (韓國漢字)	교과서체	主要単語
1858	猶 N1	ユウ	오히려 유 (猶)	猶	ゆうよ 猶予　しっこうゆうよ 執行猶予
1859	裕 N1	ユウ	넉넉할 유	裕	よゆう 余裕　ふゆう 富裕　ゆうふく 裕福
1860	雄 N1	ユウ おす・お	수컷 웅	雄	えいゆう 英雄　ゆうだい 雄大　ゆうべん 雄弁　ゆうひ 雄飛・おすいぬ 雄犬
1861	誘 N1	ユウ さそう	꾈 유	誘	ゆうわく 誘惑　ゆうどう 誘導　ゆういん 誘引　ゆうはつ 誘発・さそみず 誘い水
1862	憂 N1	ユウ うれえる うれい・うい	근심 우	憂	ゆうりょ 憂慮　ゆうこく 憂国　ないゆうがいかん 内憂外患・うめ 憂き目
1863	融 N1	ユウ	녹을 융	融	きんゆう 金融　ゆうし 融資　ゆうずう 融通　ゆうごう 融合　ゆうわ 融和
1864	与 N3	ヨ あたえる	줄 여 (與)	与	よとう 与党　きよ 寄与　じゅよ 授与　さんよ 参与　かんよ 関与
1865	誉 N1	ヨ ほまれ	칭찬할 예 (譽)	誉	めいよ 名誉　えいよ 栄誉
1866	庸 N1	ヨウ	떳떳할 용	庸	ぼんよう 凡庸　ちゅうよう 中庸
1867	揚 N1	ヨウ あげる・あがる	오를 양	揚	こうよう 高揚　けいよう 掲揚　せんよう 宣揚・ひきあ 引揚げ

MP3 098

1858~1877

1860　雄弁 : 우리말의 '웅변대회'를 일본어로는 「雄辯大会」라고 하지 않고 「弁論大会(べんろんたいかい)」라고 한다.

1861　誘い水 : (펌프의 물에 비유하여) 어떤 일을 일으키는 계기, 유인(誘因)

1862　憂き目 : 괴로움, 뼈아픔, 쓰라린 체험 ⑥ 備(そな)えあれば、憂(うれ)いなし。유비무환

1863　融通 : 발음에 주의할 것! ゆうずう (○) / ゆうつう (×)

1867　引揚げ : ① 인상, 끌어올림 ② 철수, 귀환 ☞ 특히 ②의 뜻에 주의할 것!

번호	日本漢字	音読 (カタカナ) 訓読 (ひらがな)	뜻 음 (韓國漢字)	교과서체	主要単語
1868	揺 N1	ヨウ ゆれる・ゆる ゆらぐ・ゆるぐ ゆする・ゆさぶる ゆすぶる	흔들릴 요 (搖)	揺	動揺・貧乏揺すり 揺りかご
1869	溶 N2	ヨウ とく・とける とかす	녹을 용	溶	溶解 溶液 溶岩 溶接 水溶性
1870	腰 N2	ヨウ こし	허리 요	腰	腰痛 腰部・強腰 弱腰
1871	踊 N2	ヨウ おどる・おどり	뛸 용	踊	舞踊・踊り子 踊り場
1872	窯 N1	ヨウ かま	가마 요	窯	窯業
1873	擁 N1	ヨウ	안을 옹	擁	擁立 擁護
1874	謡 N1	ヨウ うたい・うたう	노래 요 (謠)	謡	歌謡 童謡 民謡
1875	抑 N1	ヨク おさえる	누를 억	抑	抑制 抑圧 抑留 抑揚
1876	翼 N1	ヨク つばさ	날개 익 (翼)	翼	右翼 左翼 主翼 尾翼
1877	裸 N1	ラ はだか	벌거숭이 라	裸	裸体 裸身 全裸 赤裸々・裸足

1868 貧乏揺すり : 시험을 치르는 동안에도 계속해서 무릎을 달달 떠는 학생이 있다. 우리나라에서는 이런 버릇에 대해 예로부터 '복 달아나는 짓'이라고 하는데, 일본에서는 '궁상떠는 짓'이라고 한다.

1870 強腰 : 강경한 태도, 세게 나옴 🔁 弱腰(よわごし) 저자세, 소극적 태도

1877 裸足 : 맨발, 맨발로 쫓아가도 못 따라감을 비유 (~뺨칠 정도)

번호	日本漢字	音読 (カタカナ) / 訓読 (ひらがな)	뜻 음 (韓國漢字)	교과서체	主要単語
1878	羅 N1	ラ	벌릴 라	羅	羅列(られつ) 羅針盤(らしんばん) 網羅(もうら)・新羅(しらぎ)
1879	雷 N1	ライ / かみなり	우뢰 뢰	雷	地雷(じらい) 魚雷(ぎょらい) 避雷針(ひらいしん) 雷雨(らいう) 落雷(らくらい)
1880	頼 N3	ライ / たのむ・たよる / たのもしい	믿을 뢰 (賴)	頼	信頼(しんらい) 依頼(いらい) 無頼漢(ぶらいかん)
1881	絡 N2	ラク / からむ・からまる	이을 락	絡	連絡(れんらく) 脈絡(みゃくらく) 短絡(たんらく)
1882	酪 N1	ラク	즙 락	酪	酪農(らくのう)
1883	濫 N1	ラン	넘칠 람	濫	濫用(らんよう) 濫獲(らんかく)
1884	欄 N1	ラン	난간 란 (欄)	欄	空欄(くうらん) 欄外(らんがい) 解答欄(かいとうらん) 求人欄(きゅうじんらん) 欄干(らんかん)
1885	吏 N1	リ	관리 리	吏	官吏(かんり)
1886	痢 N1	リ	이질 리	痢	下痢(げり)
1887	履 N1	リ / はく	신 리	履	履歴書(りれきしょ) 履行(りこう)・履物(はきもの)

MP3 099

1878~1900

1883 濫 : 쓰기 쉽고도 뜻이 비슷하며 발음이 같은 「乱」으로 대체해서 쓰는 경우가 많다.

1887 履物 : ㉩ 下駄(げた) 게다

1887 下駄

번호	日本漢字	音読 (カタカナ) 訓読 (ひらがな)	뜻 음 (韓國漢字)	교과서체	主要単語
1888	離 N1	リ はなす・はなれる	떠날 리	離	分離 離婚 離乳 離陸・離れ離れ
1889	柳 N1	リュウ やなぎ	버들 류	柳	川柳・柳腰
1890	竜 N1	リュウ たつ	용 룡 (龍)	竜	恐竜 竜頭蛇尾・竜巻
1891	粒 N2	リュウ つぶ	낱알 립	粒	粒子・粒選り
1892	隆 N1	リュウ	높을 륭 (隆)	隆	隆盛 興隆
1893	硫 N1	リュウ	유황 류	硫	硫酸 硫化水素・硫黄
1894	虜 N1	リョ	사로잡을 로 (虜)	虜	捕虜
1895	慮 N1	リョ	생각할 려	慮	考慮 配慮 遠慮 思慮
1896	了 N2	リョウ	마칠 료	了	完了 修了 終了 了解 了承
1897	涼 N2	リョウ すずしい・すずむ	서늘할 량 (涼)	涼	納涼 清涼剤・夕涼
1898	猟 N1	リョウ	사냥할 렵 (獵)	猟	猟師 禁猟 密猟 猟犬 猟奇
1899	陵 N1	リョウ みささぎ	언덕 릉	陵	丘陵 陵墓
1900	僚 N1	リョウ	동료 료	僚	同僚 官僚 閣僚 幕僚

番号	日本漢字	音読 (カタカナ) 訓読 (ひらがな)	뜻 음 (韓國漢字)	교과서체	主要単語
1901	寮 N1	リョウ	동관 료	寮	にゅうりょう 入寮　りょうせい 寮生　どくしんりょう 独身寮
1902	療 N2	リョウ	병고칠 료	療	ち りょう 治療　い りょう 医療　しんりょう 診療　りょうよう 療養
1903	糧 N1	リョウ・ロウ かて	양식 량	糧	しょくりょう 食糧・りょうろう 兵糧
1904	倫 N1	リン	인륜 륜	倫	りん り 倫理　ぜつりん 絶倫　ふ りん 不倫
1905	隣 N1	リン となる・となり	이웃 린	隣	りんせつ 隣接　きんりん 近隣　りんしつ 隣室　りん か 隣家・りょうどなり 両隣
1906	涙 N2	ルイ なみだ	눈물 루 (淚)	涙	かんるい 感涙　らくるい 落涙　さいるいだん 催涙弾
1907	累 N1	ルイ	묶을 루	累	るいけい 累計　るいせき 累積　るいしん 累進
1908	塁 N1	ルイ	진 루 (壘)	塁	とうるい 盗塁　いちるい 一塁　まんるい 満塁　るいしん 塁審　そうるい 走塁
1909	励 N1	レイ はげむ・はげます	힘쓸 려 (勵)	励	げきれい 激励　とくれい 督励
1910	戻 N3	レイ もどす・もどる	어그러질 려 (戾)	戻	へんれい 返戻・まきもど 巻戻し

MP3 **100**

1901~1920

1901　寮 : 기숙사 또는 생활관·합숙소 등을 「寮(りょう)」라고 한다.

번호	日本漢字	音読 (カタカナ)訓読 (ひらがな)	뜻 음(韓國漢字)	교과서체	主要単語
1911	鈴 N1	レイ・リンすず	방울 령	鈴	銀鈴（ぎんれい）・風鈴（ふうりん）　呼び鈴（よりん）
1912	零 N2	レイ	떨어질 령	零	零下（れいか）　零度（れいど）　零点（れいてん）　零細（れいさい）
1913	霊 N1	レイ・リョウたま	신령 령 (靈)	霊	霊感（れいかん）　亡霊（ぼうれい）　霊前（れいぜん）　心霊（しんれい）・悪霊（あくりょう）
1914	齢 N2	レイ	나이 령 (齡)	齢	年齢（ねんれい）　高齢化（こうれいか）　老齢（ろうれい）　妙齢（みょうれい）
1915	麗 N1	レイうるわしい	고을 려	麗	華麗（かれい）　美麗（びれい）　美辞麗句（びじれいく）・高麗（こうらい）
1916	暦 N1	レキこよみ	책력 력 (曆)	暦	西暦（せいれき）　旧暦（きゅうれき）　太陽暦（たいようれき）　還暦（かんれき）・花暦（はなごよみ）
1917	劣 N1	レツおとる	못할 렬	劣	劣勢（れっせい）　劣等（れっとう）　卑劣（ひれつ）　優劣（ゆうれつ）
1918	烈 N1	レツ	매울 렬	烈	烈火（れっか）　激烈（げきれつ）　痛烈（つうれつ）　強烈（きょうれつ）
1919	裂 N1	レツさく・さける	찢어질 렬	裂	決裂（けつれつ）　分裂（ぶんれつ）　破裂（はれつ）　支離滅裂（しりめつれつ）
1920	恋 N2	レンこい・こうこいしい	사모할 련 (戀)	恋	恋愛（れんあい）　恋情（れんじょう）　失恋（しつれん）　悲恋（ひれん）・初恋（はつこい）　恋人（こいびと）

1915　高麗 : 고유명사는 발음이 특이한 경우가 많다. '고려(高麗)'의 발음은 「こうらい」이다.
　　　관 高麗人参(こうらいにんじん)、高麗磁器(こうらいじき)
　　　☞ 일본어로는 우리나라의 고대국가의 국호에 대해 발음이 특별한 경우가 많으니 주의할 것 !
　　　예 고구려(高句麗) → こうくり / 백제(百済) → くだら / 신라(新羅) → しらぎ

1916　還暦 : 우리나라의 환갑(還甲), 만 60세
　　　花暦 : 꽃달력　☞ 옛날 꽃피는 시기를 사계절 순으로 적어 놓고 각각 꽃의 명소를 표시했다.

번호	日本 漢字	音読 (カタカナ) 訓読 (ひらがな)	뜻 음 (韓國漢字)	교과서체	主要単語
1921	廉 N1	レン	청렴할 렴	廉	_{れん か} 廉価　_{ていれん} 低廉　_{せいれんけっぱく} 清廉潔白
1922	錬 N1	レン	단련할 련 (錬)	錬	_{たんれん} 鍛錬　_{せいれん} 精錬　_{れんきんじゅつ} 錬金術
1923	炉 N1	ロ	화로 로 (爐)	炉	_{だん ろ} 暖炉　_{ろ ばた} 炉端　_{げんし ろ} 原子炉　_{ようこうろ} 溶鉱炉　_{こう ろ} 香炉
1924	露 N1	ロ・<u>ロウ</u> つゆ	이슬 로	露	_{ろ てん} 露店　_{ろ しゅつ} 露出　_{ろ てん} 露天　_{ばくろ} 暴露・_{ひ ろう} 披露・_{よ つゆ} 夜露
1925	郎 N1	ロウ	사내 랑 (郎)	郎	_{しんろう} 新郎　_{や ろう} 野郎　_{た ろう} 太郎　_{じ ろう} 次郎
1926	浪 N1	ロウ	물결 랑	浪	_{ろう ひ} 浪費　_{ほうろう} 放浪　_{は ろう} 波浪　_{ろうにん} 浪人
1927	廊 N1	ロウ	복도 랑 (廊)	廊	_{ろう か} 廊下　_{が ろう} 画廊　_{かいろう} 回廊
1928	楼 N1	ロウ	다락 루 (樓)	楼	_{ぼうろう} 望楼　_{ろうかく} 楼閣　_{ま てんろう} 摩天楼
1929	漏 N1	ロウ もる・もれる もらす	샐 루	漏	_{ろうすい} 漏水　_{ろうでん} 漏電　_{だつろう} 脱漏・_{あま も} 雨漏り
1930	賄 N1	ワイ まかなう	뇌물 회	賄	_{わい ろ} 賄賂　_{しゅうわい} 収賄　_{ぞうわい} 贈賄

MP3 **101**

1921~1934

♥ 당신은 몇 살이세요? 무슨 띠세요?

あなたは、何年(なにどし)ですか？
私(わたし)は、猫年(ねこどし)ですよ。

일본에서 타인(특히 여자)에게 나이를 묻는 것은 실례이다. 그래도 상대방이 눈치 없이 계속해서 물으면, 마지못해 '고양이띠(猫年)'라고 대답해 버린다. 왜냐하면, 실제로 고양이띠는 없으니까.

1924　露天風呂

번호	日本漢字	音読 (カタカナ) 訓読 (ひらがな)	뜻 음 (韓國漢字)	교과서체	主要単語
1931	惑 N1	ワク まどう	미혹할 혹	惑	迷惑（めいわく）　疑惑（ぎわく）　困惑（こんわく）　不惑（ふわく）・戸惑い（とまどい）
1932	枠 N1	わく	테두리 화 (和製漢字)	枠	枠組み（わくぐみ）　窓枠（まどわく）　外枠（そとわく）　枠外（わくがい）　枠内（わくない）
1933	湾 N2	ワン	물굽이 만 (灣)	湾	港湾（こうわん）　湾内（わんない）　湾岸（わんがん）
1934	腕 N2	ワン うで	팔목 완	腕	腕章（わんしょう）　手腕（しゅわん）・腕前（うでまえ）　腕相撲（うでずもう）

1925　太郎 : 일본인 남성은 이름의 한자를 보면 대개는 몇 째 아들인지 알 수 있다. 이름에 「太郎・一郎(いちろう)」처럼 「太・一」 자가 들어 있으면, '장남'이고, 「次郎(じろう)・二郎(じろう)」처럼 「次・二」자가 들어 있으면 '차남'이다. 이어서 「三・四・五・六・七…」 등으로 이름에 차례가 매겨져 있는 경우를 흔히 볼 수 있다. 그리고 「○郎」 앞에 「竜・裕」 등의 글자를 덧붙여 「竜太郎(りゅうたろう)・裕次郎(ゆうじろう)」로 쓰는 경우도 많다. 「郎」는 모양이 비슷하면서 발음도 같은 한자 「朗(ろう)」도 많이 쓰이기 때문에 주의 깊게 확인해야 한다.

추가 상용한자

185字

새로 추가된 상용한자

2010년 11월 일본 문부과학성이 발표한 '신 상용한자' 지정안에 따라 새롭게 추가된 196자 중, 4학년 교육한자로 선정된 11자를 제외한 185자이다.

번호	日本漢字	音読 (カタカナ) / 訓読 (ひらがな)	뜻 음 (韓國漢字)	교과서체	主要単語
1935	挨	アイ	밀칠 애	挨	挨拶 (あいさつ)
1936	曖	アイ	희미할 애	曖	曖昧 (あいまい)
1937	闇	アン / やみ・くらい	숨을 암	闇	闇中 (あんちゅう)・闇 (やみ) 闇市 (やみいち) 闇路 (やみじ)
1938	畏	イ / おそれる / かしこまる	두려워할 외	畏	敬畏 (けいい)・畏い (かしこい)・畏れる (おそれる)
1939	萎	イ / しぼむ・なえる	시들 위	萎	萎縮 (いしゅく)・萎む (しぼむ)・萎える (なえる)
1940	椅	イ	의자 의	椅	椅子 (いす) 車椅子 (くるまいす)
1941	彙	イ	무리 위	彙	語彙 (ごい)
1942	淫	イン / みだら	음란할 음	淫	淫乱 (いんらん) 姦淫 (かんいん)・淫ら (みだら)

MP3 **102**
1935~1955

번호	日本漢字	音読 (カタカナ) 訓読 (ひらがな)	뜻 음 (韓國漢字)	교과서체	主要単語
1943	咽	イン・エツ・エン のど・むせぶ	목구멍 인 목멜 인	咽	咽喉（いんこう）　哀咽（あいえつ）・咽（のど）
1944	鬱	ウツ	답답할 울	鬱	憂鬱（ゆううつ）
1945	宛	エン あてる	완연할 완	宛	宛先（あてさき）　宛名（あてな）　宛てる（あてる）
1946	艶	エン つや	고울 염	艶	濃艶（のうえん）　妖艶（ようえん）・艶気（つやけ）　艶艶（つやつや）
1947	怨	エン・オン うらむ	원망할 원	怨	怨恨（えんこん）・怨む（うらむ）
1948	旺	オウ	왕성할 왕	旺	旺盛（おうせい）
1949	臆	オク	가슴 억	臆	臆測（おくそく）　臆病（おくびょう）
1950	俺	おれ	클 엄	俺	俺（おれ）・俺等（おいら）
1951	苛	カ いらだつ	가혹할 가	苛	過酷（かこく）・苛立つ（いらだつ）　苛々（いらいら）
1952	鍋	カ なべ	노구솥 과	鍋	鍋（なべ）　鍋料理（なべりょうり）　牛鍋（ぎゅうなべ）　寄せ鍋（よせなべ）
1953	瓦	ガ かわら	기와 와	瓦	瓦解（がかい）・瓦（かわら）
1954	牙	ガ・ゲ きば	어금니 아	牙	牙城（がじょう）・象牙（ぞうげ）　象牙彫り（ぞうげぼり）・牙（きば）
1955	楷	カイ	본보기 해	楷	楷書（かいしょ）　楷体（かいたい）

번호	日本漢字	音読 (カタカナ) 訓読 (ひらがな)	뜻 음 (韓國漢字)	교과서체	主要単語
1956	諧	カイ	화할 해	諧	俳諧 (はいかい)　諧謔 (かいぎゃく)
1957	潰	カイ つぶす・つぶれる	무너질 궤	潰	潰滅 (かいめつ)　潰瘍 (かいよう)・潰す (つぶ)　潰れる (つぶ)
1958	崖	ガイ がけ	언덕 애	崖	断崖 (だんがい)　断層崖 (だんそうがい)・崖 (がけ)
1959	蓋	ガイ ふた	덮을 개	蓋	蓋然性 (がいぜんせい)・蓋 (ふた)　目蓋 (まぶた)
1960	骸	ガイ むくろ	뼈 해	骸	遺骸 (いがい)　骸骨 (がいこつ)　形骸 (けいがい)　死骸 (しがい)・骸 (むくろ)
1961	鶴	カク つる	학 학	鶴	鶴 (つる)　鶴脛 (つるはぎ)　千羽鶴 (せんばづる)
1962	顎	ガク あご	턱 악	顎	顎関節 (がくかんせつ)　下顎 (かがく)・顎 (あご)　顎髭 (あごひげ)
1963	葛	カツ くず	칡 갈	葛	葛藤 (かっとう)・葛 (くず)　葛粉 (くずこ)
1964	串	カン くし	꿸 관 땅 이름 곳	串	串 (くし)　串刺 (くしざし)
1965	韓	カン から	나라 한	韓	韓国 (かんこく)　韓半島 (かんはんとう)　韓日 (かんにち)
1966	玩	ガン もてあそぶ	희롱할 완	玩	玩具 (がんぐ)　愛玩 (あいがん)・玩ぶ (もてあそ)・玩具 (おもちゃ)
1967	亀	キ かめ	땅 이름 구	亀	亀鑑 (きかん)　亀裂 (きれつ)・亀 (かめ)

MP3 103

1956~1980

232

번호	日本漢字	音読(カタカナ)訓読(ひらがな)	뜻 음(韓國漢字)	교과서체	主要単語
1968	毀	キ こわす	헐 훼	毀	毀事 毀謗 毀損・毀す・毀れる
1969	畿	キ	경기 기	畿	畿内 近畿
1970	伎	ギ・キ わざ	재간 기	伎	技 技芸 歌舞伎・技
1971	臼	キュウ うす	절구 구	臼	臼歯 脱臼・臼
1972	嗅	キュウ かぐ	맡을 후	嗅	嗅覚・嗅ぐ 嗅ぎ取る
1973	裾	キョ すそ	의거할 거	裾	裾 山裾 裾野
1974	脇	キョウ わき	위협할 협	脇	脇息・脇 脇目 脇役 脇道 小脇
1975	頬	キョウ ほお	뺨 협	頬	頬骨・頬 頬っぺた 片頬
1976	巾	キン	수건 건	巾	雑巾 布巾 頭巾 三角巾
1977	僅	キン わずか	겨우 근	僅	僅々 僅差 僅少・僅か
1978	錦	キン にしき	비단 금	錦	錦衣・錦 錦鯉
1979	駒	ク こま	망아지 구	駒	駒 利駒 千里の駒
1980	惧	グ	두려워할 구	惧	危惧 憂惧

번호	日本漢字	音読 (カタカナ) 訓読 (ひらがな)	뜻 음 (韓國漢字)	교과서체	主要単語
1981	窟	クツ いわや	굴 굴	窟	洞窟 巣窟
1982	頃	ケイ ころ	이랑/잠깐 경	頃	頃 頃合い 近頃 手頃 年頃
1983	詣	ケイ もうでる	이를 예	詣	参詣 造詣・詣でる 初詣で
1984	憬	ケイ あこがれる	깨달을 경	憬	憧憬・憧れる
1985	稽	ケイ	상고할 계	稽	稽古
1986	隙	ゲキ すき・ひま	틈 극	隙	間隙 空隙・隙 隙間 隙
1987	桁	けた	차꼬 항 도리 형	桁	桁 桁外れ 四桁
1988	拳	ケン・ゲン こぶし	주먹 권	拳	拳 拳闘 拳万・拳
1989	鍵	ケン かぎ	열쇠 건	鍵	鍵盤・鍵 鍵穴
1990	舷	ゲン ふなばた	뱃전 현	舷	左舷 右舷 舷
1991	虎	コ とら	범 호	虎	虎口 猛虎 竜虎・虎
1992	股	コ また・もも	넓적다리 고	股	股関節・股 二股・股

번호	日本漢字	音読 (カタカナ) 訓読 (ひらがな)	뜻 음 (韓國漢字)	교과서체	主要単語
1993	錮	コ	막을 고	錮	禁錮（きんこ）
1994	乞	コツ こう	빌 걸	乞	乞う 雨乞い（あまご）い
1995	勾	コウ まがる	글귀 구	勾	勾留（こうりゅう）
1996	尻	コウ しり	꽁무니 고	尻	尻（しり） 尻（しり）こそばゆい 尻目（しりめ） 目尻（めじり） 眉尻（まゆじり）・尻尾（しっぽ）
1997	虹	コウ にじ	무지개 홍	虹	虹彩（こうさい）・虹（にじ） 二重虹（ふたえにじ）
1998	梗	コウ・キョウ	줄기 경	梗	梗概（こうがい） 梗塞（こうそく） 桔梗（ききょう）
1999	喉	コウ のど	목구멍 후	喉	喉舌（こうぜつ）・喉（のど） 喉越（のどご）し
2000	傲	ゴウ おごる	거만할 오	傲	傲慢（ごうまん）・傲（おご）る
2001	痕	コン あと	흔적 흔	痕	痕跡（こんせき） 血痕（けっこん） 残痕（ざんこん） 弾痕（だんこん）・爪痕（つめあと）
2002	沙	サ・シャ すな	모래 사	沙	黄沙（こうさ） 御無沙汰（ごぶさた）・沙（すな）
2003	挫	ザ くじく・くじける	꺾을 좌	挫	挫折（ざせつ） 捻挫（ねんざ） 挫折感（ざせつかん）・挫（くじ）く
2004	采	サイ とる	풍채 채	采	菜食（さいしょく） 喝采（かっさい） 風采（ふうさい）
2005	柵	サク しがらみ	울타리 책	柵	柵（さく） 防柵（ぼうさく） 柵（しがらみ）

번호	日本漢字	音読 (カタカナ) 訓読 (ひらがな)	뜻 음 (韓國漢字)	교과서체	主要単語
2006	刹	サツ・セツ	절 찰	刹	寺刹(じさつ) 古刹(こさつ)・刹那(せつな)
2007	拶	サツ	짓누를 찰	拶	挨拶(あいあつ)
2008	斬	ザン きる	벨 참	斬	斬刑(ざんけい) 斬殺(ざんさつ) 斬首(ざんしゅ) 斬新(ざんしん)・首斬る(くびきる)
2009	柿	シ かき	감나무 시	柿	熟柿(じゅくし)・柿(かき)
2010	恣	シ ほしいまま	마음대로 자	恣	恣行(しこう) 恣意(しい)・恣(ほしいまま)
2011	摯	シ	잡을 시	摯	真摯(しんし)
2012	叱	シツ しかる	꾸짖을 질	叱	叱咤(しった) 叱する(しっ) 叱責(しっせき)・叱る(しか)
2013	嫉	シツ ねたむ	미워할 질	嫉	嫉視(しっし) 嫉妬(しっと)・嫉し(ねた) 嫉む(ねた)
2014	膝	シツ ひざ	무릎 슬	膝	膝蓋骨(しつがいこつ)・膝(ひざ) 膝枕(ひざまくら)
2015	腫	シュ はれる	종기 종	腫	腫瘍(しゅよう)・腫れ物(はもの) 腫れる(は)
2016	呪	ジュ のろい・のろう	빌 주	呪	呪術(じゅじゅつ) 呪咀(じゅそ) 呪文(じゅもん)・呪い(のろ) 呪う(のろ)
2017	袖	シュウ そで	소매 수	袖	袖手傍觀(しゅうしゅぼうかん) 袖(そで) 袖無し(そでな) 長袖(ながそで)

MP3 **105**

2006~2030

번호	日本漢字	音読 (カタカナ) 訓読 (ひらがな)	뜻 음 (韓國漢字)	교과서체	主要単語
2018	羞	シュウ はじる	부끄러울 수	羞	羞恥・恥じる
2019	蹴	シュウ ける	찰 축	蹴	蹴球・蹴る　蹴転ばす　足蹴
2020	憧	ショウ・ドウ あこがれる	동경할 동	憧	憧憬・憧れる
2021	拭	ショク ぬぐう・ふく	씻을 식	拭	払拭・拭う　手拭い・拭く
2022	芯	シン	골풀 심	芯	芯　帯芯
2023	腎	ジン	콩팥 신	腎	腎臓　肝腎
2024	餌	ジン え・えさ	미끼 이	餌	給餌・餌
2025	須	ス・シュ すべからく	모름지기 수	須	急須　必須・須らく
2026	誰	スイ だれ	누구 수	誰	誰
2027	凄	セイ すごい	쓸쓸할 처	凄	凄惨　凄絶・凄い
2028	醒	セイ さめる	깰 성	醒	覚醒・醒める
2029	脊	セキ せ・せい	등마루 척	脊	脊椎　脊髄
2030	戚	セキ	친척 척 재촉할 촉	戚	戚　親戚　外戚

번호	日本 漢字	音読 (カタカナ) 訓読 (ひらがな)	뜻 음 (韓國漢字)	교과서체	主要単語
2031	腺	セン	샘 선	腺	汗腺 唾腺 皮脂腺
2032	詮	セン	설명할 전	詮	詮索 詮ずるに 所詮
2033	煎	セン いる	달일 전	煎	煎茶 煎餅・煎る
2034	羨	セン うらやましい うらやむ	부러워할 선 무덤길 연	羨	羨望・羨ましい
2035	箋	セン	기록할 전	箋	處方箋 便箋
2036	膳	ゼン	선물 선	膳	膳 御膳 食膳 膳立て
2037	狙	ソ ねらう	원숭이 저	狙	狙撃・狙う
2038	遡	ソ さかのぼる	거스를 소	遡	遡及・遡る
2039	爪	ソウ つめ・つま	손톱 조	爪	爪 爪切り・爪先
2040	曽	ソウ かつて	일찍 증	曽	曽孫・曽て
2041	爽	ソウ さわやか	시원할 상	爽	爽快・爽やか
2042	痩	ソウ やせる	여윌 수	痩	痩地・痩せる

MP3 106

2031~2055

번호	日本漢字	音読 (カタカナ) 訓読 (ひらがな)	뜻 음 (韓國漢字)	교과서체	主要単語
2043	踪	ソウ あと	자취 종	踪	踪跡 失踪
2044	捉	ソク とらえる	잡을 착	捉	捕捉・捉える
2045	塞	ソク・サイ ふさぐ	변방 새 막힐 색	塞	閉塞 要塞・塞がる 塞ぐ
2046	遜	ソン へりくだる	겸손할 손	遜	遜色 謙遜 不遜・遜る
2047	汰	タ	일 태	汰	陶汰 御無沙汰
2048	唾	ダ つば・つばき	침 타	唾	唾液 唾腺・唾 唾する
2049	堆	タイ・ツイ うずたかい	쌓을 퇴	堆	堆積 堆い
2050	戴	タイ いただく	일 대	戴	頂戴・頂く
2051	旦	タン あした	아침 단	旦	早旦 元旦 旦那
2052	綻	タン ほころびる	터질 탄	綻	破綻・綻びる 綻ぶ
2053	緻	チ	빽빽할 치	緻	緻密 巧緻 精緻
2054	酎	チュウ	전국술 주	酎	焼酎
2055	箸	チョ はし	젓가락 저	箸	箸 箸置き

번호	日本漢字	音読 (カタカナ) 訓読 (ひらがな)	뜻 음 (韓國漢字)	교과서체	主要単語
2056	貼	チョウ・テン はる	붙일 첩	貼	貼する・貼付・貼り札　貼り紙 貼り付け　貼る
2057	嘲	チョウ あざける	비웃을 조	嘲	自嘲・嘲笑う
2058	捗	チョク はかどる	칠 척	捗	進捗・捗捗しい　捗る
2059	枕	チン まくら	베개 침	枕	枕上　枕席・枕　枕元
2060	椎	ツイ しい	쇠몽치 추	椎	脊椎　椎骨・椎
2061	諦	テイ・タイ あきらめる	살필 체	諦	諦視・諦め　諦める
2062	溺	デキ おぼれる	빠질 닉・익	溺	溺死　耽溺　没溺・溺れる
2063	填	テン はまり	메울 전 (塡)	填	充填・填まる(嵌まる)
2064	妬	ト ねたむ	샘낼 투	妬	嫉妬　嫉妬深い
2065	賭	ト かける	내기 도	賭	賭博・賭け　賭け物　賭ける
2066	藤	トウ ふじ	등나무 등	藤	葛藤・藤

MP3 107

2056~2079

240

번호	日本漢字	音読 (カタカナ) 訓読 (ひらがな)	뜻 음 (韓國漢字)	교과서체	主要単語
2067	瞳	ドウ ひとみ	눈동자 동	瞳	瞳孔(どうこう)・瞳(ひとみ)
2068	頓	トン とみに・にわかに	조아릴 돈	頓	頓知(とんち) 整頓(せいとん) 無頓着(むとんちゃく)
2069	丼	ドン	우물 정	丼	丼(どん) 丼(どんぶり) 天丼(てんどん)
2070	貪	ドン・タン・トン むさぼる	탐낼 탐	貪	貪食(どんしょく) 貪欲(たんよく) (貪欲(とんよく))・貪る(むさぼる)
2071	那	ナ いかん・なんぞ	어찌 나	那	那落(ならく) 刹那(せつな) 旦那(だんな)
2072	謎	なぞ	수수께끼 미	謎	謎(なぞ) 謎めく(なぞめく)
2073	匂	におい	향내 내	匂	匂い(におい) 匂う(におう)
2074	捻	ネン ねじる・ひねる	비틀 념·염	捻	捻出(ねんしゅつ)・捻る(ねじる) 捻れる(ねじれる)・捻る(ひねる)
2075	罵	バ ののしる	꾸짖을 매	罵	悪罵(あくば) 駑馬(どば) 罵倒(ばとう)・罵る(ののしる)
2076	唄	バイ うた	염불 소리 패	唄	唄(うた) 地唄(じうた)
2077	剥	ハク むく・はぐ	벗길 박 (剝)	剥	剥製(はくせい) 剥脱(はくだつ) 剥離(はくり)・剥く(むく)・剥ぐ(はぐ)
2078	氾	ハン	넘칠 범	氾	氾濫(はんらん)
2079	汎	ハン	넓을 범	汎	汎用(はんよう) 汎論(はんろん)

번호	日本 漢字	音読 (カタカナ) 訓読 (ひらがな)	뜻 음 (韓國漢字)	교과서체	主要単語
2080	斑	ハン ふ・まだら・ぶち	아롱질 반	斑	母斑 死斑・斑・斑
2081	眉	ヒ・ミ まゆ	눈썹 미	眉	眉目 白眉 眉間・眉 眉月
2082	肘	ひじ	팔꿈치 주	肘	肘 片肘
2083	訃	フ しらせ	부고 부	訃	訃音 訃告
2084	釜	フ かま	가마 부	釜	釜 釜飯 電気釜
2085	餅	ヘイ もち	떡 병	餅	煎餅・餅
2086	蔽	ヘイ おおう	덮을 폐	蔽	隠蔽・蔽う
2087	璧	ヘキ たま	구슬 벽	璧	完璧 双璧
2088	蔑	ベツ さげすむ	업신여길 멸	蔑	軽蔑 侮蔑 蔑視・蔑む
2089	哺	ホ	먹일 포	哺	哺育 哺乳類 反哺
2090	蜂	ホウ はち	벌 봉	蜂	蜂起 養蜂・蜂 蜂蜜
2091	貌	ボウ かお・かたち	모양 모	貌	美貌 面貌 風貌 容貌・顔貌

MP3 **108**

2080~2104

242

번호	日本漢字	音読 (カタカナ) 訓読 (ひらがな)	뜻 음 (韓國漢字)	교과서체	主要単語
2092	睦	ボク むつまじい むつむ	화목할 목	睦	親睦 和睦・睦まじい 睦む
2093	勃	ボツ	노할 발	勃	勃起 勃発
2094	昧	マイ くらい	어두울 매	昧	曖昧 愚昧 三昧
2095	弥	ミ・ビ いや・いよいよ	미륵 미	弥	弥勒 弥縫策・弥果て・弥生時代
2096	蜜	ミツ	꿀 밀	蜜	蜜 蜜月 蜜蜂 蜜蠟
2097	冥	メイ・ミョウ くらい	어두울 명	冥	冥王星 冥土 冥福
2098	麺	メン	밀가루 면	麺	麺 ゆで麺
2099	冶	ヤ	풀무 야	冶	冶金 遊冶 妖冶
2100	喩	ユ たとえる	깨우칠 유	喩	隠喩法 比喩・喩え
2101	湧	ユウ・ヨウ わく	물 솟을 용	湧	湧泉 湧出・湧く 湧かす
2102	妖	ヨウ あやしい	요사할 요	妖	妖怪 妖精・妖しい
2103	瘍	ヨウ	헐 양	瘍	胃潰瘍
2104	沃	ヨク・ヨウ	기름질 옥	沃	沃田 肥沃 豊沃

번호	日本漢字	音読(カタカナ)訓読(ひらがな)	뜻 음(韓國漢字)	교과서체	主要単語
2105	拉	ラツ ひしぐ・しだく	끌 랍	拉	拉致・拉く 踏み拉く
2106	辣	ラツ	매울 랄	辣	悪辣 辛辣
2107	嵐	ラン あらし	남기 람	嵐	晴嵐・嵐 雪嵐 夜嵐
2108	藍	ラン あい	쪽 람	藍	藍 藍色
2109	璃	リ	유리 리	璃	瑠璃
2110	慄	リツ おののく	떨릴 률	慄	戦慄・慄く
2111	侶	リョ とも	짝 려	侶	僧侶 伴侶
2112	瞭	リョウ あきらか	밝을 료	瞭	瞭然 一目瞭然 明瞭
2113	瑠	ル・リョウ	맑은 유리 류	瑠	浄瑠璃
2114	鎌	レン かま	낫 겸(鎌)	鎌	鎌 鎌倉
2115	呂	ロ・リョ	성씨 려	呂	語呂 風呂 風呂敷
2116	賂	ロ まいない	뇌물 뢰	賂	賄賂・賂

MP3 **109**

2105~2119

244

번호	日本漢字	音読 (カタカナ) 訓読 (ひらがな)	뜻 음 (韓國漢字)	교과서체	主要単語
2117	弄	ロウ もてあそぶ	희롱할 롱	弄	玩弄(がんろう) 愚弄(ぐろう) 嘲弄(ちょうろう)・弄ぶ(もてあそ)
2118	籠	ロウ かご・こめる こもる	대바구니 롱	籠	灯籠(とうろう)・籠(かご)・籠める(こ)・籠もる(こ)
2119	麓	ロク ふもと	산기슭 록	麓	山麓(さんろく)・麓(ふもと)

♥ 한자의 의미와는 관계가 없는 「当(あ)て字(じ)」 단어

한자 어휘 중에는 그 뜻이나 음과는 관계가 없는데도 서로 합성하여 어떤 말을 두 자 이상의 한자로 표기한 것이 있는데, 이런 어휘를 「当て字」라고 한다. 따라서 아래의 보기와 같은 어휘에 대해서 굳이 한자의 뜻을 알려고 노력할 필요는 없다.

보기

- 素敵(すてき) 아주 멋짐, 매우 훌륭함
- 出鱈目(でたらめ) 엉터리
- 皮肉(ひにく) 비꼼, 야유
- 御目出(おめで)とう御座居(ござい)ます 축하합니다
- 天婦羅(てんぷら) 튀김
- 瓦斯(ガス) 가스

- 矢張(やは)り 역시
- 矢鱈(やたら) 함부로, 무턱대고
- 田舎(いなか) 시골
- 亜細亜(アジア) 아시아
- 倶楽部(クラブ) 클럽

상용한자 중에서 잘 사용되지 않는 한자

다음의 일본한자는 상용한자로 지정된 2136자 중에 포함되어 있으나, 중요도·빈도수가 떨어지는 한자로, 보통 かな로 대체해서 쓴다.

번호	日本漢字	音読 (カタカナ) 訓読 (ひらがな)	뜻 음 (韓國漢字)	교과서체	主要単語
2120	翁	オウ	늙은이 옹 (翁)	翁	老翁(ろうおう) 不倒翁(ふとうおう)
2121	虞	おそれ	염려할 우 (虞)	虞	虞(おそれ)
2122	嚇	カク	위협할 혁	嚇	威嚇(いかく)
2123	且	かつ	또 차	且	且(かつ)
2124	侯	コウ	제후 후	侯	諸侯(しょこう) 侯爵(こうしゃく)
2125	爵	シャク	벼슬 작(爵)	爵	爵位(しゃくい) 公爵(こうしゃく) 伯爵(はくしゃく)
2126	薪	シン たきぎ	땔나무 신	薪	薪炭(しんたん)

MP3 **110**

2120~2136

번호	日本漢字	音読 (カタカナ) 訓読 (ひらがな)	뜻 음 (韓國漢字)	교과서체	主要単語
2127	帥	スイ	장수 수	帥	元帥 総帥
2128	畝	セ うね	밭이랑 묘	畝	畝
2129	但	ただし	다만 단	但	但し
2130	朕	チン	나 짐 (朕)	朕	朕
2131	奴	ド	종 노	奴	奴隷 守銭奴
2132	婆	バ	할미 파	婆	老婆
2133	隷	レイ	종 례	隷	隷属
2134	繭	ケン まゆ	고치 견	繭	繭糸
2135	璽	ジ	옥새 새	璽	御璽
2136	厘	リン	리 리	厘	厘

상용한자는 아니지만 자주 쓰는 한자

표외자는 '상용한자표'에 없는 한자를 말하며, 지정된 발음만을 사용하도록 제한하고 있다. 지정된 범위는 색깔로 표시했다.

번호	日本漢字	音読 (カタカナ) 訓読 (ひらがな)	뜻 음 (韓國漢字)	교과서체	主要単語
2137	垢	コウ・ク あか	먼지 구	垢	垢擦り　心の垢
2138	或	ワク ある・あるいは	혹 혹	或	或いは　或日　或とき
2139	炒	ソウ・ショウ いためる・いる	볶을 초	炒	冷や飯を炒める
2140	嘘	キョ うそ	탄식할 허 (嘘)	嘘	嘘泣き　真っ赤な嘘　嘘つき　嘘字
2141	嬉	キ うれしい	즐길 희	嬉	嬉しいニュース
2142	噂	ソン うわさ	수근거릴 준 (噂)	噂	噂話　噂をすれば、陰が差す
2143	於	オ おいて	어조사 어	於	現代社会に於いて　文学に於いて

MP3 111

2137~2153

번호	日本漢字	音読 (カタカナ) 訓読 (ひらがな)	뜻 음 (韓國漢字)	교과서체	主要単語
2144	霞	カ かすみ・かすむ	놀 하	霞	霞網　目が霞んで見えない
2145	嘩	カ	떠들석할 화	嘩	喧嘩　夫婦喧嘩
2146	鞄	ホウ かばん	가방 포	鞄	鞄持ち　鞄につめる
2147	噛	かむ	깨물을 교	噛	噛み煙草　噛み合わせ
2148	喧	ケン かまびすしい	떠들썩할 훤	喧	喧嘩　口喧嘩
2149	梢	ショウ こずえ	나무끝 초	梢	末梢的　末梢神経
2150	此	シ この・これ	이 차	此	此の間　此の前・此れから　此まで
2151	匙	シ さじ	숟가락 시	匙	匙加減　匙を投げる
2152	繍	シュウ	수놓을 수 (繡)	繍	刺繍
2153	醤	ショウ ひしお	간장 장 (醬)	醤	醤油

번호	日本漢字	音読 (カタカナ) 訓読 (ひらがな)	뜻 음 (韓國漢字)	교과서체	主要単語
2154	咳	ガイ せき	기침 해	咳	空咳　咳払い
2155	噌	ソ・ソウ	왁자할 생 (II噌)	噌	味噌　味噌汁
2156	其	キ その・それ	ユ 기	其	其の人　其の一　其れまで
2157	剃	テイ そる	털깍을 세	剃	剃刀　電気剃刀　ひげを剃る
2158	揃	セン そろい・そろう そろえる	뽑을 전	揃	揃いの学用品　美人揃い 商品を揃える
2159	只	シ ただ	다만 시	只	只今　只同様　只乗り
2160	叩	コウ たたく	두드릴 고	叩	叩き売り　袋叩き　石橋を叩いて渡る
2161	忽	コツ たちまち ゆるがせ	홀연 홀	忽	忽ち人気者になる　忽ち売切れになる
2162	溜	リュウ たまり・たまる ためる	물방울 류	溜	水溜まり　ストレスが溜まる　溜息
2163	蛋	タン	새알 단	蛋	蛋白質
2164	馳	チ はせる	달릴 지	馳	ご馳走　ご馳走様

MP3 **112**

2154~2174

250

번호	日本漢字	音読 (カタカナ) 訓読 (ひらがな)	뜻 음 (韓國漢字)	교과서체	主要単語
2165	蝶	チョウ	나비 접	蝶	蝶々　蝶結びのネクタイ　蝶番
2166	呟	ゲン つぶやく	지꺼릴 현	呟	不満そうに呟く　ぶつぶつと呟く
2167	壺	コ つぼ	항아리 호 (壷)	壺	宝の壺　壺口　滝壺
2168	吊	チョウ つる・つるす	매달 조 (弔)	吊	吊革　ズボン吊　首を吊る
2169	賑	シン にぎやか にぎわう	넉넉할 진	賑	賑やかな町　祭りで賑わう
2170	睨	ゲイ にらむ	흘겨볼 에	睨	睨めっこ　相手を睨む 先生に睨まれる
2171	濡	ジュ ぬらす・ぬれる	적실 유	濡	雨で服を濡らす　涙に濡れた目
2172	覗	シ のぞく	엿볼 사	覗	覗き趣味　覗眼鏡 となりの部屋を覗く
2173	這	シャ はう	이 저 (這)	這	横這い　毛虫が枝を這っている
2174	筈	カツ はず	오늬 괄	筈	もうすぐ来る筈だ　そんな筈はない

2159　只今：'다녀왔어(요)'라는 뜻으로 외출했다 귀가하면서 하는 인사말이다.

2164　ご馳走：맛있는 음식, 호화로운 식사. 음식을 대접하거나 한턱낸다는 뜻이다.
　　　　ご馳走様：(잘 차린 음식을) 잘 먹었다는 인사말이다.

2170　睨めっこ：두 사람이 마주보고 눈싸움을 하거나 상대방을 웃기는 놀이. 으르렁거리며 대치하고 있다는 뜻으로 쓰인다.

2173　横這い：시세 등의 경제지표가 게걸음처럼 계속해서 상하 변동이 없이 옆으로만 움직이는 것을 뜻한다. (경제용어)

番号	日本漢字	音読(カタカナ)訓読(ひらがな)	뜻 음(韓國漢字)	교과서체	主要単語
2175	髭	シ／ひげ	수염 시	髭	口髭（くちひげ）　髭（ひげ）を生やす（は）
2176	紐	チュウ・ジュウ／ひも	끈 뉴	紐	紐付き融資（ひもつ ゆうし）　靴の紐（くつ ひも）　箱に紐をかける（はこ ひも）
2177	吠	ハイ／ほえる	짖을 폐	吠	犬が吠える（いぬ ほ）　そう吠えるな（ほ）
2178	惚	コツ／ぼける・ほれる	황홀할 홀	惚	頭が惚ける（あたま ぼ）　ピン惚け（ぼ）　時差ぼけ（じ さ）
2179	殆	タイ／ほとんど あやうい	거의 태	殆	殆どが賛成した（ほとん さんせい）　殆ど死ぬ所だった（ほとん し ところ）
2180	蒔	シ・ジ／まく	씨뿌릴 시	蒔	種を蒔く（たね ま）　種蒔き（たね ま）
2181	撒	サン・サツ／まく	뿌릴 산	撒	ビラを撒く（ま）　水を撒く・撒水車（みず ま さっすいしゃ）
2182	稀	キ・ケ／まれ	드물 희	稀	稀に見る大物・稀薄（まれ み おおもの き はく）
2183	勿	モチ・ブツ／なかれ	말 물	勿	勿論・勿忘草（もちろん わすれなぐさ）
2184	尤	コウ／もっとも	더욱 우	尤	尤もな話（もっと はなし）　尤もなことを言う（もっと い）
2185	貰	／もらう	세낼 세	貰	小遣いを貰う（こ づか もら）　貰い子（もら ご）　嫁を貰う（よめ もら）

MP3 **113**

2175~2188

252

번호	日本漢字	音読(カタカナ)訓読(ひらがな)	뜻 음(韓國漢字)	교과서체	主要単語
2186	茹	ジョ / ゆでる	삶을 여	茹	そばを茹でる　茹で卵　茹蛸
2187	蘇	ソ・ス / よみがえる	깨날 소	蘇	記憶が蘇る　死者が蘇る
2188	碗	ワン	주발 완	碗	茶碗　一碗の汁　二碗の飯
2189	撫	ブ / なでる	어루만질 무	撫	頭を撫でる　髪を撫でる・慰撫

2182　稀 : 모양이 단순하고 발음이 같은 상용한자「希」로 대체해서 쓰는 경우가 많다.

2185　貰い子 : 양자, 입양아

2187　蘇 : 같은 뜻의 한자로「甦」를 쓰기도 한다.

부록

비슷해서 혼동하기 쉬운 일본 한자

한일 양국의 한자숙어는 같은 한자 문화권을 배경으로 불교·유교 등 종교적인 면에서도 전통적으로 공유하고 있는 부분이 많기 때문에 대부분 같다. 그러나 다음과 같이 표현 방식과 의미가 조금씩 다른 것들도 있다.

_{みっ か ぼう ず}
三日坊主 : 作心三日(작심삼일) 결심이 사흘을 가지 못함

_{うみせんやません}
海千山千 : 山戦水戦(산전수전) 온갖 고생과 어려움을 겪어서 경험이 풍부함
※우리말의 산전수전과 달리 '교활하다'는 나쁜 뜻으로 쓰인다.

_{にっしんげっぽ}
日進月歩 : 日就月將(일취월장) 날로 달로 자라거나 발전함

_{いっしん ふ らん}
一心不乱 : 一絲不亂(일사불란) 질서가 정연하여 조금도 어지러운 데가 없음

_{い く どうおん}
異口同音 : 異口同聲(이구동성) 여러 사람이 같은 목소리를 냄. 즉 의견이 같다는 말

_{せんせんきょうきょう}
戦々恐々 : 戰戰兢兢(전전긍긍) 매우 두려워하여 벌벌 떨며 조심함

小 しょう 작을 소	大小 대소	小ちいさい	入 にゅう 들 입	出入 출입	
少 しょう 적을 소	多少 다소	少すくない	人 じん/にん 사람 인	人口 인구	
白 はく 흰 백	白紙 백지	告白 고백	千 せん 일천 천	千円 천 엔	
百 ひゃく 일백 백	百万 백만	百年 백년	干 かん 방패/마를 간	若干 약간	
目 もく/ぼく 눈 목	目的 목적	目標 목표	村 そん 마을 촌	農村 농촌	
自 じ 스스로 자	自己 자기	自由 자유	材 ざい 재목 재	木材 목재	
見 けん 볼 견	見学 견학	発見 발견	石 せき 돌 석	石材 석재	
貝 かい 조개 패	貝塚 패총		右 ゆう/う 오른쪽 우	右側 우측	
年 ねん 해 년	来年 내년	今年 금년	大 だい/たい 큰 대	大型 대형	
牛 ぎゅう 소 우	牛肉 소고기	牛乳 우유	太 たい 클 태	太陽 태양	
午 ご 낮 오	午前 오전	午後 오후	犬 けん 개 견	愛犬 애견	
体 たい 몸 체	体育 체육	全体 전체	会 かい 만날 회	社会 사회	
休 きゅう 쉴 휴	休暇 휴가	休日 휴일	合 ごう/がっ 합할 합	合計 합계	
手 しゅ 손 수	手術 수술	入手 입수	名 めい 이름 명	有名 유명	名門 명문
毛 もう 털 모	毛皮 모피	毛織 모직	各 かく 각각 각	各自 각자	各々 각각
土 ど 흙 토	土地 토지	国土 국토	使 し 하여금 사	使用 사용	使命 사명
士 し 선비 사	武士 무사	弁護士 변호사	便 べん/びん 편할 편	便利 편리	不便 불편

島 とう 섬 도 鳥 ちょう 새 조	列島 열도 島国 섬나라 白鳥 백조 野鳥 야조		北 ほく 북녘 북 兆 ちょう 조짐 조	南北 남북 北国 북국 前兆 전조 吉兆 길조		
弟 てい/だい 아우 제 第 だい 차례 제	兄弟 형제 第一 제일 第三者 제삼자		未 み 아닐 미 末 まつ 끝 말	未来 미래 未定 미정 週末 주말 末期 말기		
新 しん 새 신 親 しん 친할 친	新年 신년 新品 신품 親切 친절 両親 양친		宮 きゅう/ぐう 집 궁 官 かん 벼슬 관	王宮 왕궁 宮中 궁중 官庁 관청 長官 장관		
幸 こう 다행 행 辛 しん 매울 신	幸福 행복 幸運 행운 辛勝 신승 辛口 매운맛		番 ばん 차례 번 香 こう 향기 향	番号 번호 番地 번지 香水 향수 香料 향료		
才 さい 재주 재 寸 すん 마디 촌	天才 천재 才能 재능 寸評 촌평 寸劇 촌극		数 すう 셀 수 類 るい 무리 류	数学 수학 点数 점수 種類 종류 分類 분류		
住 じゅう 살 주 柱 ちゅう 기둥 주 注 ちゅう 물댈 주 駐 ちゅう 머무를 주	住所 주소 住民 주민 電柱 전신주 円柱 원주 注油 주유 注意 주의 駐在 주재 駐車 주차		子 し/す 아들 자 予 よ 먼저 예 了 りょう 마칠 료 矛 む 창 모	男子 남자 女子 여자 予約 예약 予定 예정 完了 완료 終了 종료 矛盾 모순 矛先 창끝		
失 しつ 잃을 실 先 せん 먼저 선 矢 し 화살 시	失礼 실례 失望 실망 先行 선행 先輩 선배 弓矢 활과 화살		思 し 생각 사 恩 おん 은혜 은 想 そう 생각할 상	意思 의사 思考 사고 恩恵 은혜 恩師 은사 理想 이상 予想 예상		
皿 さら 그릇 명 血 けつ 피 혈	小皿 작은 접시 血色 혈색 血液 혈액		発 はつ 필 발 祭 さい 제사 제	開発 개발 発見 발견 文化祭 문화제 祭典 제전		
礼 れい 예도 예 札 さつ 패 찰	失礼 실례 無礼 무례 改札 개찰 名札 명찰		魚 ぎょ 고기 어 漁 ぎょ 고기잡을 어	人魚 인어 金魚 금붕어 漁港 어항 漁夫 어부		
科 か 과목 과 料 りょう 헤아릴 료	科目 과목 学科 학과 料理 요리 料金 요금		伝 でん 전할 전 転 てん 구를 전	伝達 전달 伝統 전통 運転 운전 回転 회전		
卒 そつ 마칠 졸 率 りつ 비율 률	卒業 졸업 大卒 대졸 税率 세율 率直 솔직		可 か 옳을 가 司 し 맡을 사	許可 허가 可能 가능 司会 사회 上司 상사		
楽 がく/らく 즐길 락 薬 やく 약 약	楽園 낙원 音楽 음악 薬品 약품 火薬 화약		球 きゅう 공 구 救 きゅう 구원할 구	地球 지구 球団 구단 救助 구조 救出 구출		
波 は 물결 파 派 は 물갈래 파	電波 전파 人波 인파 派生 파생 派閥 파벌		単 たん 홑 단 巣 そう 새집 소	単位 단위 単語 단어 愛の巣 사랑의 보금자리		

堂どう 집 당	食堂 식당	殿堂 전당
党とう 무리 당	政党 정당	野党 야당
苦く 괴로울 고	苦心 고심	苦生 고생
若じゃく 젊을 약	若者 젊은이	若干 약간
代だい/たい 대신할 대	現代 현대	交代 교대
伐ばつ 칠 벌	征伐 정벌	討伐 토벌
暑しょ 더울 서	酷暑 혹서	避暑 피서
署しょ 관청 서	部署 부서	署名 서명
説せつ 말씀 설	説明 설명	社説 사설
設せつ 베풀 설	設立 설립	設置 설치
消しょう 끌 소	消化 소화	消費 소비
削さく 깎을 삭	削除 삭제	添削 첨삭
深しん 깊을 심	深夜 심야	水深 수심
探たん 찾을 탐	探究 탐구	探険 탐험
脳のう 뇌 뇌	頭脳 두뇌	首脳 수뇌
悩のう 번뇌할 뇌	苦悩 고뇌	煩悩 번뇌
仏ぶつ 부처 불	仏教 불교	仏像 불상
払ぶつ 떨 불	支払い 지불	後払い 후불
賞しょう 상줄 상	賞金 상금	賞品 상품
償しょう 보상할 상	補償 보상	弁償 변상
特とく 특별할 특	特別 특별	特集 특집
待たい 기다릴 대	期待 기대	待機 대기
持じ 가질 지	維持 유지	金持ち 부자
列れつ 줄 열	整列 정렬	行列 행렬
烈れつ 매울 렬	激烈 격렬	烈火 열화
例れい 법식 례	例外 예외	例文 예문
軽けい 가벼울 경	軽量 경량	軽快 경쾌
経けい 책/지날 경	経費 경비	経験 경험
径けい 지름길 경	直径 직경	半径 반경

鏡きょう 거울 경	望遠鏡 망원경	眼鏡 안경
境きょう 경계 경	境界 경계	国境 국경
精せい 정성 성	精神 정신	精通 정통
情じょう 뜻 정	事情 사정	情熱 정렬
粉ふん 가루 분	粉末 분말	粉乳 분유
紛ふん 어지러울 분	紛争 분쟁	紛糾 분규
孝こう 효도 효	孝行 효행	不孝 불효
考こう 생각할 고	思考 사고	考慮 고려
水すい 물 수	生水 생수	水曜日 수요일
泳えい 헤엄칠 영	水泳 수영	平泳 평영
氷ひょう 얼음 빙	氷山 빙산	氷点 빙점
永えい 길 영	永遠 영원	永久 영구
績せき 길쌈할 적	成績 성적	実績 실적
積せき 쌓을 적	面積 면적	積極的 적극적
遣けん 보낼 견	派遣 파견	小遣い 용돈
遺い 남길 유	遺産 유산	遺伝 유전
津しん 나루 진	津々浦々 방방곡곡	
律りつ 법률 률	法律 법률	規律 규율
象ぞう/しょう 코끼리 상	印象 인상	対象 대상
像ぞう 형상 상	実像 실상	映像 영상
緑りょく 푸를 록	緑地 녹지	緑色 녹색
録ろく 기록할 록	記録 기록	会議録 회의록
縁えん 인연 연	縁談 연담	因縁 인연
形けい/ぎょう 형상 형	形式 형식	人形 인형
型けい 거푸집 형	原型 원형	小型 소형
刑けい 형벌 형	刑罰 형벌	処刑 처형
題だい 제목 제	題目 제목	問題 문제
提てい 끌 제	提案 제안	提示 제시
堤てい 방죽 제	堤防 제방	防波堤 방파제

輪りん 바퀴 륜 論ろん 말할 론 倫りん 인륜 륜	年輪 연륜 車輪 차륜 理論 이론 言論 언론 倫理 윤리 不倫 불륜	
張ちょう 베풀 장 帳ちょう 휘장 장 腸ちょう 창자 장	主張 주장 出張 출장 通帳 통장 手帳 수첩 胃腸 위장 大腸 대장	
蔵ぞう 곳집 장 臓ぞう 오장 장	貯蔵 저장 冷蔵 냉장 心臓 심장 内臓 내장	
織しょく/しき 짤 직 職しょく 직분 직 識しき 알 식	織機 직기 組織 조직 職業 직업 職員 직원 常識 상식 学識 학식	
慣かん 익숙할 관 貫かん 꿸 관	習慣 습관 慣例 관례 貫徹 관철 一貫 일관	
申しん 진술할 신 甲こう 갑옷 갑	申告 신고 申請 신청 甲乙 갑을 手の甲 손등	
巨きょ 클 거 臣しん/じん 신하 신	巨人 거인 巨額 거액 臣下 신하 大臣 대신	
警けい 경계할 경 驚きょう 놀랄 경	警告 경고 警察 경찰 驚異 경이 驚嘆 경탄	
割かつ 나눌 할 轄かつ 다스릴 할	分割 분할 割引 할인 管轄 관할 直轄 직할	
眼がん 눈 안 眠みん 잠잘 면	眼科 안과 眼目 안목 睡眠 수면 不眠 불면	
券けん 문서 권 巻かん 책 권 圏けん 우리 권	旅券 여권 食券 식권 上巻 상권 下巻 하권 首都圏 수도권 圏外 권외	
票ひょう 표 표 標ひょう 표할 표 漂ひょう 뜰 표	投票 투표 開票 개표 目標 목표 商標 상표 漂流 표류 漂着 표착	

側そく 곁 측 則そく 법 칙 測そく 잴 측	側面 측면 側近 측근 原則 원칙 反則 반칙 予測 예측 測定 측정	
陽よう 볕 양 湯とう 끓일 탕 揚よう 오를 양	太陽 태양 陽性 양성 熱湯 열탕 湯気 수증기 抑揚 억양 掲揚 게양	
制せい 억제할 제 製せい 지을 제	制限 제한 規制 규제 製作 제작 製品 제품	
知ち 알 지 和わ 화목할 화 私し 사사로울 사	知識 지식 通知 통지 平和 평화 調和 조화 私立 사립 公私 공사	
減げん 덜 감 滅めつ 멸망할 멸	減少 감소 減点 감점 滅亡 멸망 消滅 소멸	
努ど 힘쓸 노 怒ど 성낼 노	努力 노력 激怒 격노 怒気 노기	
距きょ 떨어질 거 拒きょ 막을 거	距離 거리 長距離 장거리 拒絶 거절 拒否 거부	
罪ざい 허물 죄 罰ばつ 벌줄 벌	犯罪 범죄 罪悪 죄악 罰金 벌금 処罰 처벌	
著ちょ 나타날 저 箸はし 젓가락 저	著書 저서 著名 저명 割り箸 나무 젓가락	
熟じゅく 익을 숙 塾じゅく 글방 숙	成熟 성숙 未熟 미숙 私塾 사숙 塾生 숙생	
功こう 공 공 攻こう 칠 공 巧こう 재주 교	成功 성공 功績 공적 攻撃 공격 専攻 전공 巧妙 교묘 技巧 기교	
増ぞう 더할 증 贈ぞう 보낼 증 憎ぞう 미워할 증 僧そう 중 승	増加 증가 急増 급증 寄贈 기증 贈り物 선물 憎悪 증오 愛憎 애증 高僧 고승	

雲 うん 구름 운	雲海 운해 雨雲 비구름		勤 きん 부지런할 근	勤務 근무 出勤 출근	
雪 せつ 눈 설	初雪 첫눈 大雪 대설		謹 きん 삼갈 근	謹賀新年 근하신년	
雷 らい 우뢰 뢰	地雷 지뢰 避雷針 피뢰침		僅 きん 겨우 근	僅少 근소	

磁 じ 자석 자	磁石 자석 磁器 자기		緯 い 씨줄 위	緯度 위도 経緯 경위	
滋 じ 부를 자	滋養 자양		違 い 어길 위	違反 위반 違法 위법	
慈 じ 사랑 자	慈悲 자비 慈善 자선		偉 い 위대할 위	偉大 위대 偉人 위인	

護 ご 보호할 호	保護 보호 看護 간호		憤 ふん 분할 분	発憤 발분 悲憤 비분	
獲 かく 얻을 획	獲得 획득 捕獲 포획		噴 ふん 뿜을 분	噴出 분출 噴火 분화	
穫 かく 거둘 확	収穫 수확		墳 ふん 무덤 분	古墳 고분 墳墓 분묘	

僕 ぼく 종 복	公僕 공복		散 さん 흩어질 산	分散 분산 発散 발산	
	お前と僕 너와 나		撒 さつ 뿌릴 살	撒水車 살수차 撒布 살포	
撲 ぼく 두드릴 박	打撲 타박 相撲 스모				

漫 まん 부질없을 만	漫画 만화 散漫 산만		断 だん 끊을 단	判断 판단 決断 결단	
慢 まん 거만할 만	自慢 자만 慢性 만성		継 けい 이을 계	継続 계속 中継 중계	

暗 あん 어두울 암	暗黒 암흑 暗記 암기		衛 えい 호위할 위	防衛 방위 衛生 위생	
闇 あん 어두울 암	闇取引 암거래		御 ぎょ/ご 어거할 어	防御 방어 制御 제어	

難 なん 어려울 난	困難 곤란 災難 재난		限 げん 한정 한	限度 한도 限界 한계	
嘆 たん 탄식할 탄	感嘆 감탄 悲嘆 비탄		恨 こん 한할 한	痛恨 통한 悔恨 회한	

己 こ 자기 기	自己 자기 利己的 이기적		弁 べん 말 잘할 변	答弁 답변 弁論 변론	
乙 おつ 새 을	甲乙 갑을 乙女 소녀		升 しょう 되 승	一升瓶 한 되들이 병	

門 もん 문 문	入門 입문 名門 명문		墓 ぼ 무덤 묘	墓地 묘지 墓参り 성묘	
問 もん 물을 문	質問 질문 反問 반문		幕 まく 휘장 막	開幕 개막 黒幕 흑막	
間 かん/げん 사이 간	時間 시간 人間 인간		漠 ばく 사막 막	砂漠 사막 漠然 막연	
開 かい 열 개	開発 개발 開放 개방		膜 まく 막 막	角膜 각막 網膜 망막	
閉 へい 닫을 폐	閉幕 폐막 閉鎖 폐쇄		模 ぼ/も 법 모	規模 규모 模様 모양	
関 かん 빗장 관	関係 관계 関門 관문		募 ぼ 모을 모	募集 모집 応募 응모	
聞 ぶん/もん 들을 문	新聞 신문 聴聞 청문		暮 ぼ 저물 모	歳暮 세모 日暮れ 해질녘	
閣 かく 누각 각	内閣 내각 天守閣 천수각		慕 ぼ 사모할 모	思慕 사모 慕情 모정	
閑 かん 한가할 한	閑散 한산 農閑期 농한기				
閥 ばつ 문벌 벌	財閥 재벌 学閥 학벌		苗 びょう/みょう 싹 묘	苗字 성 種苗 종묘	
闇 あん 어두울 암	闇ドル 암달러		描 びょう 그릴 묘	描写 묘사 素描 소묘	
			猫 びょう/ねこ 고양이 묘	猫被り 내숭떨기	

検けん 검사할 검	検査 검사	検定 검정
険けん 험할 험	保険 보험	危険 위험
験けん 증험할 험	実験 실험	体験 체험
倹けん 검소할 검	倹約 검약	勤倹 근검
剣けん 칼 검	剣道 검도	真剣 진검

核かく 씨 핵	核心 핵심	核家族 핵가족
刻こく 새길 각	時刻 시각	彫刻 조각
劾がい 캐물을 핵	弾劾 탄핵	
咳がい/せき 기침 해	空咳 헛기침	
該がい 그 해	当該 당해	該博 해박

服ふく 옷 복	洋服 양복	服用 복용
復ふく 돌아올 복	回復 회복	反復 반복
履り 신 리	履歴書 이력서	履行 이행
腹ふく 배 복	満腹 만복/배부름	腹心 심복
複ふく 겹칠 복	複雑 복잡	重複 중복
覆ふく 뒤엎을 복	覆面 복면	転覆 전복

板ばん 널판지 판	鉄板 철판	黒板 흑판
阪はん 비탈 판	大阪 오사카	
版はん 판목 판	出版 출판	版権 판권
販はん 팔 판	販売 판매	市販 시판
坂はん 비탈 판	急坂 급경사	坂道 비탈길

博はく 넓을 박	博物館 박물관	博士 박사
簿ぼ 장부 부	名簿 명부	家計簿 가계부
薄はく 얇을 박	軽薄 경박	肉薄 육박
縛ばく 묶을 박	束縛 속박	捕縛 포박

低てい 낮을 저	低下 저하	低速 저속
底てい 밑 저	海底 해저	底辺 저변
抵てい 막을 저	抵抗 저항	抵触 저촉
邸てい 집 저	邸宅 저택	官邸 관저

観かん 볼 관	観光 관광	楽観 낙관
権けん 권세 권	権利 권리	権限 권한
勧かん 권할 권	勧告 권고	勧誘 권유
歓かん 기뻐할 환	歓迎 환영	歓待 환대

昔せき/むかし 옛 석	昔話 옛날이야기	
借しゃく 빌릴 차	借金 빚	借用 차용
惜せき 아낄 석	惜別 석별	惜敗 석패
錯さく 섞일 착	錯誤 착오	錯覚 착각
措そ 둘 조	措置 조치	

郎ろう 사내 랑	新郎 신랑	太郎 장남
朗ろう 밝을 랑	明朗 명랑	朗報 낭보
浪ろう 물결 랑	浪費 낭비	浪人 낭인
廊ろう 복도 랑	廊下 낭하	画廊 화랑
娘むすめ 아가씨 낭	小娘 소저	

缶かん 두레박 관	空き缶 빈 캔	
岳がく/たけ 큰산 악	山岳 산악	
丘きゅう 언덕 구	砂丘 사구/모래 언덕	

旦たん/だん 아침 단	元旦 설날 아침	
担たん 멜 담	担当 담당	担任 담임
但たん 다만 단	但、단,…	

壌じょう 흙 양	土壌 토양	
譲じょう 사양할 양	譲歩 양보	譲渡 양도
嬢じょう 계집애 양	令嬢 따님	お嬢さん 따님
醸じょう 술빚을 양	醸造 양조	

亡ぼう 망할 망	死亡 사망	亡命 망명
忘ぼう 잊을 망	忘年会 송년회	
妄もう 망녕될 망	妄想 망상	妄言 망언
忙ぼう 바쁠 망	多忙 다망	繁忙 번망

頃ごろ 무렵 경	近頃 요즘	今頃 지금쯤
傾けい 기울 경	傾向 경향	傾斜 경사
項こう 조목 항	項目 항목	条項 조항
頁ページ 쪽 항	頁 쪽(page)	

揭けい 들 게 渴かつ 목마를 갈 喝かつ 꾸짖을 갈 褐かつ 베옷 갈	揭示 게시 揭載 게재 渴望 갈망 枯渴 고갈 一喝 일갈 恐喝 공갈 褐色 갈색 茶褐色 다갈색	種しゅ 씨 종 鐘しょう 쇠북 종	種類 종류 品種 품종 警鐘 경종 鐘楼 종루
		吏り 관리 리 更こう 고칠 경/갱	官吏 관리 変更 변경 更新 갱신
倍ばい 곱 배 培ばい 북돋울 배 賠ばい 배상할 배 陪ばい 도울 배	倍加 배가 倍数 배수 栽培 재배 培養 배양 賠償金 배상금 陪席 배석 陪審 배심	為い 할 위 偽ぎ 거짓 위	行為 행위 為政者 위정자 偽造 위조 偽札 위조화폐
		稼か 심을 가 嫁か 시집갈 가	稼動 가동 共稼ぎ 맞벌이 花嫁 신부 嫁入り 시집감
致ち 이를 치 到とう 이를 도 倒とう 넘어질 도	一致 일치 致命的 치명적 到着 도착 到達 도달 打倒 타도 倒産 도산	能のう 능할 능 態たい 태도 태 熊くま 곰 웅	能力 능력 能率 능률 態度 태도 状態 상태 熊手 갈퀴 熊本 구마모토
悔かい 뉘우칠 회 侮ぶ 업신여길 모 晦かい 그믐 회	後悔 후회 悔恨 회한 侮辱 모욕 侮蔑 모멸 大晦日 섣달 그믐날	疑ぎ 의심할 의 擬ぎ 비길 의 凝ぎょう 엉길 응	疑問 의문 容疑者 용의자 模擬 모의 擬態語 의태어 凝固 응고 凝視 응시
隅ぐう 모퉁이 우 偶ぐう 짝 우 遇ぐう 만날 우	片隅 한쪽 구석 偶数 짝수 配偶者 배우자 待遇 대우 優遇 우대	屈くつ 굽을 굴 掘くつ 팔 굴 堀ほり 굴 굴	屈服 굴복 屈指 굴지 発掘 발굴 採掘 채굴 內堀 성벽 쪽 호수
漸ぜん 차차 점 暫ざん 잠깐 잠	漸次 점차 漸進的 점진적 暫時 잠시 暫定的 잠정적	沈ちん 잠길 침 枕まくら 베개 침	沈没 침몰 沈着 침착 枕元 베갯머리
編へん 엮을 편 偏へん 치우칠 편 遍へん 두루 편	編集 편집 編成 편성 偏見 편견 偏食 편식 普遍性 보편성 遍歴 편력		

우리나라의 교육용 기초 한자

아래의 표는 교육부에서 2000년 12월 30일에 공표한 우리나라의 중·고등학교 한문교육용 기초한자 1800자(중학교 900자, 고등학교 900자)에 대한 내용이다. 1972년에 한문교육용 기초한자로 1800자를 제정한 바 있으나, 언어환경의 변화와 동북아 한자 문화권의 형성에 능동적으로 대처하고 일상생활에 많이 쓰이는 한자로 대체한다는 취지에서 28년만에 일부를 조정했다.

※ 대부분의 기초한자가 일본의 상용한자 및 표외자와 중복되는데 '별색'으로 표시한 것은 서로 겹치지 않는 한자다.

구분	중학교	고등학교
㉠	가 家 佳 街 可 歌 加 價 假 각 各 角 脚 간 干 間 看 갈 渴 감 甘 減 感 敢 갑 甲 강 江 降 講 强 개 改 皆 個 開 객 客 갱 更 거 去 巨 居 車 擧 건 建 乾 견 犬 見 堅 결 決 結 潔 경 京 景 輕 經 庚 耕 敬 驚 慶 競 계 癸 季 界 計 溪 鷄 고 古 故 固 苦 考 高 告 곡 谷 曲 穀 곤 困 坤 골 骨 공 工 功 空 共 公 과 果 課 科 過 관 官 觀 關 광 光 廣 교 交 校 橋 敎 구 九 口 求 救 究 久 句 舊 국 國	가 架 暇 각 閣 却 覺 刻 간 刊 肝 幹 簡 姦 懇 감 監 鑑 강 康 剛 鋼 綱 개 介 慨 槪 蓋 거 距 拒 據 건 件 健 걸 傑 乞 검 儉 劍 檢 격 格 擊 激 隔 견 肩 絹 遣 牽 결 缺 겸 兼 謙 경 竟 境 鏡 頃 傾 硬 警 徑 卿 계 系 係 戒 械 繼 契 桂 啓 階 繫 고 枯 姑 庫 孤 鼓 稿 顧 곡 哭 공 孔 供 恭 攻 恐 貢 과 誇 寡 곽 郭 관 館 管 貫 慣 冠 寬 광 鑛 狂 괘 掛 괴 塊 愧 怪 壞 교 郊 較 巧 矯

구분	중학교	고등학교
㉠	군 君 郡 軍 궁 弓 권 卷 權 勸 귀 貴 歸 균 均 극 極 근 近 勤 根 금 金 今 禁 급 及 給 急 기 己 記 起 其 期 基 氣 技 幾 旣 길 吉	구 具 俱 區 驅 苟 拘 狗 丘 懼 龜 　 構 球 국 菊 局 군 群 굴 屈 궁 宮 窮 권 券 拳 궐 厥 궤 軌 귀 鬼 규 叫 規 糾 균 菌 극 克 劇 근 斤 僅 謹 금 錦 禽 琴 급 級 긍 肯 기 紀 忌 旗 欺 奇 騎 寄 豈 棄 祈 　 企 幾 飢 器 機 긴 緊
㉡	난 暖 難 남 南 男 내 內 乃 녀 女 년 年 념 念 노 怒 농 農 능 能	나 那 낙 諾 납 納 낭 娘 내 奈 耐 녕 寧 노 奴 努 뇌 腦 惱 니 泥
㉢	다 多 단 丹 但 單 短 端 달 達 담 談 답 答 당 堂 當 대 大 代 待 對	다 茶 단 旦 段 壇 檀 斷 團 담 淡 擔 답 畓 踏 당 唐 糖 黨 대 帶 臺 貸 隊

구분	중학교	고등학교
㉢	덕 德 도 刀 到 度 道 島 徒 都 圖 독 讀 獨 동 同 洞 童 冬 東 動 두 斗 豆 頭 득 得 등 等 登 燈	도 倒 挑 桃 跳 逃 渡 陶 途 稻 導 　盜 塗 독 毒 督 篤 돈 豚 敦 돌 突 동 銅 凍 둔 鈍 屯 등 騰
㉣	락 落 樂 난 卵 랑 浪 郎 래 來 랭 冷 량 良 兩 量 凉 려 旅 력 力 歷 련 連 練 렬 列 烈 령 令 領 례 例 禮 로 路 露 老 勞 록 綠 론 論 료 料 류 柳 留 流 륙 六 陸 륜 倫 률 律 리 里 理 利 李 림 林 립 立	라 羅 락 絡 란 亂 蘭 欄 람 覽 濫 랑 廊 략 略 掠 량 梁 糧 諒 려 麗 慮 勵 력 曆 련 鍊 憐 聯 戀 蓮 렬 裂 劣 렴 廉 렵 獵 령 嶺 零 靈 례 隸 로 爐 록 祿 錄 鹿 롱 弄 뢰 雷 賴 료 了 僚 룡 龍 루 屢 樓 累 淚 漏 류 類 륜 輪 률 栗 率 륭 隆

구분	중학교	고등학교
ㄹ		릉 陵 리 梨 吏 離 裏 履 린 隣 림 臨
ㅁ	마 馬 막 莫 만 萬 晚 滿 말 末 망 亡 忙 忘 望 매 每 買 賣 妹 맥 麥 면 免 勉 面 眠 명 名 命 明 鳴 모 母 毛 暮 목 木 目 묘 卯 妙 무 戊 茂 武 務 無 舞 묵 墨 문 門 問 聞 文 물 勿 物 미 米 未 味 美 尾 민 民 밀 密	마 麻 磨 막 幕 漠 만 慢 漫 망 茫 妄 罔 매 梅 埋 媒 맥 脈 맹 孟 猛 盟 盲 면 綿 멸 滅 명 銘 冥 모 某 謀 模 貌 募 慕 侮 冒 목 牧 睦 몰 沒 몽 夢 蒙 묘 苗 廟 墓 무 貿 霧 묵 默 미 迷 微 眉 민 敏 憫 밀 蜜
ㅂ	박 朴 반 反 飯 半 발 發 방 方 房 防 放 訪 배 拜 杯 백 白 百 번 番 벌 伐 범 凡	박 泊 拍 迫 博 薄 반 般 盤 班 返 叛 伴 발 拔 髮 방 芳 傍 妨 倣 邦 배 倍 培 配 排 輩 背 백 伯 번 煩 繁 飜 벌 罰 범 犯 範

266

구분	중학교	고등학교
ㅂ	법 法 변 變 별 別 병 丙 病 兵 보 保 步 報 복 福 伏 服 復 본 本 봉 奉 逢 부 夫 扶 父 富 部 婦 否 浮 북 北 분 分 불 不 佛 붕 朋 비 比 非 悲 飛 鼻 備 빈 貧 빙 氷	벽 壁 碧 변 辯 辨 邊 병 竝 屛 보 普 譜 補 寶 복 腹 複 卜 覆 봉 峯 蜂 封 鳳 부 付 符 附 府 腐 負 副 簿 赴 賦 분 紛 粉 奔 墳 憤 奮 불 拂 붕 崩 비 批 卑 婢 碑 妃 肥 費 빈 賓 頻 빙 聘
ㅅ	사 四 巳 士 仕 寺 史 使 舍 射 謝 　師 死 私 絲 思 事 산 山 産 散 算 살 殺 삼 三 상 上 尙 常 賞 商 相 霜 想 傷 喪 색 色 생 生 서 西 序 書 暑 석 石 夕 昔 惜 席 선 先 仙 線 鮮 善 船 選 설 雪 說 設 舌 성 姓 性 成 城 誠 盛 省 星 聖 聲 세 世 洗 稅 細 勢 歲 소 小 少 所 消 素 笑 속 俗 速 續 손 孫 송 松 送	사 司 詞 蛇 捨 邪 賜 斜 詐 社 沙 　似 査 寫 辭 斯 祀 삭 削 朔 상 嘗 裳 詳 祥 床 象 像 桑 狀 償 새 塞 색 索 서 敍 徐 庶 恕 署 緖 誓 逝 석 析 釋 선 宣 旋 禪 섭 涉 攝 소 召 昭 蘇 騷 燒 訴 掃 疏 蔬 속 束 粟 屬 손 損 송 頌 訟 誦 쇄 刷 鎖 쇠 衰 수 囚 需 帥 殊 隨 輸 獸 睡 遂 垂 　搜

구분	중학교	고등학교
㉜	수 水 手 受 授 首 守 收 誰 須 雖 愁 樹 壽 數 修 秀 숙 叔 淑 宿 순 順 純 술 戌 숭 崇 습 習 拾 승 乘 承 勝 시 市 示 是 時 詩 視 施 試 始 씨 氏 식 食 式 植 識 신 身 申 神 臣 信 辛 新 실 失 室 實 심 心 甚 深 십 十	숙 孰 熟 肅 순 旬 殉 循 脣 瞬 巡 술 述 術 습 濕 襲 승 昇 僧 시 矢 侍 식 息 飾 신 伸 晨 愼 심 尋 審 쌍 雙
◎	아 兒 我 악 惡 안 安 案 顔 眼 암 暗 巖 앙 仰 애 愛 哀 야 也 夜 野 약 弱 若 約 藥 양 羊 洋 養 揚 陽 讓 어 魚 漁 於 語 억 億 憶 언 言 엄 嚴 업 業 여 余 餘 如 汝 與 역 亦 易 逆 연 然 煙 研 열 熱 悅 염 炎	아 牙 芽 雅 亞 餓 악 岳 안 岸 雁 알 謁 압 壓 押 앙 央 殃 애 涯 액 厄 額 야 耶 약 躍 양 壤 樣 楊 어 御 억 抑 언 焉 여 予 輿 역 譯 驛 役 疫 域 연 延 燃 燕 沿 鉛 宴 軟 演 緣 열 閱 염 染 鹽

구분	중학교	고등학교
◎	엽 葉 영 永 英 迎 榮 예 藝 오 五 吾 悟 午 誤 烏 옥 玉 屋 온 溫 와 瓦 臥 완 完 왈 曰 왕 王 往 외 外 요 要 욕 欲 浴 용 用 勇 容 우 于 宇 右 牛 友 雨 憂 又 尤 遇 운 云 雲 運 웅 雄 원 元 原 願 遠 園 怨 圓 월 月 위 位 危 爲 偉 威 유 由 油 酉 有 猶 唯 遊 柔 遺 幼 육 肉 育 은 恩 銀 을 乙 음 音 吟 飮 陰 읍 邑 泣 응 應 의 衣 依 義 議 矣 醫 意 이 二 以 已 耳 而 異 移 익 益 인 人 引 仁 因 忍 認 寅 印 일 一 日 임 壬 입 入	영 泳 詠 營 影 映 예 豫 譽 銳 오 汚 嗚 娛 傲 옥 獄 옹 翁 擁 완 緩 외 畏 요 腰 搖 遙 謠 욕 慾 辱 용 庸 우 羽 郵 愚 偶 優 우 韻 원 員 源 援 院 월 越 위 胃 謂 圍 緯 衛 違 委 慰 僞 유 幽 惟 維 乳 儒 裕 誘 愈 悠 윤 閏 潤 은 隱 음 淫 응 凝 의 宜 儀 疑 이 夷 익 翼 인 姻 일 逸 임 任 賃

구분	중학교	고등학교
ㅈ	자 子 字 自 者 姉 慈 작 作 昨 장 長 章 場 將 壯 재 才 材 財 在 栽 再 哉 쟁 爭 저 著 貯 低 적 的 赤 適 敵 전 田 全 典 前 展 戰 電 錢 傳 절 絕 節 점 店 접 接 정 丁 頂 停 井 正 政 定 貞 精 情 　 靜 淨 庭 제 弟 第 祭 帝 題 除 諸 製 조 兆 早 造 鳥 調 朝 助 祖 족 足 族 존 存 尊 졸 卒 종 宗 種 鐘 終 從	자 茲 紫 資 姿 恣 刺 작 酌 爵 잔 殘 잠 潛 暫 잡 雜 장 丈 張 帳 莊 裝 獎 墻 葬 粧 掌 　 藏 臟 障 腸 재 災 裁 載 宰 저 底 抵 적 滴 摘 寂 籍 賊 跡 積 績 전 專 轉 殿 절 切 折 竊 점 占 點 漸 접 蝶 정 亭 訂 廷 程 征 整 제 提 堤 制 際 齊 濟 조 弔 燥 操 照 條 潮 租 組 졸 拙 종 縱
	좌 左 坐 죄 罪 주 主 注 住 朱 宙 走 酒 晝 죽 竹 중 中 重 衆 즉 卽 증 曾 增 證 지 只 支 枝 止 之 知 地 指 志 至 　 紙 持 직 直 진 辰 眞 進 盡 질 質 집 集 執	좌 佐 座 주 舟 周 株 州 洲 柱 奏 珠 鑄 준 準 俊 遵 중 仲 증 憎 贈 症 蒸 지 池 誌 智 遲 직 職 織 진 振 鎭 陣 陳 珍 震 질 秩 疾 姪 질 秩 疾 姪 징 徵 懲

270

구분	중학교	고등학교
ㅊ	차 且 次 此 借 착 着 찰 察 참 參 창 昌 唱 窓 채 菜 採 책 責 冊 처 妻 處 척 尺 천 千 天 川 泉 淺 철 鐵 청 靑 淸 晴 請 聽 체 體 초 初 草 招 촌 寸 村 최 最 추 秋 追 推 축 丑 祝 춘 春 출 出 충 充 忠 蟲 취 取 吹 就 치 治 致 齒 칙 則 친 親 칠 七 침 針	차 差 착 錯 捉 찬 贊 讚 참 慘 慙 창 倉 創 蒼 暢 채 彩 債 책 策 척 斥 拓 戚 천 賤 踐 遷 薦 철 哲 徹 첨 尖 添 첩 妾 청 廳 체 替 滯 逮 遞 肖 超 抄 礎 秒 촉 促 燭 觸 총 銃 總 聰 최 催 추 抽 醜 축 畜 蓄 築 逐 縮 충 衝 취 臭 醉 趣 측 側 測 층 層 치 値 置 恥 칠 漆 침 侵 浸 寢 沈 枕 칭 稱
ㅋ	쾌 快	
ㅌ	타 他 打 탈 脫 탐 探 태 太 泰 택 宅	타 妥 墮 탁 濁 托 濯 卓 탄 炭 歎 彈 誕 탈 奪 탐 貪

구분	중학교	고등학교
ㅌ	토 土 통 通 統 퇴 退 투 投 특 特	탑 塔 탕 湯 태 怠 殆 態 택 澤 擇 토 吐 討 통 痛 투 透 鬪
ㅍ	파 破 波 판 判 팔 八 패 貝 敗 편 片 便 篇 평 平 폐 閉 포 布 抱 폭 暴 표 表 품 品 풍 風 피 皮 彼 필 必 匹 筆	파 派 播 罷 頗 把 판 板 販 版 편 編 遍 偏 평 評 폐 肺 廢 弊 蔽 幣 포 包 胞 飽 浦 捕 폭 爆 幅 표 票 標 漂 피 疲 被 避 필 畢
ㅎ	하 下 夏 賀 何 河 학 學 한 閑 寒 恨 限 韓 漢 합 合 항 恒 해 害 海 亥 解 행 行 幸 향 向 香 鄕 허 虛 許 혁 革 현 現 賢 혈 血 협 協	하 荷 학 鶴 한 旱 汗 할 割 함 咸 含 陷 항 巷 港 項 抗 航 해 奚 該 핵 核 향 響 享 헌 軒 憲 獻 험 險 驗 현 玄 絃 縣 懸 顯 혈 穴

272

구분	중학교	고등학교
ㅎ	형 兄 刑 形 혜 惠 호 戶 乎 呼 好 虎 號 湖 혹 或 혼 婚 混 홍 紅 화 火 化 花 貨 和 話 華 환 歡 患 활 活 황 黃 皇 회 回 會 효 孝 效 후 後 厚 훈 訓 휴 休 흉 凶 胸 흑 黑 흥 興 희 希 喜	혐 嫌 협 脅 형 亨 螢 衡 혜 慧 兮 호 互 胡 浩 毫 豪 護 혹 惑 혼 昏 魂 홀 忽 홍 洪 弘 鴻 화 禾 禍 확 確 穫 擴 환 丸 換 環 還 황 況 荒 회 悔 懷 획 獲 劃 횡 橫 효 曉 후 侯 候 훼 毁 휘 揮 輝 휴 携 흡 吸 희 稀 戲

주요단어 해석

1 하루 1년 · 하나 한 사람 · 1일(초하루)
2 2월 · 둘 두 사람 · 2일 · 20일
3 3월 · 3백 세 사람 · 셋 3일
4 4월 · 네 사람 4시 · 4일 · 4개
5 다섯 사람 5월 · 5일 다섯
6 6월 · 6개 · 여섯 · 6일
7 일곱 사람 7월 · 7일 일곱
8 8월 · 여덟 · 8일 채소 가게
9 9백 · 9시 9월 · 아홉 9일
10 열 사람 10월 10시 · 10일
11 백 명 백년 백 개
12 천 엔 천 명 · 천 년(영구, 영원)
13 주간(정오) · 당일(금일) · 생년월일
14 1월 정월 · 지난달 · 세월(시일)
15 2천 년 연말 · 연상 올해
16 백 엔 천 엔 오천 엔 만 엔
17 인생 · 인기 · 사람들 이목(남의 눈)
18 화요일 · 불꽃
19 수요일 물레방아 · 생수
20 목요일 목재 · 토목 · 식목
21 금요일 입금 · 돈
22 토요일 국토 · 토지 · 토색(흙빛)
23 휴일 휴학 · 잠깐 쉼
24 좌우 · 좌수(왼손)
25 우중간 · 우수(오른손)
26 화산 산수 · 매우 많음(고작, 많은 산) 한 무더기
27 산천 · 은하수
28 우천 우중 · 큰비 · 가랑비
29 제사(실을 만듦) · 생사(생 명주실) 실마리(단서)
30 중립 · 입장 출입
31 학력 수력 화력 · 역학
32 날씨 천재 천국 · 낙하산 인사
33 원기(기운) 본심 · 인기척
34 삼림 · 숲
35 산림 임립(숲의 나무처럼 죽 늘어섬) · 송림(솔숲)
36 청천(맑음) · 청년 · 청공(파랗게 갠 하늘) · 새파람

37 논 · 아직 이삭이 여물지 않은 푸릇푸릇한 논
38 촌장 산촌 · 마을 사람
39 읍면 주민자치모임 · 번화가
40 적십자 · 적자 갓난아이
41 남자 여자 · 모습 · 연년생
42 공기 공중 공백 · 하늘색 · 가라오케(노래방)
43 백인 · 흰자위 백석(바둑에서 흰 돌)
44 음성 · 모음 · 발소리 · 본심
45 죽마고우 · 죽순 · 죽도
46 출국 외출 출입 · 출구 만남
47 입국 입학 입력 · 출입
48 상하 능숙함 지상 · 상의 · 상석
49 지하 천하 · 하차 · 연하 · 하석 하반기 · 발밑 · 가격인하 · 서투름
50 중심 문중 · 일년 내내 · 밤중
51 이목 · 초문
52 명목 · 면목 · 손위 첫눈(한눈)
53 인구 · 어조 · 한마디(한입)
54 토족(흙 묻은 발) 소풍 한 켤레 · 손발 한 발짝
55 대학 대왕 · 대회 · 큰 거래처
56 초등학생 대소 · 동산 작은 새(참새)
57 남성 남자 · 장남 · 덩치 큰 사나이
58 남녀 여자 · 아내 · 여심 · 소녀
59 문화 문학 · 한 푼 · 러브레터
60 한자 문자 천자문
61 학생 대학 입학 문학
62 학교 입교 교내 하교
63 백화 · 꽃구경 꽃꽂이
64 일견(한번 봄) 견학 · 견본 달구경 표제(색인)
65 본심 일본 한 자루 일본 제일
66 이름 · 학교명 세 명 · 본명 성
67 왕국 왕자 장기에서 장군
68 입수 · 수족 남의 손(인공) 대규모
69 조조 · 즉시 · 빠른 말씨
70 초원 초목 · 길가의 풀(미적거림)
71 차도 차내 · 휠체어
72 애견 들개
73 선생님 일전 · 외출처 손끝(눈앞, 앞잡이)

74 생년 · 일생 · 생맥주 · 꽃꽂이 · 본바탕 · 성장(경력) · 발아

75 옥석 · 세뱃돈 · 안구

76 금석 · 자석 · 자갈

77 조개

78 정월 정면 · 정당

79 일조일석(짧은 시일) · 저녁 소나기

80 해충 · 무좀 돋보기

81 동서 도쿄 관동 · 동쪽지방(나라) 동쪽

82 서양 남서 북서 관서 · 석양

83 남북 남국 서남 동남 · 남아메리카

84 북방 북상 북동 홋카이도 · 북풍

85 청춘 입춘 춘분 · 춘풍 초봄

86 하기 · 하지 · 여름방학

87 추분 입추 · 가을비 가을하늘

88 춘하추동 입동 · 한겨울 겨울방학

89 부모 · 부친 · 숙부 · 아버지

90 모국 모교 · 모친 숙모 · 어머니

91 부형 · 삼 형제 · 형

92 자제 · 형제 · 제자

93 자매 · 언니

94 세 자매 · 누이 생각

95 기하(기하학) · 부디 · 몇 시 몇 사람

96 국가 외국 국내 · 산간지방

97 가내 작가 · 무가의 가신 · 빈집

98 사회 회화 교회 · 일생에 단 한 번 있는 만남

99 회사 입사 사장 본사 사교

100 매점 매국 · 매장 매상

101 매매 · 사는 쪽 쇼핑

102 점장 서점 점원 · 점두(가게 앞)

103 가장 장녀 교장 · 장수

104 원근 원대 먼 곳 · 우회

105 근대 근처 · 가까운 곳(금방) 지름길

106 공평 공립 주인공

107 공원 전원 · 화원

108 조식 내일 아침 · 매일 아침 아침 해 · 오늘 아침

109 점심식사 주야 · 주간 점심시간

110 야간 오늘밤 새벽 야시장

111 신품 신년 신입 신차 새댁

112 신문 견문 · 청문회 · 청해

113 친절 양친 육친 · 친자 친분

114 친우 학우 벗 · 친구

115 인용 인력 · 옥편 안내

116 조심 용지 공용 활용 작용

117 입문 정문 명문 가문 · 출발(집을 떠남)

118 문호 한 세대 호주 · 비를 막는 덧문

119 독서 독본 음독 · 구두점(.) · 읽을거리

120 도서 서도 서면 · 쓰는 법

121 언어 방언 무언 잔소리(꾸지람) · 한마디

122 국어 외국어 일본어 어학 · 이야기

123 시간 일시 동시 · 가끔

124 중간 공간 일주일 · 인간 세상

125 요일 화요일 일요목수

126 직후 직통 직전 · 정직 · 재검토 입가심

127 교통 편지 ~통 · 철야(밤샘) · 대로

128 전기 전차 전자 전력

129 전화 수화 · 상담(의논) 서서 이야기함

130 해외 외식 외인 · 외과 · 외부 순환노선

131 과목 과학 학과 이과 교과서

132 시계 소계 회계 가계

133 계산 산출 예산 산수

134 조직 · 조합 조장 프로그램

135 합계 합동 · 합작 기합(마음, 성질) 신호

136 공부 강조 · 강인 당참

137 강약 약소 · 소극적 겁쟁이

138 태고 태평양 · 도검

139 세심 세공 명세 · 오솔길 · 토막

140 형식 도형 지형 · 인형 어음

141 매일 매일 아침 매회 매년 매번

142 주간 지난주 다음주 매주 주휴

143 귀국 귀사 귀화 · 당일치기 귀향

144 귀경 상경 교토 도쿄

145 소년 소녀 소식 연소 잠시

146 조식 중식 석식 식용 회식

147 의사 사춘기 · 추억

148 사고 참고서 고고학 · 사고방식

149 가수 국가 · 가성

150 음성 명성 성명 · 큰소리

151 회화 · 그림책 그림일기

152	화가　명화 · 계획　획일　자획	193　소고기 · 송아지
153	오전　오후　정오	194　육식　육체　육색(고기 빛깔, 누르스름한 연분홍)
154	전후　전야　목전 · 기질(성품)　배달	닭고기　육성
155	이후　식후　후일　후방 · 뒤로 미룸	195　마차　목마　말고기　마력
156	일회　횟수　회귀 · 우회로	196　들새　백조　일석이조 · 작은 새
157	회답　문답 · 말대답	197　비명 · 우는 소리
158	통지　지인　지우(친구) · 아는 사이	198　중지　휴재(중지) · 멈춤
159	행동　통행 · 행간 · 행방　행선지	199　주행　역주 · 종종걸음
160	강풍　풍채(외양,겉모습) · 목욕 · 감기	200　중고품　고문
161	체력　본체　전체 · 체면 · 몸	201　이번　올봄　이번 달　오늘
162	알약 · 통나무　일본 국기의 상징	202　지방　전방　방위(방향)　한편 · 저녁　보기(견해)
163	안면 · 둥근 얼굴　안색　첫 대면(씨름에서 대전)	203　두각　직각　삼각 · 네거리　쇠뿔
164	원색　본색 · 경치 · 적색　색지	204　대두　태풍 · 대수　토대　만 원대
165	용지　표지　백지 · 편지	205　구두　선두 · 두상 · 음두 · 석두(돌머리)
166	설원　신설(새로 내린 눈) · 대설　설국	206　고교생　고공　고지　고음 · 매상고(판매고)
167	운해　백운 · 비구름　눈구름	207　원자력　원문　고원　초원 · 들판
168	흑인　흑점 · 새까맘　흑자　흑백	208　궁도 · 활꼴　활과 화살
169	황금 · 황색　노른자위	209　정면(진두)　마침 그때
170	청천(맑게 갠 하늘) · 맑은 가을 날씨　날씨가 잠시 갬	210　화성　금성 · 과녁의 중심(핵심)　별이 총총한 하늘
171	시내　시외 · 시장 · 시장　아침 시장	씨름이나 선거에서 승리의 표시
172	내외　국내　사내 · 체내 · 내성적	씨름이나 선거에서 패배의 표시
173	지도　지하　지명 · 본고장	211　일광　월광　풍광 · 광통신
174	도면　도표　기상도 · 도서	212　암석 · 바위가 많은 곳　바위산
175	만 엔　만일　만보계 · 만국	213　계곡 · 골짜기
176	보행자　보도　일보 · 보합	214　인어　활어　금붕어 · 어시장
177	파출소　교통　국교　외교　사교	215　전지 · 오래된 연못
178	가장　당번　번지　지배인　번견	216　원수　원기(기운) · 원금　설날　원래
179	다음달　내년　외래어　내장(그 장소에 옴)	217　수도　뱃머리　자수 · 손목
	내일(일본을 방문함)	218　심리　안심　심중 · 마음가짐 · 기분
180	회장　입장　장내 · 본고장　광장	219　도리　이과　지리　원리
181	다소　다수　꽤　다대(매우 큼)　다용	220　점선　백점　점화　원점　약점
182	천재　다재　글재주 · ~세	221　노선　직선　광선　전선
183	기차　기선	222　반　전반　반수　대부분　3시 반
184	선체　선실　선장 · 선박회사　작은 배	223　수학　점수　사람 수 · 말수 · 염주
185	공장　공작　도공　인공 · 목수	224　자기　자신　자립　자가용 · 자연
186	작문　작품　원작　작가 · 작용	225　생활　활기　활력　자활　활자
187	교실　교회　불교　기독교 · 제자	226　낙원　낙천　안락 · 음악　악기
188	실내　지하실　도서실	227　친절　중요 · 일체 · 우표 · 수완가
189	갈색　찻집 · 다도	228　일본도　명검 · 도검　갈치
190	인도　국도 · 신도 · 밤길　산길	229　동시　동점　일동　동일　동의
191	햅쌀　백미 · 미작(벼농사)　미국　일미	230　도다이지(나라시에 있는 화엄종의 총본산) · 절　서당
192	보리차　밀	231　당시　정말　우리 쪽　목표(어림,예측) · 급여(수당)

232 당분간 충분 분별 · 어슷비슷 · 갈라놓음(무승부)
233 광야 광대 광각렌즈 · 광장
234 야외 내야 야심 분야 · 들길
235 해상 내해 · 창해 · 해변 · 해녀
236 천리(안) 해리 · 고향
237 명백 명언 명기 · 내일 아침 내일 광명 · 새벽
238 기입 기명 일기 전기 후기
239 깃털 세 마리
240 일모작 불모의 땅 · 털실

교육한자 3학년

241 병 병원 환자 · 질병 · 병
242 원장 입원 의원 대학원
243 의학 의사 의사 의약분업
244 학자 작자 병자 신자 · 인기인
245 약품 약국 화약 · 안약 약국
246 국면 당국 방송국 국장
247 전체 전국 전신 전력 전세계
248 신체 출신 자신 · 일가 신분 알맹이
249 유행 합류 유동 일류 교류 · 유량
250 혈색 혈중 유혈 출혈 · 핏줄
251 사자(죽은 자) 사체 병사 · 개죽음
252 작년 사거(사망) · 과거
253 기립 기공 기용 기업 · 일찍 일어남
254 합숙 숙제 노숙 숙명 · 여관
255 비운 비곡 비관 비명
256 운행 운동 운송 사운 운용
257 기일 문화제 전야제 · 눈 축제 꽃 축제
258 제례 조례 실례 · 예찬
259 정중 삼거리 · 거리의 단위(~가)
260 중대 중역 중요 · 귀중 · 한 겹
261 수신 수리 수명(명령을 받음) · 수취 수동
262 취재 취득 선취점 · 대전 받아쓰기
263 위원(회) 위세(자세한 사정)
264 전원 사원 회원 임원 인원
265 조언 조수 조역 · 거들어 줌
266 주역 아역 악역 공무원 관공서 · 현역
267 계급 2층 아래층
268 상급 중급 고급 진급 등급
269 가족 일족 친족 수족관 · ~족

270 연구 연수
271 학구 구명 추구 연구소
272 일 사양 사업 마무리(완성) 매입
273 사업 행사 용무 화재 · 사건
274 농업 농촌 농가 농민 농장
275 학업 작업 휴업 공업 업계
276 상업 장사 상점 상인
277 상품 상품 하품 · 품절 요술(속임수)
278 진실 사진 진리 · 진심
279 실력 실행 실용 사실 실명 실물
280 반대 반감 반발 · 모반 · 포목(옷감)
281 대립 대화 대결 대면 · 한 쌍(한 벌)
282 문제 학문 반문 · 도매상
283 제목 주제 출제 화제 제재 실컷(마음대로~)
284 공부 면학
285 세대 세상 출세 · 후세 · 여론
286 세계 학계 사교계 은세계
287 열차 정렬 행렬 전열
288 열도 본도 반도 · 섬나라
289 단기 급한 성미 단점 단가 · 성급함
290 전파 단파 · 인파 파도타기 · 부두
291 암기 암산 암호 암흑 · 새까맘
292 신호 기호 번호 ~호실
293 소화 소화 소비 · 취소
294 소식 이식 휴식 · 아들 · 호흡
295 안정 안전 불안 염가 · 싼 것
296 의식주 주민 주소 안주
297 차기 목차 다음번 차남 · 순서(사정)
298 안전제일 제3자 제인자 낙제
299 문장 제3장
300 등교 등기 등장 · 등산 · 등산
301 철판 흑판(칠판) 등판 · 주방장
302 투수 투하 투서 · 투망
303 자구 투구 타구 구장 구단
304 연습 시련
305 습득 학습 자습 풍습 · 수습
306 승리 전승 결승 · 제멋대로
307 승부 자부 · 청부 · 승부
308 유원지 외유 교유(교제) · 뱃놀이
309 수영 유영(헤엄침) 역영(힘을 다해 헤엄침) · 평영
310 진로 전진 진행 진출 선진국
311 도로 통로 노상 노면 · 귀가길

312 상대적 상담 상장 · 수상 · 상대
313 회담 상담 면담 대담 담합
314 지정 지명 · 손끝 엄지손가락 · 지시
315 조화 강조 상태 보조 · 조사
316 조정 정리 정지
317 예정 예상 예기(미리 기대나 각오를 하는 것) 예언 예습
318 사상 이상 공상 회상 · 붙임성(정나미)
319 기간 장기 시기 신학기 · 최후(임종)
320 기대 대망 · 대합실
321 결정 결의 결심 결승 · 결정적 근거
322 정원 정착 정식 정기휴일 · 계산
323 감탄 감동 예감 동감 실감
324 동물 행동 언동 자동 활동 운동
325 도심 도시 도쿄도 · 형편 매번
326 한번 매번 고도 진도 · 준비 · 자주
327 심야 심해 심화 수심 심도 짙은 녹색
328 녹화 · 녹지 신록 녹차 · 녹색
329 만엽집 · 단어 낙엽 · 엽서 나뭇잎
330 시인 시집 시가 작시
331 집회 집합 집중 집계
332 의사 의견 의외 짓궂음 준비
333 의미 기미 쓴맛 아군 · 뒷맛
334 대리 고대 대표 · 교대 · 몸값
335 필기 자필 필자 모필 대필 · 붓끝(붓을 다루는 솜씨)
336 악화 악의 악명 · 오한 · 욕
337 한문 문외한 악한 한방약
338 음식 음료 음주 · 술집
339 일본주 양주 · 술집 술 빚는 사람이나 집 선술집
340 추방 추가 추구 · 추적자
341 방송 추방 방출 개방
342 미인 미녀 미화 미담
343 문화 진화 저출산화 근대화 · 화장
344 소지품 · 기분 부자 소유주
345 기온 온도 체온 고온 온실 온화
346 평화 조화 일식 · 일기(날씨) · 야마토(일본)
347 한중 한류 · 겨울하늘 한기
348 한서 복중문안
349 급행 급사 급속 찻주전자 · 매우 급함
350 속도 시속 고속 속력
351 운전 회전 반전 자전거 전출
352 낙하 전락 낙서 · 분실물
353 타개 타자 대타 안타 · 협의
354 개점 개통 공개 개발 개업
355 출하 입하 · 짐 포장 짐수레
356 생물 물리 인물 · 작물 · 물품 진짜
357 수배 분배 배열 걱정 · 배려
358 송금 운송 발송 회송 배송 · 배웅
359 관계 계수 · 계원 계장 도서계(사서)
360 양손 차량 쌍방 양 사(두 회사) 양면
361 면회 면전 전면 방면 · 얼굴이 갸름함
362 대표 발표 표면 표시 · 태평양에 면한 일본
363 표피 소가죽 가죽과 살(신체, 아유) · 모피
364 명소 장점 장소 급소 · 부엌
365 유명 유력 소유 · 유무
366 해양 서양 동양 태평양 양식
367 양복 일본옷 복용 한 모금(잠깐 쉼)
368 모양(용모) 다양 마찬가지 양식 · 고객
369 형식 신식 식장 입학식
370 발명 발견 발행 발차 · 발족
371 체육 발육 육아 교육 · 육아
372 행운 행복 불행 다행
373 복리 복음 제비뽑기 추첨권(복첨권)
374 양모
375 평야 평일 태연함 · 평등 · 평사원
376 대등 등급 일등 동등 등등
377 사명 사용 대사 천사 사역
378 생명 운명 인명 명중 · 수명
379 주의 주목 발주 수주 주문
380 유전 원유 주유 · 유화
381 승객 승차 승용차 승마 · 탈것
382 객실 응접실 객석 방문객 · 여객기
383 종점 종착역 종전
384 착실 착수 선착 · 기모노 하의 수영복
385 역무원 역전 도쿄역 역장
386 철도 지하철 철공소 철사
387 철교 · 돌다리 외나무다리
388 중앙 중앙선 중앙구
389 횡단 · 골목(길) 곁눈질 가로쓰기 옆 얼굴
390 책장 작은 상자 찬합 하코네
391 근본 끈기 무 · 사전교섭
392 여행 여관 여객 · 나그네
393 도서관 체육관 개관 본관 회관

394 부품 본부 부하 부분 전부 · 방
395 옥상 가옥 옥외 · 지붕 정육점 포장마차
396 군주 주군 · 부군 기미가요
397 주인 주제 주역 · 승려 · 집주인
398 신화 · 신사 신궁 · 신 가미카제
399 왕궁 궁중 궁정 · 황실에 관한 일을 전담하는 관청
400 호수 호숫가 비와코
401 해안 강 건너 · 강변
402 열탕 · 더운물과 찬물 찻잔 김(수증기)
403 개항 공항 출항 입항 · 항구도시
404 방향 동향 의향 향상 · 정면으로 향함(적극적인 태도)
405 곡선 작곡 명곡 신곡 · 길모퉁이
406 은행 금은 은종이 수은 은색
407 고심 노고 · 서투름(질색) 쓴맛 ·
      마음이 괴로움(미안함)
408 가벼운 식사 경차 · 선뜻 간편함
409 현청 현립 ~현
410 구분 구별 지구 구간 구청
411 혼슈 규슈 육대주 · 삼각주
412 창고 차고 문고 금고 서고
413 도구 가구 우비 구체적 형편
414 작은 접시 접시 돌리기 받침 접시
415 치과 · 톱니바퀴 틀니 칫솔 앞니
416 비음 이비인후과 · 코끝(눈앞) 콧물
417 사진 사생 사실
418 보수 수비 · 부재 · 자장가
419 신고 내신서 · 할 말
420 타국 타인 타의 자타 타인의 도움
421 원주 전주 · 대들보 괘종시계
422 통장 장부 수첩 일기장 · 모기장
423 기적 · 휘파람 풀피리
424 아동 동화 동안 동심 신동
425 옛날 · 작금(지금과 옛날) · 옛날이야기 먼옛날
426 배수 배가 두 배 남보다 갑절
427 두유 · 대두 · 아주 작은 책 꼬마전구
428 보리밭 꽃밭 · 밭농사
429 정원 가정 교정 툇마루에 가까운 곳
430 식물 식수 조림 · 모심기
431 빙산 빙점 빙수
432 가파른 고개 · 비탈길 내리막길
433 초속 일분일초 초읽기
434 원시 개시 시종 연시 시동

435 반품 회답 대답
436 유래 · 자유 이유 · 유서
437 태양 햇볕 양기(시후) 양성
438 습득 · 십만 엔 · 습득물 구사일생
439 석탄 목탄 · 숯불
440 쇼와

교육한자 4학년

441 각국 각종 각지 각자 · 제각기
442 종류 품종 인종 종자 · 이야깃거리
443 방법 법안 문법 예의범절 · 법도
444 안내 안건 도안 의외
445 협의 협력 협회 협조 협정
446 회의 의원 의회 의안
447 훈련 훈령 훈화 훈독 특훈
448 명령 법령 지령 호령 아드님
449 선출 당선 선수 입선 예선
450 선거 거행 거수 열거 거국
451 차이 차별 시차 대차 · 햇살
452 구별 별관 별매 대별 따로따로
453 특례 특색 특집 특급 특별
454 예외 예문 전례 예년 예제
455 정부 도도부현(일본 행정구역) 오사카부
456 전력 고전 관전 실전 전투(시합)
457 전쟁 쟁점 경쟁 쟁의
458 군대 육군 해군 공군 군인 군사
459 부대 대원 병대(군대) 등반대
460 병사 병기 출병 · 군량 효고현
461 병졸(병사) 졸업 대졸 고졸 신졸(그 해의 새 졸업자)
462 시정(거리) 유정(석유나 원유를 퍼내는 샘) · 천장 · 우물
463 말기 주말 결말 경위 · 막내
464 소실 전소 · 불고기 도자기류 생선구이
465 실례 실언 실업 실망 소실
466 포위 부엌칼 내포 붕대 · 소포
467 세대 지대 온대 연대 · 띠
468 적극적 면적 적설 · 견적서
469 극도 · 극악 극락 · 월 단위 계약
470 성공 전공 공로 공명 · 공덕
471 관청 관민 사관 사령관 장관
472 민족 민주 시민 민간 민예품

473 노인 노후 노인 홈 · 새우	515 염분 식염 · 소금구이 짠맛
474 신하 군신 노신 대신	516 완전 완성 완치 미완성 완결
475 가시나무	517 정치 · 치안 자치 치수
476 언덕	518 희망 희소 고희 희구
477 박물관 박학 박애 박사	519 실망 신망 명망
478 충천하는 기세	520 안정 냉정 · 정맥 · 시즈오카
479 애용 애국 열애 애독 애인	521 군집 군상 군도
480 호의 동호 애호 우호 호조	522 향수 향료 선향(모기향)
481 설명 소설 전설 사설 · 유세	523 보좌 대좌 미장이
482 연하장 축하 하정(연하장에 쓰는 말) 축하 편지(연하장)	524 관광 관객 객관 낙관 주관적
483 냉수 냉해 냉혈 한랭 · 찬밥	525 관찰 고찰 살펴서 앎
484 쓴웃음 담소 냉소 · 웃는 얼굴 · 대소(크게 웃음)	526 초보 초대 흥행의 첫날 · 첫사랑 · 초산
485 이상 이하 이전 이내 이후	527 생산 산업 산지 부동산 · 선물
486 인장(도장) 조인 인지 · 표적 화살표	528 전조 길조 억조 1조 엔 · 징조
487 인쇄 쇄신 · 컬러인쇄	529 기후 날씨 시후 징후 · 식객
488 기기 기체 대기 기회 동기 재치	530 아동 건아 · 소아과
489 기계 기계(도구)	531 시험 시합 입시 시식 시험작품
490 건국 건의 · 건립 · 건물 방침(표면상의 원칙)	532 실험 수험 체험 · 영험
491 인재 재료 건재 교재 목재	533 결국 결실 연결 결합 결집 결성
492 의복 의료 의류 · 옷 갈아입기	534 결과 성과 전과 과실 · 과일
493 분류 인류 서류 동류 친척	535 발달 달성 배달 명인(달인) 달인 · 친구
494 고생 노력 노사 노동조합	536 성인 미성년 작성 · 성취 · 추세
495 노동 중노동 · 한창나이 맞벌이	537 결점 결석 결장 결항 결번
496 월급 급료 급식 배급	538 출석 착석 석상 석순 석차
497 요금 요리 원료 재료 유료 무료	539 필요 필사 필독 필승 필착
498 전언 전달 전래 · 구전(전갈)	540 당연 전혀 필연 자연 · 천연
499 투표 표결 개표 전표	541 참가 참여 계획에 참여함 지참 · 신사참배
500 간석지 니가타	542 참조 조명 조회 대조적 · 가뭄
501 신념 염원 일념 각서 염두	543 조약 공약 예약 약~킬로 약속
502 원서 출원 소망 · 소원	544 결속 · 꽃다발 돈뭉치
503 건전 건재 강건	545 과제 일과 ~과 과장 과원
504 건강 소강	546 축복 축일 축사 축전 · 축의
505 영양 광영 영전 · 겉치레	547 사전 사전 사의 사표 · 겉치레 말
506 양성 양육 교양 휴양 양자	548 부업 부작용 부사장 부상
507 열망 열탕 가열 열병 열량	549 교토와 오사카의 준말 · 오사카
508 기량 대량 다량 양산 물량	550 전형 특전 제전 고전 백과사전
509 기로(갈림길) 분기점 다기(여러 갈래, 다방면에 걸침)	551 나가사키 하코자키
510 웅담 · 곰	552 주위 주변 주지 원주 주기
511 잔금 잔업 유감 잔고 · 여운	553 산부리 사이타마
512 밥 저녁밥 먹다 남은 밥 · 보리밥	554 계절 계어(하이쿠 등에서 계절의 느낌을 나타내기 위하여
513 무리 무지 무념 · 무례 무사	반드시 넣도록 정해진 말) 사계 우계 동계
514 이해 살해 무해 유해 해충	555 조절 절약 절전 · 마디

556 지위 위치 순위 상위 위상
557 배치 방치 안치 · 둘 곳
558 경합 경주 · 경마 경륜 · 경매
559 차바퀴 연륜 윤번 · 집안(가정 내) 반지
560 연예 문예 원예 공예품 게이샤
561 편리 불편 방편 · 편승 선편
562 이용 이해 유리 불리 · 왼손잡이
563 미래 미지 미공개 미정 미만
564 만족 불만 원만 만개 만원
565 불안 불가사의 부족 부주의 · 무례
566 양심 양호 불량 개량 양약(좋은 약)
567 최고 최고(가장 오래) 최대 최초 한창때
568 고저 저하 최저 저온 저속 저음
569 부근 부록 부기 부가 · 접수
570 가공 가입 참가 추가 가열
571 가두 상점가 시가 · 가도(큰길) · 길모퉁이
572 점등 소등 가로등 등대 · 멍청한 사람(있어도 쓸모 없는 사람)
573 해저 근저 저면 · 무한량(술고래)
574 주변 저변 근처 신변 · 해변
575 군부
576 목표 표본 상표 표고 표적
577 목적 세계적 지적 평화적 · 요점에서 벗어남
578 개량 개찰 개정 개행(줄바꿈) 개수(수리)
579 천엔 지폐 입찰 · 명찰 화투
580 연휴 연속 관련 연합 연중
581 존속 속행 상속 지속 속속
582 어업 어선 어항 어촌 · 어부
583 부군 부인 농부 어부 · 궁리
584 신념 신용 불신 자신 통신
585 도보 학생 교도 신도 헛수고
586 요약 요점 중요 주요 요소
587 요구 구애 추구 구직 구인
588 발아 · 싹
589 채식 채소 배추 · 푸성귀(푸른 채소)
590 솔, 대, 매화 · 솔숲 가도마츠
591 자손 · 효자손 손녀
592 장마 · 매실주 우메보시
593 자양(영양)
594 일억 억만장자
595 통화 금화 은화 화물 백화점
596 신사의 경내에서 소중히 기르는 사슴 · 사슴

597 비행 비행기 · 징검다리
598 국기 기수 일장기 · 형세(정세)
599 창고
600 기구 식기 악기 솜씨(요령) 대기
601 성문 성내 성시(영주의 성을 중심으로 주위에 발달한 마을) 오사카성 · 성지(성터)
602 감읍(감격하여 움) 크게 목 놓아 움 · 우는 소리
603 청산 청주 혈청 · 기요미즈데라
604 도덕 미덕 인덕 덕용 · 술병
605 패전 패배 승패 대패 패색 실패
606 성명 다나카 씨 · 수호신(씨족신)
607 사회 사법 상사 사령부 스모 심판
608 욕실 입욕 해수욕 · 유카타
609 감각 미각 자각 발각 · 눈 뜸(각성)
610 관리 혈관 기관 관악기
611 관계 기관 관절 관문 · 오제키
612 칠엽수 도치기(관동지방 북부의 현)
613 공통 공동 공존 공유 공감
614 망원경 · 안경
615 직경 반경 구경
616 고정 고체 고유 고착 공고
617 나래(지명)
618 어제 작년 재작년 간밤(어젯밤)
619 산책 분산 산재 발산 산회
620 돈을 빌림 차용 셋집 · 가불
621 순조 순번 수순 순차 · 순로
622 문부성 에너지절약 힘을 덞 · 반성 귀성
623 합창 애창 창화(한사람의 선창에 이어 따라 부름)
624 조몬 시대 · 영역(세력 범위) 오키나와(지명)
625 우회전 좌회전 곡절 절반
626 천학(학식이 얕음) 천해
627 측면 측근 · 우측 양측 내측
628 단위 단원 단어 단조 단일팀
629 병소(병원(病原)이 있는 곳) · 사랑의 보금자리 빈집
630 중개 · 동료 중매인
631 재원 · 여성에 대한 미칭
632 부강 빈부 부국 후지산 · 부귀
633 노력
634 변화 변신 힘듦 변색 변사 괴짜
635 목장 방목 유목 목동
636 용기 용사
637 육지 육상 대륙 상륙 착륙 육교

638　기록　녹음　녹화　등록　목록
639　경기　경품　풍경　야경ㆍ경치
640　영국　영어　일영사전　육영　영재
641　기후(일본의 현)
642　배나무 정원(연예계)　배꽃ㆍ배

643　경비　경험　경과　신경　경유ㆍ독경
644　영업　경영　운영　영리　국영
645　무역
646　용이　안이　교역　역술인
647　손실　손해　파손　결손　손익
648　이익　유익　무익　공익　익충
649　평판　품평　호평　정평　평점
650　가격　정가　원가　물가　평가
651　증가　증대　증강　급증　배증
652　증감　감소　감량　감점　가감
653　비율　비중　비례　대비
654　타율　세율ㆍ인솔　솔선　솔직
655　종합　총계　총회　총리
656　금액　고액　총액　세액
657　포위　분위기
658　방화　방재　예방　방지　소방
659　위생　위성　방위　호위
660　행정　정국　정적ㆍ섭정
661　세기　기원전　풍기　기행
662　혼동　혼잡　혼혈ㆍ한자와 가나를 섞어 쓴 문장
663　미로　저미(침체)　혼미　미신ㆍ미아
664　무력　무기　무사　무도　무술
665　기술　학술　미술　예술　수술
666　제도　제한　규제　제복　통제
667　압력　기압　혈압　제압　압승
668　해결　해방　해답　해설　이해ㆍ해독
669　금지　금수(수출입금지)　금주　해금(금지령을 풂)
670　사정　실정　정세　인정　애정　우정
671　정보　보고　보도　예보　통보
672　세력　정세　대세　많은 사람　태세
673　자본　자금　투자　자격　자료
674　규격　성격　합격　격차　모습(알맞음)
675　검정　점검　검찰　검사　검증

676　검사　사찰　조사　고사　사증(비자)
677　제작　제조　제품　제철　일본제
678　구조　개조　조화　조형　아무렇게나
679　전날　과대　과소　과로　통과　과언
680　정도　과정　과정　일정ㆍ분수
681　제안　제출　전제　제시ㆍ초롱불
682　지시　암시　예시　합의ㆍ시사
683　영원　영주　영속
684　지구력　영구
685　희색
686　직업　직종　직원　무직　장인
687　소속　직속　부속　금속　귀속
688　강사　강독　휴강　야자타임
689　강의　정의　주의　의리　의형
690　왕래　왕복　우왕좌왕　쩔쩔 맴
691　복습　부활　반복　회복　보복
692　쾌속　쾌조　쾌감　경쾌　명쾌
693　적응　적당　적절　적격　쾌적
694　일단　응대　대응　응용　응급ㆍ반응
695　접대　접근　면접　직접　접속　응접
696　사례　감사　사죄　면회사절
697　구조　구급　구출
698　원형　체형ㆍ신형　대형　소형
699　현상　실상　병상　감사편지
700　절망　절대(아주 큼)ㆍ절호　절대　절체절명
701　찬성　찬미　협찬　자찬　절찬
702　어구　자구　잔소리(불평, 문구)　구두점
703　재산　재정　재원　문화재ㆍ지갑
704　단체　집단　단결　재단　단지ㆍ이불
705　규격　규제　법규　규정　규약
706　원칙　법칙　반칙　규칙　변칙
707　책임　직책　책무　자책　문책
708　임명　임기　임의　위임　후임
709　세금　과세　감세　세무　세관
710　의무　업무　사무　직무　임무
711　답변　변명　도시락　역에서 파는 도시락
　　　오사카 사투리
712　보호　구호　호신　변호사
713　증언　증인　증명　보증　증서
714　항공기　항로　항해　운항
715　보안　보수　보관　보육원
716　보험　험악　험로(험난한 길)　험상(험악한 인상)

717	유학	보유	잔류	유의 · 부재중
718	기본	기준	기지	기점	기간
719	간부	간사	간선	어간	신칸센
720	구조	구성	구상	구내	괜찮음(쾌)
721	건축	신축	개축	축조	구축
722	가정	가면	가설	가명 · 꾀병
723	건설	설치	설정	설비	설립
724	수준	준비	준칙	준결승
725	예비	비품	비고	정비
726	국제	교제	실제	제한 · 창가
	어떤 일이 일어나기 직전
727	한계	기한	한도	한정	폐문 시간
728	채용	채점	채광	채혈
729	광산	광물	철광	채광
730	풍부	풍만	풍작	풍년
731	고백	고발	예고	광고	고시
732	빈약	빈혈	빈민
733	현실	현금	표현	출현	현대
734	현재	부재	재택	재일교포	재고
735	반역	역효과	역전승 · 물구나무서기
736	경계	국경	역경 · 경계선
737	조약	신조	제3조	조문
738	조건	사건	건수	용건
739	복구	구식	구지(이전의 영지)	신구	구태
740	태도	형태	상태	실태	사태
741	범죄	범인	범행	공범	방범
742	죄악	죄인	유죄	무죄	사죄
743	상식	일상	비상	이상	정상
744	지식	학식	의식	식별	식자
745	판정	판결	판명	인감	재판
746	판단	결단	단정	단절	방심
747	독립	독자	독특	단독 · 혼잣말
748	허가	가부	가결	가능
749	능력	유능	기능	예능	능률
750	개인	개별	한 개	개성	각각
751	성격	성능	여성 · 궁합	근성
752	편집	편성	편곡	장편	속편
753	수정	수리	수학	수도원	편수(편찬과 수정)
754	재회	재생	재차(두 번)	재고 · 내후년
755	출판	판권	초판	재판	판화
756	여흥	여담	여분	여력	쓸데없이
757	흥행	부흥	재흥(부흥) · 흥미

758	허가	특허	허용
759	내용	형용	미용실	용기
760	연기	공연	출연	강연	연설
761	기법	기능	특기	기사 · 기술
762	지엽(가지와 잎) · 풋콩	잔가지
763	복잡	복합	중복	복사	복식게임
764	잡음	잡지	잡담 · 일본식 떡국
765	살인	살해	자살 · 상쇄 · 살생
766	상상	화상	자화상	실상	불상
767	질문	품질	본질 · 인질	전당포 · 언질
768	소재	소질	질소	평소 · 참모습(맨얼굴)
769	면사	면화	무명 · 솜사탕
770	분포	포교	공포 · 원단
771	통일	통계	혈통	전통
772	요령	영토	영해	대통령
773	기부	기항(항구에 들름)	기생충 · 노인
	가장 가까운 곳
774	기숙사	관사	교사(학교 건물) · 시골
775	후생	온후	후의(친절)	후정(두터운 정) ·
	옷을 많이 껴입음
776	명사	계리사	사농공상
777	청결	불결	결백	고결
778	액체	혈액형	원액	액화
779	산성	산화	산소	염산
780	사육	사료 · 새끼 적부터 공들여 키움
781	경작	경지	농경
782	비만	비대	비료
783	역사	사료(역사 연구의 자료)	국사	세계사
784	벚꽃	밤 벚꽃	벚꽃전선
785	운하	은하	대하드라마 · 하안(강가)
786	정확	확실	확신	명확	확정
787	평균	균등	균일
788	습관	관행	관용	관례
789	안과	안목 · 개안 · 혈안 · 안경
790	거주	새집	동거 · 거실	신사 입구에 세운 기둥 문
791	이전	이주	이민	이동	이행
792	수입	수출	운수	수송	수혈
793	지출	지점	지배	지지	준비(채비)
794	의지	지향	촌지	지원	지망
795	교사	목사	의사	사제	음력 섣달
796	수업	전수	수수
797	월간	주간지	조간	발간

798 기술 전술 술어
799 순서 서문 서언 서곡 시작
800 초대 초청 소집 초래
801 인상 대상 현상 기상 · 상아
802 정신 정력 정통 · 정진
803 직기 · 조직 · 직물 모직
804 실적 성적 업적 공적 전적
805 상금 상품 수상
806 예측 측정 관측 측량
807 유사 근사 · 초상화
808 처자 부처(남편과 아내) 애처가 · 새댁 유부녀
809 부부 주부 신부 부인 가정부
810 사고 고의 고사 고인 고국
811 조국 조부 조모 선조 원조
812 동상 청동 동선 적동
813 불교 염불 · 부처님 불심
814 묘지 묘전(무덤 앞) 묘소 · 성묘
815 파산 파국 난파선 독파 파격
816 비행 비매품 비공개 비공식
817 폭력 폭언 폭동 폭풍 · 폭로
818 몽중(꿈속) 몽상 악몽 첫 꿈
819 저금 저금통 저수지
820 생략 약식 전략(앞을 생략함) 전략 공략
821 대차 · 대출 대절
822 주장 출장 장본인 · 욕심쟁이
823 효과 유효 무효 효율 · 효능
824 원인 요인 기인 인과 패인
825 도입 지도 선도 반도체
826 화재 재해 방재 인재 천재
827 연료 연소 연비 가연성
828 정지 정전 정학 정차 버스정류장
829 식당 공회당 본당 정정당당
830 득점 자신 있음 설득 터득 · 마음가짐
831 독약 유독 중독 독살 해독
832 비용 소비 회비 학비 출비(지출)
833 분말 · 밀가루 가루약
834 인맥 문맥 동맥 산맥
835 역대 학력 경력 내력

836 황실 황거 황태자 · 천황
837 황후 황태후
838 하강 강수량 이후 투항 항복
839 임시 임해 임종 군림 강림
840 성화 성서 성모 신성 성인
841 지역 구역 영역 해역 성역
842 위액 위암
843 위장 대장
844 충실 충성 충고 충신
845 성실 성의 성심
846 제군 제국 제민족 제문제 제장
847 장군 대장 무장 주장 장래
848 기원 원류 자원 전원 재원
849 온천 원천
850 연해 연안 연도(길가) 연선 연혁
851 혁명 혁신 개혁 변혁 · 가죽제품
852 폐하
853 우주 우주선
854 공중돌기(공중제비)
855 존재 생존 존속 · 보존 실컷
856 사망 망국 존망 망명 · 고인
857 이국 이론 이변 이의 이문화
858 고향 타향 동향 귀향 · 재향
859 토의 검토 토론 · 원수를 갚음
860 결론 언론 언쟁 여론 변론
861 송년회 비망록 망아(자기를 잊음) · 분실물
862 자아 무아 · 우리들 우리 우리나라
863 약간 · 청년 젊은이
864 간조 십간 · 빨래를 말림 · 건어물
865 오해 오산 오자 오차 오역
866 통역 직역 영역 · 내역 변명
867 자세 자태 · 뒷모습
868 존중 존엄 자존 지존
869 존경 경어 경의 경구(편지 끝에 쓰는 말) 경로
870 지급(매우 급함) 불가피 지순 · 가는 곳마다
871 순정 청순 단순 순결 순익
872 종교 종파 개종 · 종가
873 파생 당파 특파원 훌륭함
874 조작 체조 조종
875 종횡 종단 · 세로쓰기

876	개선	최선	선악	선의	선처
877	처리	대처	처분	처치	
878	곤란	빈곤 · 말썽꾸러기			
879	난민	재난	난이도	비난	자금난
880	비밀	극비	비서	신비	변비
881	비책	정책	대책	방책	해결책
882	비판	비평			
883	배우	하이쿠	하이쿠 짓는 사람		
884	우수	우승	우선	우세	우위 여배우
885	성대	성장(훌륭하게 옷을 차려 입음) · 번성 · 전성기			
886	복장	가장	무장	포장	장치 · 의상
887	전시회	전개	발전	전망	친전
888	회람	관람	전람	박람회	유람선
889	다음 날	다음 날 아침	이듬해	다음다음 날	
890	오늘 밤	매일 밤	다음 날 밤	만추	만년(노년)
891	폐점	폐문	개폐	폐막	기가 참
892	개막	내막	흑막	스모에서 상위 선수 · 막부	
893	난폭	혼란	내란	반란	난세
894	반사	발사	사살	난사	주사
895	촌평	직전	촌극	치수	
896	연극	극장	비극	극단	시대극
897	영화	상영	영상	방영	반영
898	수뇌	두뇌	대뇌	뇌파	뇌리
899	이면	표리 · 안팎	배신	뒷문	
900	폐병	폐활량	폐		
901	심장	내장	장기이식		
902	호응	점호	호흡 · 부르는 소리(평판)	호명	
903	흡수	흡인	흡입		
904	배경	배후	배반 · 등	등골	키 재기
905	골자	골절	철골 · 수고(노력)	골격(뼈대)	
906	복안	속마음	만복(배가 부름)	할복 · 배의 8부(조금 양에 덜 참, 덜 차게 먹음)	
907	근육	철근	복근 · 줄거리	요점	
908	수입	수익	수지	수용	영수증
909	축소	단축	압축	수축 · 곱슬머리	
910	부정	부인	부결	안부	
911	인정	인가	공인	승인	인식 확인
912	고통	두통	복통	통감	통쾌
913	엄수	엄금	엄중	엄밀 · 장엄	
914	과밀	밀약	밀회	밀수	친밀
915	탐구	탐구	탐험	탐지	탐조등
916	방문	내방	탐방	방일	
917	경찰	경비	경관	경보	경고
918	면봉	철봉	경찰봉	쇠몽둥이	상대(동업자)
919	사용(개인용)	공사	사유	사립 · 사적인 일	
920	자택	사택	택지	주택	택배
921	가치	수치	평균치 · 가격	값어치	
922	단계	수단	단락	유단자	
923	귀중	귀사	귀족	귀금속	형님
924	잡지	일지	지면(잡지의 기사면)	잡지의 기사면 귀지(상대방 잡지)	
925	흥분	분발	분기	분전	
926	감격	격증	과격	급격	격동 격전
927	임금	운임	집세	임대	임금인상
928	설탕 · 토사 · 자갈 · 모래밭				
929	당분	제당	과당		
930	홍백전	홍차	홍일점	단풍 · 립스틱	
931	조류	풍조	사조	홍조 · 갯바람	적당한 기회
932	유산	유족	유전	유실물 · 유언	
933	우편	우송	우체국		
934	연기	연장전 · 연인원			
935	탄생	생일			
936	석회 · 화산재	회색	재떨이		
937	확대	확장	확산	확성기	
938	내각	입각	각의	각하	천수각
939	좌석	정좌	상석	좌담회	좌장(단장, 진행자)
940	분할	할애 · 비율	할인	역할	
941	보조금	후보자	보수	보강	
942	창립	창조	창작	창의	독창
943	주식	주식회사	주주	주가	주권(유가증권)
944	간판	간과	간파	간호	간병
945	간단	간략	간이	간편	서간문
946	위험	위기	위해		
947	지휘	발휘			
948	참배	예배	삼가 봄	배차(삼가 빌어 씀)	
949	의문	질의응답	용의자	의사(유사)	
950	제공	공급	자백 · 공물 · 아이		
951	흉중(마음속)	가슴둘레	흉부	배짱	
952	근무	출근	근로	근면 · 근무처	
953	계열	계통	체계	가계	직계
954	묘혈(무덤) · 널리 알려지지 않은 좋은 곳	함정			
955	인권	주권	권리	권한 · 화신	
956	헌법	합헌	헌장		
957	법률	규율	불문율	일률 · 의리가 두터움	

958 관청 청사 경시청 도청

959 경찰서 세무서 서장 부서 서명

960 인의 인애 인자 · 인왕

961 효행 효도 불효

962 철강 강재 제강

963 시각 심각 정각 · 잘게 썲(종종걸음)

964 곡물 미곡 잡곡

965 경제 구제 반제(되갚음) 결제 · 예약 마감

966 재판 독재 체재 재단

967 상권 하권 권말 압권

968 별책 소책자 한 권

969 저자 저작 저명 저서

970 은인 사은 은사 보은

971 여권 승차권 상품권 증권 식권

972 알고 있음(승낙) 승복 전승

973 설전 독설 필설(붓과 혀, 문장과 말의 의미)

974 금전 대중목욕탕 · 잔돈

975 퇴원 퇴학 진퇴 퇴직 사퇴

976 가사 작사 품사 동사

977 공부용 책상 사무용 책상 작업대

978 시찰 중시 무시 시야 시점

979 자석 자침 자기

980 방침 지침 초침 · 철사

981 회사 사사오입 · 존칭 생략

982 척도 한 척

983 수립 수목 과수원 가로수

984 취직 취임 취업 거취 · 성취

985 민중 공중 군중 관중 · 중생

986 종업원 종사 종래 복종 · 종용

987 숙어 숙련 성숙 원숙 미숙

988 제외 제거 제명 해제 · 청소

989 부상 상해 중상 사상자 · 상처(과거의 허물)

990 고장 보장 지장 장해 장자(미닫이) · 방해물

991 적수 적의 숙적 무적 적지

992 증기 증발 수증기

993 수직 · 현수막

994 추진 추측 추리 추이 추정

995 전문 전용 전속 전념 전임

996 선언 선전 선교 선고

997 염색 염료 감염 전염병

998 세면 세련 세례 세안 · 화장실

999 연주 합주 독주 주효(효험이 있음)

1000 계층 고층 단층 지층 중간층

1001 동창회 차창 · 창구 한직으로 밀려난 사원(회사에서 일다운 일이 주어지지 않는 나이 많은 월급쟁이)

1002 온난 난류

1003 정상 정점 절정 산정 기쁨의 절정

1004 자기 이기주의 · 지기(지인)

1005 담당 담임 부담 분담 담보

1006 결석계 출생신고 보낼 곳

1007 각반 반장 구호반 이과반

1008 정당 야당 당수 악당 도당

1009 납품 납기 납세 · 납득 낫토 · 출납

1010 저장 장서 소장품 냉장고

1011 매수 한 장

1012 병행 병렬 가로수 남들만큼

1013 파편 단편 · 편도 짝사랑

1014 만추 · 해질녘 황혼 세모(연말)

1015 보석 국보 가보 보고 중보 · 보물

1016 동맹 가맹 연맹 맹우 맹주

1017 모양 모형 모조품 · 규모

1018 유아 유년 유충 · 소꿉동무

1019 유아 우유 모유 유제품 · 유모

1020 난황(노른자위) 난백(흰자위) 산란 · 생란 달걀부침

1021 욕망 욕구 의욕 금욕 무욕 식욕

1022 견사 인견 · 견직물

1023 잠사(명주실) 잠업 잠실(누에 치는 방)

1024 명랑 낭보 낭독

1025 스모의 씨름판 한 가마니 · 쌀가마니

1026 예금

주요 상용한자

1027 아시아 아열대 아류

1028 비애 희로애락 애수 애원

1029 악수 장악 · 주먹밥 주먹밥

1030 취급 손님접대 어린애 취급(어린이의 시중을 듦)

1031 의존 의뢰 의연 · 귀의

1032 위력 위압 위엄 시위

1033 행위 무위 인위 위정자

1034 대위 중위 위관(대위, 중위, 소위의 총칭)

1035 위인 위대 위용 위업 · 신분이나 지위가 높은 분들

1036	위반　위법　위화감　상위 · 큰 실수(큰 잘못)	
1037	유지　유신	
1038	위로　위문　위안	
1039	위도　경위　북위	
1040	일만 엔	
1041	일화　일탈　일품	
1042	감자　군고구마	
1043	혼인	
1044	음모　음양　음성 · 덕분(남에게서 받은 혜택)	
	나무 그늘	
1045	은퇴　은거　은어 · 숨은 장기	
1046	운율　여운　운문	
1047	영향　음영 · 사람의 그림자(사람의 모습)　모습	
	적을 속이기 위하여 가장해 놓은 무사	
1048	영탄(감탄)　영가	
1049	예리　예민　정예　신예	
1050	면역　검역　방역 · 역신(역병을 유행시킨다는 악신)	
1051	열락(기뻐하고 즐거워함)　희열	
1052	초월　월경　월권 · 묵은해를 보내고 새해를 맞음(섣달	
	그믐날 밤)　이사	
1053	알현　배알(지위가 높거나 존경하는 사람을 찾아 뵘)	
1054	열람　교열　검열	
1055	폐렴　화염　염상(불이 타오름) · 사랑의 불꽃	
1056	연회　연석(연회석)　주연　축연	
1057	원조　지원　응원　후원　성원	
1058	굴뚝　연막　금연　매연	
1059	원인(유인원)　견원지간 · 얕은 꾀(잔꾀)	
1060	연필　아연 · 납색	
1061	운수(재수)　혼담　툇마루 · 인연 · 액자	
1062	오염　오직(독직)　구정물　오점　오명	
1063	요철　요판　오목렌즈	
1064	압수　압인 · 강매　벽장	
1065	구미　구주　서구　구문(로마자)	
1066	구타 · 서로 때림	
1067	심오 · 남의 아내의 높임말　어금니　오지　세로	
1068	기억　추억　억측	
1069	갑을 · 소녀	
1070	도매상　도매　재고조사(재고정리)	
1071	평온　온화　온당(합당, 당연한) · 안온(조용하고 편안함)	
1072	가경　가작	
1073	가설　가공　서가　들것 ·	
	사다리(임시로 만든 가교, 중개인)	

1074	화려　영화　중화요리 · 산화(꽃을 뿌리며 부처를	
	공양하는 일)	
1075	과자　제과　화과자　다과	
1076	와중 · 소용돌이	
1077	전가 · 시집을 감　신부 · 출가할 곳 · 약혼자	
1078	휴가　여가	
1079	윤화(교통사고)　참화　재화　화복	
1080	군화　제화 · 운동화　장화　양말	
1081	과점　과문(지식이나 견문이 좁은 일)　과묵　과부	
1082	개조서(낱낱의 조항으로 나누어 쓴 것)　개소(군데, 장소)	
1083	가동 · 객지에 가서 일함　맞벌이	
1084	모기장　모기향	
1085	우아　아취(아담한 정취)　아량	
1086	아사　아귀	
1087	개입　개재(사이에 낌)　중개　일개　개호보험(간호보험)	
1088	경계　계율　계고(가르쳐 훈계함)　파계	
1089	괴물　괴력　괴기　괴담 · 상처(부상)	
1090	유괴	
1091	후회　회한	
1092	개무(전혀 없는 모양, 전무)　개근 · 여러분　몰살	
1093	금고　베이비붐 시대에 태어난 불운의 세대	
1094	파괴　붕괴　괴멸	
1095	회의　술회　회고　회임 · 남에게 맡기고 아무것도 안함	
1096	탄핵	
1097	생애　천애(하늘 끝, 고향으로부터 멀리 떨어진 땅)	
1098	감개　분개　개탄	
1099	개요　개론　개략　개념　일괄적으로	
1100	해당　해박　당해	
1101	울타리　많은 사람들이 울타리처럼 늘어선 모양　돌담	
1102	핵심　핵가족　핵병기　결핵	
1103	갑각류　지각 · 조개껍질　담배꽁초	
1104	윤곽　성곽　외곽	
1105	비교	
1106	간격　원격　격리　격주　격일	
1107	획득　포획　어획고 · 전리품	
1108	수확	
1109	산악 · 높은 산	
1110	외상으로 팖　단서(실마리)	
1111	일괄　총괄　통괄　포괄	
1112	일갈(한번 큰소리로 꾸짖음)　갈파(큰소리로 남을 꾸짖어	
	눌러버림)　공갈	
1113	갈망　물이 마름　고갈	

1114 갈색 다갈색

1115 원활 윤활유 활주로 활강

1116 관할 직할 총할 통할

1117 풀베기 빡빡 깎은 머리

1118 감수 감미 감언 · 감주 단맛이 강함(단맛을 좋아하는 사람, 감언)

1119 발한(땀을 냄) · 식은 땀

1120 빈 깡통 드럼통 캔 따개

1121 간장과 심장(가장 중요) 간요(매우 중요) 간장(장기) 간과 쓸개(속마음, 진심) · 담력 시험

1122 왕관 약관 관혼상제 관생(편지에서 앞을 생략함)

1123 결함 함몰 함락

1124 건조 건전지 건물(말린 식품)

1125 계산 각자 부담 죄나 과오를 용서함 감안 착각

1126 참고 견딤 참고 견디는 도량 · 감능(일을 잘 감당할 만한 능력)

1127 환자 환부 급환(응급환자) 외환

1128 관통 관철 일관 척관법(길이의 단위를 척, 무게의 단위를 관, 용적의 단위를 승으로 하는 도량형법)

1129 환문(소환하여 심문함) 환기 환성

1130 교환 전환 환기 환산 · 바꿔 탐(차를 갈아타는 것)

1131 용감 과감 감투 감행

1132 석관 납관(입관)

1133 정관 차관 낙관(서화에 서명을 하거나 도장을 찍음)

1134 한산 농한기 유한마담 뻐꾹새

1135 권고 권유 권장

1136 환영 환성 애환 환희 환대

1137 관용 관대

1138 감시 감사 감금 감수

1139 완화 완만 완급

1140 유감

1141 반환 환원 생환 귀환 탈환

1142 환경 환상(고리 모양) 순환버스

1143 함대 군함 잠수함 함장

1144 감정 감상 인감 연감

1145 포함 함유 함축

1146 완고 완강 힘내라

1147 기업 기획 기도(계획함, 기획함, 의도)

1148 기피 금기 일주기 기중(상중)

1149 기묘 호기심 기습 기수 기이

1150 기원 기념

1151 궤도 무궤도 협궤(표준 궤간보다 폭이 좁음)

상궤(바른길, 상도)

1152 기혼 기존 기성 기지

1153 기아

1154 귀재 · 술래잡기 일 귀신(오직 일에만 열중하는 사람)

1155 기하(기하학) · 몇 개(몇 살) 얼마(얼마만큼) 몇 번

1156 장기 기사 기보

1157 기권 포기 폐기 파기 자포자기

1158 광휘(빛남, 명예)

1159 기마 기사 기병 기수 일기당천(한 사람의 기병이 천 사람을 당함)

1160 편의 적의(적당) 시의(시기에 적합함, 알맞은 때)

1161 위조 진위 위증 · 위폐(위조 지폐) 가짜 물건

1162 사기

1163 의식 예의 행의 성실하고 정직함(의리가 두터움) 머리를 숙이고 허리를 굽혀 정중하게 인사하는 것

1164 희곡 유희 · 장난

1165 의음(효과음) 의태어 모의 시험

1166 희생자 희생타

1167 국화 들국화

1168 길일 대길 길조 길보(좋은 소식) 불길

1169 끽연(흡연) 찻집 만끽

1170 힐문 힐난 · 사직당함 통조림

1171 각하 퇴각 반환 매각 냉각 망각

1172 각본 각광 실각 · 행각 · 책상다리

1173 학살 잔학 학대

1174 보급 언급 파급 · 엉거주춤한 태도

1175 사구(모래언덕)

1176 불후 노후

1177 규명 분규 규탄

1178 궁지 거북함 곤궁

1179 거인 거대 거액 거장 거두

1180 거절 거부 항거

1181 근거 거점 본거지 준거 · 증거

1182 허무 허영 허위 허상 · 허공

1183 거리 장거리

1184 제어 방어 · 용서(면허의 높임말) 밥 · 귀중(편지에서)

1185 흉악 흉작 흉기 길흉 원흉

1186 절규

1187 쿄겐(일본 고전 예능의 하나, 위장, 농담) 열광 광기 광신 광란

1188 향수 향년(죽었을때의 나이) 향락 향유

1189 상황 실황 불황 성황

1190	해협 협곡		1231	휴게실 · 휴식처	
1191	협격(협공) 협공		1232	계란 양계 닭고기	
1192	협의 편협 협심증		1233	송영 영합(자기의 생각을 굽히더라도 남의 기분을 맞춤) · 마중	
1193	송구스러워함		1234	포경 경유(고래 기름)	
1194	공순(삼가 명령에 따름)		1235	격퇴 타격 반격 사격 목격자	
1195	협박 위협		1236	걸작 걸출 호걸 여걸	
1196	교정		1237	견장 비견(동등함) 강견(힘센 어깨) · 직위 대신 떠맡음	
1197	반향 음향 교향곡		1238	겸용 겸임 겸직 재색겸비 · 눈치를 봄	
1198	경이 경탄		1239	검약 근검절약	
1199	몹시 놀람 · 신앙		1240	검도 검사 진검 도검	
1200	효성(샛별) 새벽녘		1241	호수(집의 수) 한 채 · 처마 끝 집집마다	
1201	응고 응혈 응결 응축 응시		1242	권외 수도권 대기권 세력권	
1202	근수		1243	견고 견지 견실 중견	
1203	세균 살균 보균 병원균		1244	혐오 혐의 · 심기 · 싫증 · 좋고 싫음	
1204	금선(거문고줄, 마음 깊은 감정) 목금(실로폰)		1245	헌금 헌혈 헌신 문헌 · 식단표	
1205	긴장 긴급 긴밀 긴박 긴축		1246	파견 · 배려 용돈	
1206	근하신년 근정(삼가 증정함) 근계(삼가 아룀) 근청(삼가 들음)		1247	현명 현인 선현	
1207	흉금 금도(아량) · 목도리		1248	겸허 겸양	
1208	음미		1249	현저 현미경	
1209	구사(자유자재로 다룸) 선구 · 구보 신출내기		1250	현상 현안 현명 · 걱정 · 목숨 걸고 함	
1210	우문 우둔		1251	환각 환상 환멸 몽환 환혹(보는 눈이나 판단을 어리게 하여 마음을 어지럽힘)	
1211	짝수 우연 우상 배우자 우발		1252	현관 현미 · 전문가(그 방면의 도사)	
1212	대우 경우 우대		1253	현악기 관현 상현달	
1213	한 모퉁이 · 한쪽 구석 구석구석		1254	고아 고립 고독 고도(외딴섬)	
1214	지루함 굴복 굴지 이치(핑계) 굴절		1255	괄호	
1215	발굴 채굴 굴삭		1256	고사(초목이 말라죽음) · 고목 · 찬바람(늦가을에서 초겨울에 부는 쌀쌀한 바람)	
1216	반복 끌어올림		1257	고용 해고 · 일용(날품팔이) 고용주	
1217	훈장 수훈 무훈 서훈		1258	과장 과시 과대	
1218	훈풍(훈훈한 초여름의 바람) 생선 훈제		1259	고동 고무 고취 북	
1219	형사 형벌 형법 처형 사형		1260	고객 고문 회고 애고(사랑하여 돌보아 줌)	
1220	지하경(땅줄기) · 잇몸		1261	상호 호각(막상막하) 교대로 호선(특정한 사람들끼리 선거를 함) · 서로 엇갈림	
1221	계약 계기 묵계		1262	포목(비단 옷감) 오음(한자음의 한 가지)	
1222	은혜 · 지혜 에비스(상점의 수호신)		1263	오락	
1223	계시 계발 배계(근계, 편지 첫머리에 쓰는 말)		1264	각오	
1224	게시 게재 게양 전게(전술, 앞서 말하거나 씀)		1265	바둑 바둑돌 바둑판	
1225	계곡 계류		1266	기공 동공 비공	
1226	형광등 형설지공 · 반딧불족		1267	교묘 기교 정교	
1227	경향 경사 경청 경도(기울어 넘어짐, 심취)				
1228	휴대전화 필휴(반드시 휴대함) 제휴 연휴(제휴)				
1229	계속 후계자 중계 계승 계모				
1230	경하 경사 경조 경축				

1268	갑을 장갑차 · 배의 갑판 손등	1310	재상 주재
1269	장강(양자강) 강호 · 만 · 에도	1311	재배 분재
1270	갱도 탄갱	1312	채색 색채 수채화
1271	항의 반항 항쟁 대항	1313	서재
1272	공격 침공 공략 속공 전공	1314	채무 채권(유가증권) 채권 부채 국채
1273	변경 갱신 경질 · 이제 와서 · 야심한 때	1315	개최 주최 최면 최루
1274	구속 구류 구치 구금	1316	세월 연말 만세 · 세모
1275	긍정 수긍	1317	게재 기재 연재 만재 적재
1276	항례 항구(오래도록 계속됨) 항온항습	1318	약제 세제 소화제 조제
1277	홍수	1319	삭제 삭감 첨삭
1278	황폐 황야 · 풍파 · 황무지	1320	색인 모색 사색 탐색
1279	교외 근교	1321	초산 · 초무침요리
1280	공헌 · 연공 · 공물	1322	착취 압착
1281	공제 공소(항소) · 대기실 조심스러워 함	1323	착오 착각 착란 교착
1282	공황 · 몹시 거침	1324	일찍 핌
1283	금속 화폐(동전) 경화 경도 강경	1325	촬영 특수촬영
1284	교수형 교살 · 음식점의 물수건	1326	마찰 · 찰과상
1285	항목 사항 조항	1327	선창(부두) 잔도(벼랑길)
1286	해구 배수구 하수구	1328	비참 참극 참사 참상 · 참살 참패
1287	요강 대강 강령 · 요코즈나 줄다리기	1329	산하 낙하산 · 우산 양산
1288	발효 효소	1330	잠시 잠정
1289	원고 초고 투고 기고	1331	취지 주지 요지 논지
1290	균형 평형	1332	사후(웃어른께 문안드림, 웃어른을 가까이 모시고 있음)
1291	구입 구매 구독	1333	자극 자객 풍자 명함 · 생선회
1292	고문	1334	복지
1293	강직 강건	1335	지체 하지 사지 선택지
1294	강호 호우 문호 호쾌 호기 호화	1336	시행 시공 시책 실시 시설 · 보시
1295	극복 극기 극명	1337	지방 유지 수지 탈지
1296	혹사 냉혹 혹평 잔혹 과혹 혹서	1338	자외선 · 보라색
1297	감옥 투옥 옥사 지옥	1339	대를 이을 자식 후계자 후사
1298	사람이 붐비는 곳 들이침(부추김) 끼워 넣음(콘센트)	1340	자웅 · 암소 · 암캐
1299	곤충 다시마	1341	은사 하사 · 하사품(보람)
1300	통한 사무친 원한	1342	자문
1301	약혼 결혼 신혼 혼기 재혼	1343	시종 시녀 시의 · 무사기질
1302	감청 감색 양복 염색하는 집	1344	자비 자애 자선
1303	투혼 영혼 상혼 일본적 정신	1345	차축 중축(중심) 지축 · 족자
1304	개간	1346	질환 질병 질주 질풍
1305	간친회(간담회) 간담 간절 간원	1347	집행 집필 집무 · 집착 집념
1306	시사 교사(남을 꾀거나 부추겨서 나쁜 짓을 하게 함)	1348	습기 습도 습지 다습
1307	사취(금품을 속여서 뺏음) 사칭 속임수	1349	칠기 칠흑 · 옻칠을 함
1308	쇄국 연쇄 봉쇄 폐쇄	1350	연극 잔디밭
1309	분쇄 쇄빙 파쇄 옥쇄	1351	사면 특사 은사(특사)

1352	비탈　경사　사선
1353	펄펄 끓임 · 일본식 떡국　우려내 맛을 냄
1354	차단
1355	사악　사추(의심) · 감기
1356	수도꼭지　주름상자 · 사족　장사진
1357	저녁반주　참작
1358	해석　변명　석방　주석　가벼운 인사　석가
1359	정적　한적 · 적막
1360	인주(도장밥)　주홍칠
1361	수렵
1362	특수　수훈 · 일부러(새삼스럽게)
1363	주산　주옥　진주　염주
1364	취미　취향　취지　흥취
1365	수명　장수　미수　스시(초밥)
1366	수요　수급　내수　필수품
1367	유교　유학　유학자
1368	수인(죄수)　사형수
1369	주정(작은 배) · 작은 배(돛단배)　나룻배 · 뱃노래
1370	우수　준수　수재
1371	악취　취기　체취
1372	향수　몹시 딱함(슬퍼함)　여수(객지에서 느끼는 쓸쓸함이나 시름)
1373	보수　응수
1374	추악　추태　추문　미추(아름다움과 추함)
1375	습격　내습　세습　습명(이름을 이어받음)　공습
1376	과즙 · 된장국
1377	충실　충분　충만　보충　충전
1378	유도　회유 · 유화　유약
1379	정체　난삽(일이 순조롭게 진행되지 않음) · 불만스런 표정　떫은 맛
1380	총포　총탄　소총　총성
1381	수의사　괴수　맹수
1382	숙부　숙모 · 숙부　숙모
1383	숙녀　정숙　사숙(혼자 마음속으로 존경함)
1384	정숙　엄숙　자숙　숙정(규율을 바로 잡음)　숙연
1385	사숙(개인소유의 작은 학교)　학습학원　사숙의 학생
1386	준재(뛰어난 재주)　걸음이 빠름(뛰어난 제자 또는 사람)
1387	순간　일순　순식간
1388	초순　상순　중순　하순
1389	순시　순회　한 바퀴 돎　순찰 · 경찰관
1390	모순 · 뒤에서 도움을 주는 후원자
1391	비준　준장

1392	순사　순직　순난(국가나 사회가 위난(危難)에 처하여 의로이 목숨을 바침)　순교
1393	순환
1394	이윤　윤택　윤색(매만져 곱게 함, 과장하거나 미화함)
1395	준수　준법
1396	서민　서무
1397	함께　단서　서전(전쟁이나 시합의 첫 번째 싸움)　정서 · 하오리(일본 옷 위에 입는 짧은 옷)의 끈
1398	결여　갑자기 · 여실　여래
1399	서술　서정　서사시　자서전
1400	서행　서서히
1401	한 되짜리 병
1402	소환　소집
1403	스승(사범)　거장　명장　의장(생각, 고안)
1404	병상　온상　기상 · 도코노마(방바닥보다 한층 높게 만든 곳, 벽에는 족자를 걸고, 바닥에는 꽃이나 장식물을 꾸며 놓음) · 마루 밑
1405	초본　초록(필요한 부분만을 뽑아서 적음)　초역
1406	초상　불초(자기를 낮추는 겸사말, 소생)
1407	고상　상조(시기상조)　스님
1408	상승　승진　승격　승강
1409	늪과 못 · 진흙탕
1410	하룻밤을 넘김　초저녁
1411	증상　중증　염증
1412	발상지　불상사
1413	칭찬　애칭　자칭　경칭　약칭
1414	교섭　섭외　간섭
1415	소개
1416	소송
1417	차장　합장　손바닥 안
1418	결정　수정
1419	초점
1420	초산
1421	화장품
1422	조서　조칙
1423	장려　장학금　추장(추천장려)
1424	상세　상술　상보(자세한 소식)　미상
1425	표창
1426	충격　충돌　절충　충동　요충
1427	보상　상각(빌린 것을 갚아줌)　변상　무상
1428	암초　좌초　산호초
1429	경종　종루

1430 괜찮음　튼튼함 · 키(신장)

1431 농담

1432 정화　청정　세정　정수장

1433 잉여　나머지　과잉

1434 첩어　중첩　다다미 4장 반(다다미 4장 반을 깔 수 있는
2.25평 크기의 네모난 방, 요리집의 작은 방) · 다다미방

1435 토양

1436 영양(남의 딸의 높임말)　따님

1437 정제　당의정(표면에 당분을 입힌 정제)　자물쇠　수갑

1438 양보　양도　위양　겸양어

1439 양조

1440 식산(재산을 불리는 일)　증식　번식　양식

1441 장식　복식　수식 · 목걸이

1442 접촉　감촉　촉각　촉수　촉발

1443 위촉　위탁

1444 굴욕　설욕

1445 신축　추신 · 발돋움(기지개)　침체 상태

1446 향신료　신승(간신히 이김) · 매운 것을 좋아하는 사람
젓갈

1447 침략　침입　침해　침범

1448 흥미진진 · 해일

1449 구순(입술)

1450 임신

1451 진흥　진동　부진　삼진 · 행동거지

1452 침투　침수 · 홍수(침수)

1453 신사

1454 진찰　진단　검진　오진

1455 침대　침실 · 낮잠　잠꼬대　자다가 뒤척임(배반)

1456 신중　근신

1457 심판　주심　부심　심사　심의

1458 지진　진동　진도　지진재해 · 몸서리침

1459 자인(자결) · 날이 있는 도구(식칼, 도끼 등)

1460 진력　무진장　일망타진

1461 신속

1462 지대함　매우 다행함

1463 보도진　진영　진두　적진　배수진

1464 심문　심상

1465 취주악 · 호흡　눈보라　취입

1466 취사　취사도구　자취

1467 순수　정수　발췌

1468 쇠약　쇠퇴　노쇠　성쇠

1469 심취　도취 · 숙취　술주정꾼

1470 수행　완수　미수

1471 수면　숙면　낮잠

1472 벼이삭

1473 수행원　수필　추종　수시　임의

1474 골수　진수　정수

1475 추축　중추　추기경

1476 숭배　숭고

1477 거치

1478 삼림　삼나무 가로수

1479 얕은 여울　도자기　세토나이카이

1480 시비(옳고 그름)　시인　시정　국시　사시

1481 정복　원정　출정

1482 성명　이전의 성　성을 바꿈　부부별성 · 백성

1483 일제히　제창

1484 희생

1485 서거　급서(갑자기 세상을 떠남)

1486 사위 · 사위　새신랑

1487 서약　선서

1488 요청　청구　신청 · 보청(널리 시주를 청함) · 청부
하청

1489 배척　척후

1490 분석　해석

1491 두 척의 배

1492 석별　석패(아깝게 짐)　애석　억지를 부림

1493 추적　유적　사적　족적 · 발자취

1494 국적　호적　본적　재적　서적

1495 졸렬　졸속　졸저　졸문

1496 절도　절취

1497 섭취　섭생　섭정　섭씨

1498 선인(신선, 욕심이 전혀 없는 사람)　주선

1499 점거　점령　독점　점성술 · 사재기

1500 선풍기　부채　선동

1501 소화전　귀마개　병따개

1502 선풍　선회　선율　주선　알선

1503 실천

1504 잠수　잠입　잠재　잠복

1505 천도　변천　좌천

1506 추천　자천　타천(남이 추천함)

1507 섬유　섬세　화섬(화학섬유)

1508 신선　선어　선도　선명　선혈

1509 좌선　선사(선종의 절)

1510 점차　점진적

1511	수선　영선(건축물의 신축 또는 개수)
1512	저지　저해
1513	조세　조차(어떤 나라가 타국 영토의 일부분에 통치권을 얻어 지배함)
1514	조치
1515	변변찮음　조악　변변치 못한 것　조잡
1516	소통　소원　소개(도시 인구를 지방으로 분산하거나 건물을 철거함)　소외　친소(친밀함과 소원함)
1517	고소　기소　승소　읍소　소장
1518	소상(찰흙으로 만든 형상)　조소
1519	기초　초석
1520	쌍방　쌍안경　쌍생아 · 쌍둥이　떡잎
1521	장대　장관　장쾌　장절(장대하고 장렬함)
1522	장엄　장중　별장　산장
1523	수사　수색
1524	삽입 · 삽화
1525	뽕나무밭
1526	청소　청소　일소
1527	법조계
1528	상실 · 상복　상주
1529	장례식　장의　회사장　화장　매장
1530	고승　사원
1531	조난　조우
1532	욕조　수조
1533	초조　건조
1534	상해(서리해) · 첫서리　서리가 내림(끓는 물에 살짝 데친 생선회에 간장을 끼얹은 요리)
1535	소음　소동　뒤숭숭하고 흉흉함 · 대소동
1536	해조
1537	증오　애증
1538	기증　증여 · 선물
1539	즉석　그 자리　즉결　즉사　즉위
1540	촉진　재촉　촉음
1541	민속　풍속　저속　속어　속설
1542	해적　산적　도적　적군
1543	타당　타협　타결
1544	타락
1545	타성
1546	쓸데없음　값싼 과자　안 됨　다짐을 함(재확인)
1547	내성　내구　내화　내열　내한(추위를 견딤)
1548	태만　태업 · 게으름뱅이
1549	태아　모태　태동

1550	태연　태두(권위자, 태산북두)　안태(편안하고 태평함)
1551	우편물 자루 · 장갑　종이봉투　복주머니
1552	체포
1553	교체　대체　환전　대체 · 환
1554	체재　정체　체납　침체
1555	용소　계곤의 폭포(도치기현 닛코시에 소재)
1556	선택　채택　택일
1557	광택　윤택　혜택
1558	식탁　원탁　탁상　탁월　탁견(뛰어난 의견)
1559	개척　척식　간척　탁본
1560	신탁　위탁　결탁　탁아소　예탁
1561	세탁
1562	승낙　응낙　허락　쾌낙(쾌히 승낙함)　내락(은밀히 승낙함)
1563	탁음　탁류　청탁 · 탁주
1564	탈선　탈락　탈퇴　탈주　탈피　탈세
1565	탈취　쟁탈　탈회　약탈　강탈
1566	책꽂이　그물 선반　대륙붕　신을 모시는 신단　일시보류(출고정지)
1567	단념　단정　단전(배꼽아래)
1568	담력　대담　낙담
1569	담백　냉담　담수 · 담설(얇게 쌓인 눈)
1570	감탄　탄성　비탄　탄원
1571	첨단　말단　발단　극단　단오 · 길가
1572	단련 · 대장간
1573	탄압　탄력　탄성　탄약　포탄
1574	단상　연단　화단　논단 · 막다른 입장(막판)
1575	치욕　파렴치
1576	일치　합치　유치　치사　치명적
1577	지연　지각　지체
1578	치한　백치　푸념　음치
1579	유치원　치졸　치어　치기(어른에게 남아 있는 어린애 같은 기분)
1580	가축　목축　축산　젠장(빌어먹을)
1581	순차(차례차례)　축조　구축(함)
1582	축적　저축　비축　축재　축전지
1583	질서
1584	질식　질소
1585	적자　적출의 장남
1586	추첨　추출　추상
1587	충심　고충　절충
1588	주조　주철 · 주물　주형

1589	주재 주차장 진주(진군하여 머무름)	
1590	조문 조사 경조 조전(상을 알리는 전보)	
1591	도전 도발	
1592	조각 목조ㆍ부각	
1593	조망	
1594	거스름돈 거스름돈	
1595	초과 초인적 초만원 초연	
1596	도약ㆍ줄넘기	
1597	특징 상징 징후 징병 징수	
1598	맑고 깨끗함ㆍ맑은 얼굴	
1599	청취 청각 시청 청중	
1600	징계 징역 징벌	
1601	칙어(임금의 말) 칙명 칙사	
1602	침몰 부침(흥망, 인생의 무상함) 격침 침착 침통	
1603	진기 진미 진품 진객	
1604	진열 진술 진사(까닭을 말하여 사과함) 진정 신진대사	
1605	진압 진정 진통제 진화 중진(중요한 인재)	
1606	추락 격추	
1607	패총 귀무덤	
1608	절인 음식(채소를 절인 식품) 벼락치기	
1609	건평 연평 평수	
1610	증정 제시 진정 노정(드러냄, 노출)	
1611	조정(임금이 정치를 행하는 곳) 궁정 법정	
1612	저항 저당 저촉 대개	
1613	저택 관저 사저	
1614	요정 남편	
1615	정조 부정 동정	
1616	황제 제국 제왕	
1617	정정 개정 교정	
1618	체신(우편, 전신 등의 업무) 체감(차차 줄어듦) 체증	
1619	정찰 탐정 밀정	
1620	제방 방파제	
1621	함정(군함) 순시정	
1622	체결ㆍ임원(중역) 마감	
1623	진흙 천양지차ㆍ도둑	
1624	지적 적발 적요ㆍ마른안주	
1625	물방울 링거주사 한 방울	
1626	경질	
1627	철학 철학가	
1628	철야 철저 냉철	
1629	철회 철거 철퇴 철수	

1630	첨가 첨부	
1631	전당 신전 전하 어전ㆍ군주(귀인)	
1632	말술 북두칠성	
1633	토혈 한숨 토로ㆍ구역질	
1634	전도 도중 귀로 별도 방법 찰나(바로 그 순간)	
1635	도미(미국에 건너감) 도항 도래 과도기ㆍ철새	
1636	도장 도료 도포ㆍ바르는 약	
1637	노기 격노	
1638	도착 도달 쇄도 도저	
1639	타도 졸도 압도 도산ㆍ공멸	
1640	도망 도주ㆍ야반도주 보고도 놓침	
1641	냉동 해동 동결 동사 동상	
1642	당돌 견당사(중국 당나라에 파견한 사신)ㆍ가라테(맨손으로 하는 무술)	
1643	백도ㆍ도색(복숭아 색) 모모야마	
1644	투명 투시 투철	
1645	애도 추도	
1646	도난 강도 도용 도루	
1647	도기 도자기 도공 도예	
1648	철탑 관제탑 석탑	
1649	탑승 탑재 탑승권	
1650	병동ㆍ건물의 한 동 상량	
1651	천연두 수두	
1652	봉투 원통 물통ㆍ죽통	
1653	논벼ㆍ벼농사 번개ㆍ벼 베기	
1654	답습 답사 미답 붐빔ㆍ건널목	
1655	등본	
1656	전투 투쟁 투병 투지 건투 춘투	
1657	등귀(물가가 뛰어오름) 폭등 급등 등락	
1658	동굴 통찰 공동화ㆍ동굴	
1659	동체 구명동의(구명조끼)ㆍ헹가래	
1660	고갯마루의 찻집	
1661	익명 은닉	
1662	감독 총독 제독 독촉	
1663	위독 독실 간독(정이 깊고 두터움)	
1664	요철 철판 볼록렌즈ㆍ요철	
1665	돌연 격돌 돌파 추돌 유별남(엉뚱함) 온돌	
1666	주둔	
1667	양돈 돈가스ㆍ돼지고기	
1668	둔감 둔재 둔기	
1669	담천(흐린 날씨)ㆍ불투명유리	
1670	유연 연약 연금 연골	

1671	비구니 · 수녀원(여승이 사는 절)
1672	둘(2)
1673	뇨의(오줌이 마려움)　요도　요소　당뇨병
1674	임신　임부　부임　피임
1675	인내　인고　잔인　닌자
1676	정중　안녕
1677	점토　점액　점착
1678	뇌쇄　고뇌 · 골칫거리
1679	농도　농축　농후　농담　농무(짙은 안개)
1680	파악
1681	패기　제패　패자　패권
1682	한잔(가득)　건배　축배　사배(하사받는 우승배)
1683	배제　배기　배수　배출　배타적
1684	폐지　철폐　폐기물　폐품
1685	선배　후배　배출
1686	배양　재배
1687	배석　배심
1688	매체　매개　촉매　중매
1689	배상금　손해배상
1690	화백　백작 · 백부　백모
1691	박수　박차 · 박자
1692	숙박　외박　정박
1693	압박　박해　절박　박진　박력
1694	선박　외래품
1695	박정　희박　경박　육박 · 얇게 입음
1696	막연　사막　광막
1697	속박　포박 · 돈으로 속박함(꼼짝 못하게 속박함)
1698	폭발　폭음　폭격　폭탄　원폭　폭소
1699	살색　속옷　장인기질　오싹함
1700	화분　화로　수건으로 머리를 동여맴
1701	이발　모발　금발　세발(머리를 감음) · 백발
1702	정벌　토벌　살벌　벌채
1703	선발　발군　기발　해발 · 검을 빼자마자 내리침(예정 없이 갑자기)
1704	벌금　처벌　상벌　천벌 · 벌 받아 마땅함
1705	재벌　학벌　파벌　군벌　번벌(메이지 유신에 공을 세운 번 출신들이 만든 파벌)
1706	범선　출범 · 돛대
1707	동반　수반 · 반주
1708	호반
1709	일반　전반　제반(여러가지)　전번(지난번)　이번
1710	판매　시판　판로
1711	운반　반입　반출
1712	번뇌　번잡
1713	반포(배포)
1714	모범　사범　규범　범위
1715	번영　번성　번화가
1716	번주　제후의 가신　폐번치현
1717	만행　야만　야만인　만용
1718	기반　원반　지반　수반　반석
1719	왕비　황태자비　비전하(황족의 처의 존칭)
1720	피안　피아(피차) · 그녀(여자친구)　그(남자친구)
1721	피로연
1722	비굴　비하　비속　남존여비
1723	피로　피폐 · 여독
1724	피해　피고　피복　피재(화재나 수해 등의 재난을 당함) 상공인 등이 옷 위에 걸쳐 입는 웃옷
1725	개비(문을 여는 일) · 속표지
1726	석비　비명　기념비　묘비
1727	파면　파업
1728	피난　피서　회피　도피　불가피
1729	미행　수미　말미　어미 · 산등성이
1730	미소　미세　미량　경미　미동　미력
1731	필적　필부(신분이 낮은 평범한 남자) · 세 마리의 개
1732	분비　비뇨기
1733	무희　옷감 짜는 아가씨(직녀성)　첫딸 둘째 아들 히메지성
1734	표류　표착　표백
1735	종묘 · 성씨 · 묘목 · 못자리
1736	묘사　점묘　소묘
1737	애묘(소중히 기르는 고양이) · 뜨거운 것을 못 먹는 사람 내숭을 떪　쥐약
1738	해변 · 해변　모래톱(모래사장)
1739	내빈　주빈　국빈　빈객　귀빈
1740	빈번　빈도　빈발　빈출
1741	민감　과민　기민　민완
1742	화병　병조림　큰 병　유리병
1743	부양　부조
1744	공포
1745	부속　기부
1746	부임
1747	부력　부상　부랑 · 우키요에 · 변덕(바람기)
1748	표　부호　음부(음표)
1749	보통　보급　보편　평상복(캐주얼)

1750	부패 애를 태움 두부 방부제 부식	
1751	부설 · 집의 부지 건물 부지 깔개 보자기	
1752	피부	
1753	부여 천부(천성) 월부(할부) 부역	
1754	계보 악보 연보	
1755	모욕 경모(업신여겨 모욕함)	
1756	무대 무도 난무 가부키 · 문안	
1757	봉한 편지 봉인 개봉 · 봉건적	
1758	복선 복병 기복 항복	
1759	진폭 전폭 · 보폭 가격차 멀리뛰기	
1760	복면 전복	
1761	지불 할부 선불 후불	
1762	비등 끓는 점 · 끓인 물	
1763	분쟁 내분 분실	
1764	분위기	
1765	고분 분묘	
1766	의분 분발 격분 비분	
1767	분화 분수 분사 분출	
1768	갑을병정 병종(셋째 등급)	
1769	병합 병용 병설 합병	
1770	거만함 · 가문(명문) 신분(분수) 몸집이 큼 인품	
1771	널판장 토담	
1772	화폐 지폐	
1773	폐사(자기 회사를 일컬음) 폐해 어폐 폐습	
1774	벽면 벽화 성벽 암벽 · 벽지	
1775	습벽(버릇) 결벽 도벽 · 입버릇 주벽(술버릇)	
1776	편견 편향 편식 편중	
1777	보편성 편력	
1778	포수 포구 포로 · 죄인을 잡는 일 생포	
1779	곡포(꾸불꾸불한 해변) · 방방곡곡	
1780	포장 점포 본포(본점) · 노포(오래된 점포)	
1781	모집 모금 응모 급모 공모	
1782	모정 사모 경모 연모	
1783	명부 출석부 장부 가계부	
1784	방명록 방향 방정	
1785	우방 연방 이방인 자국민	
1786	봉사 봉환 봉공 신봉 봉납	
1787	포부 포옹 · 한 아름	
1788	기포 발포 수포	
1789	동포 세포	
1790	연봉 봉급 본봉 감봉	
1791	모방	

1792	고봉 연봉(이어진 봉우리) 영봉(신성하고 아름다운 봉우리)
1793	포격 철포 발포 포화 대포 공포
1794	붕락(폭락) 붕어(승하) · 산사태 · 눈사태
1795	포식 포화상태
1796	포장 포상 칭찬
1797	봉합 봉제 재봉 · 가봉(임시로 꿰맴)
1798	빈핍 결핍 궁핍 내핍
1799	다망 망쇄(몹시 바쁨) 번망(다망)
1800	중(스님) 늦잠꾸러기 갓난아기 아기(어린애) 스님
1801	냉방 난방 관방 문방구 · 유방
1802	방해
1803	지방
1804	모씨 모처
1805	모험 서두
1806	해부
1807	방적 혼방
1808	방관 방청 방계 방점
1809	모자 모자를 벗음
1810	팽대 팽창
1811	모략 모의 무모 주모자 · 모반
1812	소박 순박 벽창호
1813	공무원 나(남자의 자칭)
1814	백묵 먹물 수묵화 · 묵화
1815	박멸 타박 박살 · 스모
1816	몰입 몰두 몰락 몰수 출몰
1817	내굴 외굴 유료 낚시터
1818	분주 분방 광분
1819	번역 번의 번안
1820	평범 범타 범인(평범한 사람) 비범 · 범례
1821	분지 분재 오본(추석과 같은 명절)
1822	마약 대마 마취
1823	마찰
1824	마법 마력 마녀 마수 악마 방해
1825	연마 마멸 · 이 닦기(치약, 칫솔) 구두 닦기
1826	매몰 매장 매설 · 매립 구멍을 메움(결손보충)
1827	망막 각막 고막 점막
1828	거듭 한 다리 건너 들음 전대(빌린 것을 다시 남에게 빌려 줌) 혹은
1829	일말 말살 말소 가루로 빻은 차
1830	자만 교만함 건방짐 만성 참음
1831	만화 만담(재담) 낭만 만연 산만

1832 매력 매료 매혹

1833 ~의 갑(곶) 곶의 등대

1834 미묘 절묘 온순하고 얌전함 묘기 묘안

1835 동면 불면 안면 · 졸림 앉아서 줌

1836 모순 · 창끝(공격의 방향)

1837 무산 농무 분무기 · 가랑비

1838 순수한 마음 소녀(나이 어린 계집) 외동딸

1839 명기 감명 명과 종목(품목) 좌우명

1840 멸망 소멸 점멸 멸사 터무니없음

1841 면제 면허 방면 면직 면세점

1842 번무(초목이 무성함)

1843 망상 허망 망동 망언

1844 문맹 맹점 맹목 색맹 맹도견

1845 소모품 마모

1846 맹렬 용맹 맹독 맹위

1847 통신망 교통망 어망 · 투망

1848 침묵 묵인 묵살 묵비 암묵

1849 지문 파문 문장 가문 국화꽃 문양
     가문 표시를 넣은 일본 옷이나 물건

1850 액년 액일 재액 액막이

1851 활약 비약 약진 일약

1852 유쾌

1853 유지(취지를 깨우쳐 타이름) 교유(가르치고 타이름)

1854 쾌유 치유 유착

1855 유일 유물론 유심론

1856 유폐 유령 깊고 그윽한 정취

1857 유구 유유

1858 유예 집행유예

1859 여유 부유 유복

1860 영웅 웅대 웅변 웅비 · 수캐

1861 유혹 유도 유인 유발 · 계기(유인)

1862 우려 우국 내우외환 · 쓰라린 체험

1863 금융 융자 융통 융합 융화

1864 여당 기여 수여 참여 관여

1865 명예 영예

1866 범용 중용

1867 고양 게양 선양 · 인상(철수)

1868 동요 · 다리를 떠는 버릇 요람

1869 용해 용액 용암 용접 수용성

1870 요통 허리 부분 · 강경한 태도 저자세

1871 무용 · 댄서 무도회장

1872 요업

1873 옹립 옹호

1874 가요 동요 민요

1875 억제 억압 억류 억양

1876 우익 좌익 비행기의 주 날개 비행기의 뒷날개

1877 나체 나신 전라 적나라 · 맨발

1878 나열 나침반 망라 신라

1879 지뢰 어뢰 피뢰침 뇌우 낙뢰

1880 신뢰 의뢰 무뢰한

1881 연락 맥락 단락

1882 낙농

1883 남용 남획

1884 공란 난외 해답란 구인란 난간

1885 관리(국가공무원)

1886 설사

1887 이력서 이행 · 신발

1888 분리 이혼 이유 이륙 · 뿔뿔이 흩어짐

1889 센류(일본 단시의 일종) · 가는 허리

1890 공룡 용두사미 · 회오리바람

1891 입자 · 알짜만 모음

1892 융성 흥륭(융성함)

1893 유산 유화수소 · 유황

1894 포로

1895 고려 배려 조심함(사양함) 사려

1896 완료 수료 종료 양해(알아들음)
     사정을 참작하여 승낙함

1897 납량 청량제 · 여름에 해가 지고 선선해질 무렵 밖에서
     더위를 식힘

1898 사냥꾼 금렵 밀렵 사냥개 엽기

1899 구릉 능묘(천자의 무덤)

1900 동료 관료 각료 막료

1901 기숙사에 들어감 기숙사생 독신기숙사

1902 치료 의료 진료 요양

1903 식량 · 군량

1904 윤리 절륜(월등히 뛰어남) 불륜

1905 인접 근린 옆방 인가 · 좌우 양쪽 이웃

1906 감루 낙루 최루탄

1907 누계 누적 누진

1908 도루 1루 만루 누심 주루(야구에서 주자가 다음
     베이스로 달림)

1909 격려 독려

1910 반려 · 되감기

1911	은방울 · 풍경	초인종			
1912	영하	영도	영점	영세	
1913	영감	망령	영전	심령 · 악령	
1914	연령	고령화	노령	묘령	
1915	화려	미려	미사여구 · 고려		
1916	서력	구력	태양력	환갑 · 꽃달력	
1917	열세	열등	비열	우열	
1918	열화	격렬	통렬	강렬	
1919	결렬	분열	파열	지리멸렬	
1920	연애	연정	실연	비련 · 첫사랑	애인
1921	염가	저렴	청렴결백		
1922	단련	정련	연금술		
1923	난로	화롯가	원자로	용광로	향로
1924	노점	노출	노천	폭로 · 피로 · 밤이슬	
1925	신랑	놈(젊은 남자)	타로	지로	
1926	낭비	방랑	파랑	재수생	
1927	복도	화랑	회랑		
1928	망루	누각	마천루		
1929	누수	누전	탈루(빠져 나감) · 비가 샘		
1930	뇌물	수회(뇌물을 받음)	증회(뇌물을 줌)		
1931	미혹	의혹	곤혹	불혹 · 당황함	
1932	틀을 짬(구상)	창틀	바깥테두리	범위 밖	범위 안
1933	항만	만의 안쪽	만안		
1934	완장	수완 · 솜씨	팔씨름		

추가 상용한자

1935	인사
1936	애매
1937	암중 · 어둠 암시장 어두운 밤길
1938	경외 · 황송하다 · 두려워하다
1939	위축 · 시들다 쇠진해지다
1940	의자 휠체어
1941	어휘
1942	음란 간음 · 음란함
1943	인후 슬피 흐느껴 욺 · 목
1944	우울
1945	수신처 수신인 ~앞으로 보내다
1946	농염 요염 · 윤기 정도 반질반질
1947	원한 · 원망하다

1948	왕성
1949	억측 겁이 많음
1950	나 · 우리
1951	가혹 · 초조해지다 초조해하는 모양
1952	냄비 냄비 요리 쇠고기전골 모듬냄비요리
1953	와해 · 기와
1954	성의 중심 · 상아 상아 조각 · 어금니
1955	해서(체) 해서(체)
1956	익살 해학
1957	궤양 괴멸 · 부수다 부서지다
1958	단애 단층애 · 벼랑(절벽)
1959	개연성 · 뚜껑 눈꺼풀
1960	유해 해골 형해 시체 · 몸
1961	학 옷이 짧아 정강이가 길게 드러남 종이로 접은 수많은 학을 실로 꿰어 단 것
1962	악관절 하악 · 턱 턱수염
1963	갈등 · 칡 갈분
1964	꼬챙이 꼬치
1965	한국 한반도 한일
1966	완구 애완 · 농락하다(희롱하다) · 장난감
1967	귀감(본보기) 균열 · 거북
1968	훼사 훼방 훼손 · 부수다 · 망가지다
1969	왕성 부근의 지역 교토를 중심으로 한 지방
1970	솜씨(재주) 기예 가부키 · 기술
1971	어금니 탈구 · 맷돌
1972	후각 · 냄새 맡다 냄새로 알아채다
1973	옷자락(기슭) 산기슭 산기슭의 들판
1974	앉아서 팔꿈치를 괴고 몸을 기대는 도구(사방침) · 겨드랑이 곁눈질 조연 샛길 겨드랑이
1975	협골 · 광대뼈 볼(뺨) 한쪽 뺨
1976	걸레 행주 두건 삼각건
1977	겨우(근근) 근소한 차 근소함 · 약간(조금)
1978	비단옷 비단 비단잉어
1979	말(망아지) 장기에서 중요하게 쓰이는 말 천리마
1980	걱정하고 두려워함 근심하고 두려워함
1981	동굴 소굴
1982	무렵 적기 최근 걸맞음 적령기
1983	참예 조예 · 참배하다 설날 첫 참배
1984	동경 · 동경하다
1985	연습
1986	틈 빈틈 · 틈 빈틈(짬) 사이
1987	자릿수 표준과 차이가 남 네 자리 수

1988	주먹　권투　약속의 표시로 새끼손가락을 거는 일 · 주먹	
1989	건반 · 자물쇠　열쇠구멍	
1990	좌현　우현　뱃전	
1991	호구(매우 위험한 곳)　맹호　용호 · 호랑이	
1992	고관절 · 가랑이　두 갈래　넓적다리	
1993	방안에 가두어 둠	
1994	바라다(원하다)　기우	
1995	구류	
1996	엉덩이　낯간지럽다　곁눈질　눈꼬리　눈썹꼬리 · 꼬리	
1997	홍채(눈조리개) · 무지개　쌍무지개	
1998	줄거리(개요)　경색 · 도라지	
1999	후설 · 목　목으로 넘어가는 느낌	
2000	오만 · 오만하다	
2001	흔적　혈흔　잔흔　탄흔 · 할퀸 자국	
2002	황사　격조(무소식) · 모래	
2003	좌절　염좌　좌절감 · 삐다(꺾이다)	
2004	채식　갈채　풍채	
2005	울짱(목책)　방책 · 책(수책)	
2006	사찰　고찰 · 찰나	
2007	인사	
2008	참형　참살　참수　참신 · 참수하다	
2009	숙시(홍시) · 감	
2010	자행　자의 · 제멋대로인 모양	
2011	진실하고 흔들리지 않음	
2012	질타　꾸짖다　질책 · 꾸짖다	
2013	질시　질투 · 부럽다　시샘하다	
2014	슬개골 · 무릎　무릎베개	
2015	종양 · 종기　붓다	
2016	주술　저주　주문 · 저주　저주하다	
2017	수수방관　소매　민소매　긴 소매	
2018	수치 · 부끄러워하다	
2019	축구 · 차다　걷어차다　발길질	
2020	동경 · 그리워하다	
2021	불식 · 닦다　수건 · 닦다	
2022	심지　여자 옷의 띠에 넣는 심지	
2023	신장　중요함	
2024	짐승에게 먹이를 줌 · 먹이	
2025	차를 우려내는 주전자　필수 · 모름지기	
2026	누구	
2027	처참　처절 · 굉장하다	
2028	각성 · 깨닫다	
2029	척수　척추	

2030	친척　친척　외척	
2031	땀샘　침샘　피지선	
2032	탐색　요컨대(결국)　필경(어차피)	
2033	전차(엽차를 더운 물에 우림)　전병 · 달걀 등을 지지다	
2034	선망 · 부러워하다	
2035	처방전　편지지	
2036	요리 등을 차리는 상　밥상　밥상　상차리기	
2037	저격 · 노리다	
2038	소급 · 거슬러 올라가다	
2039	손톱　손톱깎이 · 발끝	
2040	증손 · 일찌기	
2041	상쾌 · 상쾌함	
2042	메마른 땅 · 마르다	
2043	종적　실종	
2044	포착 · 붙잡다	
2045	폐색　요새 · 막히다　막다	
2046	손색　겸손　불손 · 겸양하다	
2047	도태　격조	
2048	타액　침샘 · 침　침 뱉다	
2049	퇴적 · 두두룩하게 높다	
2050	'받음', '얻음'의 겸양어 · '받다'의 겸양어	
2051	이른 아침　설날(아침)　나리(주인)	
2052	파탄 · (꿰맨 자리가)터지다 · (꿰맨 자리가)터지다	
2053	치밀　정교하고 치밀함　정교하고 치밀함	
2054	소주	
2055	젓가락　젓가락 받침	
2056	붙이다 · 첨부　벽보　붙인 종이(벽보)　붙임　붙이다	
2057	자조 · 비웃다(코웃음치다)	
2058	진척 · 진행이 순조롭다　진척되다	
2059	베갯머리(머리맡)　잠자리 · 베개　베개 맡	
2060	척추　척추골 · 모밀잣밤나무	
2061	체시(주시) · 포기　포기하다	
2062	익사　탐닉　몰닉 · 빠지다	
2063	충전 · 꼭 맞다(들어맞다)	
2064	질투　질투심이 많다	
2065	도박 · 내기　내기에 거는 금품　걸다	
2066	갈등 · 등나무	
2067	동공 · 눈동자	
2068	기지(재치)　정돈　개의치 않음	
2069	덮밥　덮밥　튀김덮밥	
2070	탐식　탐욕 · 탐하다	
2071	나락　찰나　나리(주인, 남편)	

2072 수수께끼 수수께끼처럼 보이다

2073 냄새나다 냄새

2074 염출(짜냄) · 비틀다 비틀어지다 · 비틀다

2075 심한 욕설 성내어 욕함 매도 · 떠들어대다

2076 노래 고장의 속요

2077 박제 박탈 박리 · 벗기다 · 벗기다

2078 범람

2079 범용 범론

2080 모반 시반 · 얼룩(반점) · 얼룩

2081 미목 백미 미간 · 눈썹 눈썹달

2082 팔꿈치 한쪽 팔꿈치

2083 부음 부고

2084 솥 솥밥 전기 밥솥

2085 전병 · 떡

2086 은폐 · 덮다

2087 완벽 쌍벽

2088 경멸 모멸 멸시 · 깔보다

2089 포육 포유류 반포

2090 봉기 양봉 · 벌 벌꿀

2091 미모 면모 풍모 용모 · 얼굴 생김새

2092 친목 화목 · 사이가 좋다 의좋게 지내다

2093 발기 발발

2094 애매함 우매 삼매

2095 미륵 미봉책 · 가장 절박한 때(최후의 최후) · 야요이 시대

2096 꿀 밀월 밀봉 밀랍

2097 명왕성 저승(황천) 명복

2098 면 삶은 면

2099 야금 주색에 빠짐 요염하고 아름다움

2100 은유법 비유 · 비유(빗대어 하는 말)

2101 물이 솟아나오는 샘 용출 · 솟다 끓게 하다

2102 요괴 요정 · 불가사의하다

2103 위궤양

2104 옥답 비옥 풍옥

2105 납치 · 부수다 짓밟다(뭉개다)

2106 악랄 신랄

2107 맑게 갠 날 부는 바람 · 폭풍우 눈보라 밤에 부는 강풍

2108 쪽 남빛(쪽빛)

2109 유리

2110 전율 · 전율하다

2111 승려 반려(길동무)

2112 요염함 일목요연 명료함

2113 샤미센의 반주에 맞추어 특수한 억양과 가락을 붙여 엮어 나가는 이야기의 일종

2114 낫 가마쿠라(일본 지명)

2115 가락 목욕 보자기

2116 뇌물 · 선물(뇌물)

2117 완롱(우롱) 우롱 조롱 · 농락하다(희롱하다)

2118 등롱 · 바구니 · 채우다 · 틀어박히다

2119 산록(산기슭) · 산기슭

2120 노옹 오뚝이

2121 염려(우려)

2122 위협

2123 또한

2124 제후 후작

2125 작위 공작 백작

2126 장작과 숯

2127 원수 총수

2128 면적의 단위

2129 단지

2130 짐(황제의 자칭)

2131 노예 수전노

2132 노파

2133 예속

2134 견사

2135 옥새

2136 옛 화폐의 단위(비율의 단위)

2137 때수건 마음의 때

2138 혹은 어느 날 한때

2139 찬밥을 볶다

2140 거짓 눈물 새빨간 거짓말 거짓말쟁이 오자

2141 희소식

2142 소문 호랑이도 제 말 하면 온다

2143 현대사회에 있어서 문학에 있어서

2144 (새잡이용)가늘게 짠 그물 눈이 가물가물해서 보이지 않다

2145 싸움 부부싸움

2146 상사에게 아부하는 사람 또는 비서 가방에 넣다

2147 입담배 톱니 등의 맞물림

2148 싸움 말다툼

2149 말초적 말초신경

2150 요즘 요전 · 이제부터 지금까지

2151 정도(손어림) 의사가 가망이 없어 포기하다(어떤 일의
가망이 없어 단념하다)

2152 자수

2153 간장

2154 헛기침 헛기침을 함

2155 된장 된장국

2156 그 사람 그 중 하나 그때까지

2157 면도칼 전기면도기 수염을 깎다

2158 학용품 세트 미인일색 상품을 갖추다

2159 지금(다녀왔습니다) 거저나 다름없음 무임승차

2160 싸구려 판매 뭇매 돌다리도 두드리고 건너다

2161 갑자기 유명인이 되다 눈 깜짝할 사이에 다 팔리다

2162 물웅덩이 스트레스가 쌓이다 한숨

2163 단백질

2164 호화로운 식사(대접) '잘 먹었다'는 인사말

2165 나비 나비넥타이 경첩

2166 불만스럽게 중얼거리다 투덜투덜 중얼거리다

2167 보물단지 단지의 아가리
폭포수가 떨어져 생긴 깊은 못(용소)

2168 손잡이 바지 멜빵 목을 매다

2169 복잡한 거리 축제로 붐비다

2170 눈싸움(으르렁대며 대치함) 상대를 노려보다
선생님께 대들다

2171 비로 옷이 젖다 눈물이 글썽이는 눈

2172 엿보는 취미 요지경 옆방을 엿보다

2173 모로 김(보합상태, 번개매미)
송충이가 나뭇가지를 기어가고 있다

2174 곧 올 것이다 그럴 리는 없다

2175 콧수염 수염을 기르다

2176 조건부용자 신발 끈 상자에 끈을 묶다

2177 개가 짖다 앙앙거리지 마라

2178 머리가 멍하다 초점에서 벗어남 시차병

2179 거의 찬성이다 거의 죽을 뻔했다

2180 씨를 뿌리다 씨 뿌리기(파종)

2181 전단을 뿌리다 물을 뿌리다 · 살수차

2182 보기 드문 거물 · 희박

2183 물론 · 물망초

2184 지당한 이야기 지당한 말을 하다

2185 용돈을 받다 양자 아내를 맞이하다

2186 국수를 삶다 삶은 달걀 데친 낙지

2187 기억이 되살아나다 죽은 자가 부활하다

2188 사기 찻잔(밥공기) 된장국 한 그릇 밥 두 공기

2189 머리를 쓰다듬다 머리를 매만지다 ·
위무(위로하고 어루만져 달램)

약(弱)	40	연(連)	89	오(五)	26	욕(欲)	134	원(源)	117	유(誘)	222
약(薬)	52	연(演)	108	오(午)	42	욕(辱)	180	원(援)	141	유(喩)	243
약(約)	85	연(燃)	115	오(悪)	62	용(用)	38	원(猿)	141	유(濡)	251
약(躍)	221	연(沿)	117	오(誤)	119	용(勇)	94	원(垣)	145	육(六)	26
양(洋)	65	연(延)	125	오(汚)	141	용(容)	108	원(媛)	94	육(肉)	46
양(様)	65	연(宴)	141	오(奥)	142	용(冗)	179	원(怨)	231	육(育)	65
양(羊)	66	연(煙)	141	오(悟)	162	용(庸)	222	월(月)	27	육(陸)	94
양(陽)	72	연(鉛)	141	오(呉)	162	용(溶)	223	월(越)	140	윤(潤)	175
양(養)	81	연(縁)	141	오(娯)	162	용(踊)	223	위(委)	54	율(率)	97
양(壌)	180	연(軟)	203	오(傲)	235	용(湧)	243	위(胃)	116	융(融)	222
양(嬢)	180	연(咽)	231	옥(獄)	165	우(雨)	28	위(位)	86	은(銀)	69
양(譲)	180	연(羨)	238	옥(沃)	243	우(右)	28	위(囲)	97	은(恩)	129
양(醸)	180	열(列)	57	옥(玉)	34	우(友)	38	위(衛)	97	은(隠)	140
양(揚)	222	열(熱)	81	옥(屋)	68	우(牛)	46	위(危)	127	을(乙)	142
양(瘍)	243	열(悦)	140	온(温)	63	우(羽)	51	위(威)	138	음(音)	30
어(語)	39	열(閲)	141	온(穏)	142	우(宇)	117	위(為)	138	음(飲)	62
어(魚)	49	염(塩)	82	옹(擁)	223	우(優)	120	위(偉)	139	음(陰)	140
어(漁)	89	염(染)	132	옹(翁)	246	우(郵)	125	위(尉)	139	음(吟)	156
어(御)	154	염(炎)	141	와(渦)	143	우(芋)	139	위(慰)	139	음(淫)	230
어(於)	248	염(捻)	241	와(瓦)	231	우(偶)	157	위(緯)	139	읍(泣)	91
억(億)	90	염(艶)	231	완(完)	82	우(愚)	157	위(違)	139	응(応)	101
억(憶)	142	엽(葉)	61	완(緩)	149	우(遇)	157	위(偽)	152	응(凝)	156
억(抑)	223	영(泳)	59	완(頑)	150	우(隅)	157	위(萎)	230	의(医)	52
억(臆)	231	영(栄)	81	완(腕)	229	우(又)	219	유(遊)	59	의(意)	61
언(言)	39	영(英)	95	완(宛)	231	우(憂)	222	유(有)	65	의(議)	74
엄(厳)	123	영(営)	96	완(玩)	232	우(虞)	246	유(油)	66	의(衣)	79
엄(俺)	231	영(永)	100	완(碗)	253	우(尤)	252	유(由)	72	의(義)	100
업(業)	55	영(映)	122	왕(王)	33	운(雲)	44	유(遺)	125	의(疑)	127
여(余)	107	영(影)	140	왕(往)	100	운(運)	53	유(乳)	134	의(依)	138
여(如)	176	영(詠)	140	왕(旺)	231	운(韻)	140	유(幼)	134	의(儀)	152
여(与)	222	영(迎)	159	외(外)	40	울(鬱)	231	유(維)	139	의(宜)	152
여(茹)	253	영(寧)	204	외(畏)	230	웅(雄)	222	유(儒)	173	의(擬)	152
역(役)	54	예(礼)	53	요(曜)	39	웅(熊)	81	유(柔)	174	의(椅)	230
역(駅)	67	예(予)	60	요(要)	89	원(円)	27	유(唯)	221	이(二)	26
역(易)	96	예(芸)	86	요(凹)	142	원(園)	37	유(幽)	221	이(耳)	31
역(逆)	105	예(預)	135	요(窯)	223	원(遠)	37	유(悠)	221	이(以)	78
역(域)	116	예(鋭)	140	요(腰)	223	원(原)	48	유(愉)	221	이(易)	96
역(訳)	119	예(刈)	147	요(揺)	223	원(元)	49	유(癒)	221	이(移)	111
역(疫)	140	예(誉)	222	요(謡)	223	원(院)	52	유(諭)	221	이(異)	118
연(研)	55	예(詣)	234	요(妖)	243	원(員)	54	유(猶)	222	이(弐)	203
연(然)	84	예(睨)	251	욕(浴)	91	원(願)	80	유(裕)	222	이(餌)	237

MEMO